how
未来领导者
我们可以不信仰规则，
但我们应该信仰自己的价值观

多弗·塞德曼与《世界是平的》作者托马斯·弗里德曼在 92Y 文化中心录制谈话节目。

多弗·塞德曼与美国前总统克林顿在“克林顿全球行动计划”办公室

“我很高兴多弗·塞德曼写了这本书阐明他的方式哲学。那些理解如何做事情之重要性的个人、组织和企业注定将会获得成功。”(克林顿)

透明时代，信用变得脆弱，却又异常坚挺。在透明化面前，企业只有展现出其最真实的“性格”，释放其最本真的信任，才能激发人浪，唤起他人的信任与合作，最终赢得坚不可摧的声誉。

时代变革的重心在于
人类行事的方式

帮助200家全球500强企业获得
核心竞争优势的管理哲学

塞德曼为企业高管培训会和董事会并作主题演讲。他首创的“方式”管理理念风靡全球100多个国家，已帮助1000多万人从商业竞争中脱颖而出。目前，全球500强企业中有200家是LRN的客户，包括迪士尼、麦当劳、强生、易趣、宝洁、维亚康姆、诺斯通、3M公司、雷神、陶氏化学等。

作者在中国人民大学商学院演讲结束后，留影纪念。

“顺利完成从What到How的价值旅程”

how Why HOW We Do Anything Means Everything

信息时代，权力属于最具协作能力、能够构建共同目标、发动组织人浪的领导者。

塞德曼在北京签售第一版《未来领导者》，并与书迷合影。

Foreword by
PRESIDENT BILL CLINTON
how
Why HOW We Do Anything
Means Everything
EXPANDED EDITION
DOV SEIDMAN

英文版图书封面

how
未来领导者

[美] 多弗·塞德曼（Dov Seidman）◎著　　陈　颖　◎译

廣東省出版集團
广东人民出版社
·广州·

图书在版编目（CIP）数据

未来领导者 / （美）多弗·塞德曼著；陈颖译. —广州：广东人民出版社，2012.11
ISBN 978-7-218-08072-7

Ⅰ. ①未… Ⅱ. ①多… ②陈… Ⅲ. ①企业领导学 Ⅳ. ①F272.91

中国版本图书馆CIP数据核字（2012）第182268号

Weilai lingdaozhe

未来领导者

[美]多弗·塞德曼 著 陈颖 译

出 版 人：金炳亮

策　　划：中资海派
执行策划：黄 河 桂 林
责任编辑：肖风华 梁 茵
特约编辑：张 允 林金芳
版式设计：张 英 胡方杰
封面设计：红杉林文化

出版发行：广东人民出版社
地　　址：广州市大沙头四马路10号（邮政编码：510102）
电　　话：(020) 83798714（总编室）
传　　真：(020) 83780199
网　　址：http：//www. gdpph. com
印　　刷：深圳市希望印务有限公司
书　　号：ISBN 978-7-218-08072-7
开　　本：787mm × 1092mm 1/16
印　　张：21
字　　数：332千
版　　次：2012年11月第1版 2012年11月第1次印刷
定　　价：45.00元

如发现印装质量问题，影响阅读，请与出版社（020-83795749）联系调换。
售书热线：(020) 83790604 83791487 **邮 购**：(020) 83781421

致中国读者信

亲爱的中国读者：

欢迎来到方式（How）的世界！有机会与你们分享方式的哲学，对此我深感荣幸。我希望在阅读本书之后，你们能获得新的思维方式，建立新的思维结构，从而在这个世界中找到明确的航向，并获得成功；我也希望，你们能在方式的引导和驱动下行事，而不仅仅关注“做什么”。

2007年初动笔写这本书的时候，我的目标是帮助读者获得全新的看待世界、理解世界的方式，因为当今世界变化万千，纷繁复杂，人们前所未有地紧密相连，一切都变得高度透明。我希望读者们能以方式的视角来观察整个世界，包括商业、生活、关系、成长、领导、管理、文化等所有领域。

今天，本书第二次在中国出版，我更加确信，获得可持续成长、不断创新和进步、使未来变得更好的关键，就在于人们的行为方式，就在于我们怎样做必做之事。当然，我们的行事方式一直很重要。但今天，我们如何行动、如何消费、如何建立信任关系，以及所有处理事情的方式，都变得前所未有的重要。

在本书第一版出版后的几年里，我渐渐意识到，人们不仅高度互联，而且相互依赖。我相信，就像你将在本书前言里看到的一样，我们不仅已经迈入“行为”的时代，而且早已深处其中。就像克林顿总统在推荐序中精辟地表达的那样，在这个平面化的世界里，全世界的人必须沉浮与共。

自第一版问世之后，我曾经几次到访中国。我的公司 LRN 曾与世界上最大的几个公司合作，LRN 帮助它们培养基于价值观的企业文化，激励有原则的行为方式，以获取更多的行业优势。我曾有机会去中国的一些城市参加国际经济论坛，并目睹这些城市以惊人的速度崛起；也曾在世界知名的中国高校里为商学院学生演讲；也曾与中国的知名媒体、备受尊敬的商业领袖交流。我们所谈论的话题既有关于传统管理模式应占的比例，又有关于成功企业的动力和激励来源，还有中国作为一个崛起中的国家统领世界的机会，以及资本主义的未来走向。

后来我意识到，相对于美国、欧洲以及世界其他国家和地区，中国人能更快地接受方式的理念。就这一点而言，我深深敬服中国富有底蕴的古老文化，中国自古就是礼仪之邦，注重道德教育，这种价值观的培养对于人类的进步和繁荣大有裨益。

我内心深处十分渴望再次踏上中国的热土。我过去经常在世界各地的工业项目、高级合作管理项目、董事会中作演讲。这些天来，我力劝领导者们投身于价值驱动的领导方式，并且在整个企业中建立价值尺度。我发现自己常常以中国先贤老子的话结尾：“千里之行，始于足下。”

正是出于这种想法，我真诚地请求你们通过阅读接下来的内容，迈开方式之行的第一步。我期待着与你们在接下来的岁月里共同踏上这一旅程。

致以最诚挚的祝福！

阅读本书，你也许会再经历一次从顶峰 B 到顶峰 A 的旅程，你需要的不仅仅是规范与指导，你需要勇气、坚韧与情商，勇于投身到知识体系混乱的状态之中。这样，当清晰的条理再度回到你身边时，你便得到了深刻的知识。

比尔·克林顿推荐

美国第 42 任总统
克林顿基金会创始人

方式改变世界：我们的新使命

当我还在政府工作时，所有人都在讨论两个问题："我们将要做什么"和"我们要在这上面投入多少钱"。在我卸任之后，我想将大家的关注点引向一个更为重要的问题：不管我们做什么或投入多少资金，我们怎样（How）才能倾尽全能并扩大自身影响力，以促使良好的想法落在实处？

我的朋友多弗·塞德曼，将他的毕生精力用于研究人们怎样经营他们的事业和生活。面对 21 世纪的独特挑战，我们再也不能将成功的基石建立在零和博弈（Zero-Sum Game）上。一方的胜利必然意味着另一方牺牲的生态规则，显然与当今时代格格不入，全世界的人将会沉浮与共是这个时代略带温情的标签。**建立一个责任共享、利益共享、价值共享的全球化共同体是我们的使命。**这项新使命需要所有的人对"方式"进行探索，采用新的方式解决全球性问题。这不是单凭一己之力可以完成的事情。

2005 年，我开始在"克林顿全球行动计划"（Cliton Global Initiative，简称 CGI，由克林顿创建，旨在发起全球各国首脑聚焦关注全球热点问题的应对之策的组织。——译者注）上号召国有机构和私人企业的领导者们思考创新性的解决办法，来应对世界上最迫在眉睫的挑战：回答"怎样"的问题。

整个一年里，“克林顿全球行动计划”向全球的领导者们提供有利于工作提高的互相合作、交流想法和增进友谊的机会。我们鼓励成员去开发特殊项目，这是我们所谓的“行动保证”。这些保证来自各个机构之间的合作关系，目的是产生持久性的变化。医师与航运公司以及医疗非政府组织间通力合作，将未被使用过的医疗用品运送到最需要的地方，以避免资源的浪费。纽约市失业青年也会被安排作为暑期工将屋顶刷白以便减少冷却成本、提高建筑效率，并以此提高就业率。通过将“怎么做”付诸实践，共享价值的互相合作来实现我们的承诺，并将付出努力产生的积极效应最大化。

我很高兴多弗写了这本书阐明他的方式哲学，它囊括了21世纪所需要的共享价值观以及可以付诸行动的想法来将这些价值稳稳地注入到我们的公共领域、商业范畴和私人关系中来。那些理解如何做事情之重要性的个人、组织和企业注定将会获得成功。本着真心合作、互相改变来做得更多、做得更好的精神，背景不同、地区不同、部门不同的人们聚集在一起，共同找到那些怎么做的答案，这些答案将会使我们的世界变得更好，也将让我们的后代拥有更光明的前途。这本书将对所有决心去创造美好世界、为未来构建光明的人提供极大的帮助。

托马斯·弗里德曼推荐

《世界是平的》作者
《纽约时报》专栏作家

整个世界都在瞧着呢

3年前的一天，我正急着赶去波士顿洛根机场搭飞机，顺路买本杂志来看，好打发飞机上的无聊时光。当我就要走到收银台时，一个女人从另一个方向走来，刚好在我身后（起码我是这么认为的）。但在我刚准备要付钱的时候，那个女人却大声嚷嚷起来："让开！是我先来的！"然后，她用恶狠狠的眼神盯着我，说道："我知道你是谁。"我也不甘示弱，回复道："抱歉，但的确是我先来的。"

如果这件事发生在今天，我会用完全不同的方式来处理。我会说："女士，真的很抱歉。我站错地方了，您快到前面去付款吧。要不我来帮您把杂志的钱付了？要不我请你吃顿饭？或者我可以帮你擦鞋？"为什么会发生这种转变？原因是我觉得搞不好这个女人平常会写博客，说不定她手机上有相机。如果她把这次冲突拍下来，发布到博客上，再添油加醋，煽风点火地写上几句，那么我那所谓"丑陋、无礼、粗野、傲慢"的言行举止将被公之于众。那可就出大事了！

当人人都拥有自己的博客、MySpace或Facebook，那么人人都是出版者；当人人都拥有带相机的手机，那么人人都是小报记者；当人人都可以把自己的作品上传到YouTube，那么人人都是导演……由此看来，当每个人都变成了出版者、小报记者或导演，其实生活在社会中的每个人也便成为了公众人物。在当今世界，每个人都是公众人物。博客空间使全球性讨论的内容变得更加丰富，也使我们中的任何一员都变得前所未有的透明。

这便是多弗·塞德曼新书所要讨论的主题。多弗·塞德曼是LRN公司的创始人兼执行总裁，这家公司也因其良好的商业道德享誉全球。这本书被命名为《未来领导者》，是因为塞德曼认为：在这样一个透明开放的世界里，你如何生活，如何开展公司业务变得至关重要。有太多的人能够清楚地看到你的处事方式，并按照自己的看法随意地发布出去。所以，塞德曼强调：在现在这样一个社会，想要获得胜利，就必须认清形势，调整自己的处事方式。

塞德曼写道："年轻人必须懂得，个人的声誉很大程度上来自别人的评价，而一旦这些评价定型，将会很难改变。不管你说了什么，做了什么，写了什么，都会被归入电子档案，不能修改。我所处的时代，人们年轻的时候做过的坏事是不会出现在自己的简历里的。而现在的年轻人，不管他们说了什么，做了什么或是写了什么，都会在互联网上永远存档。即便招聘负责人还没来得及看到你的简历，他们也能在Google上提前了解到你的作为。电子档案的永久性使得机会变得弥足珍贵。在信息时代，人生不分章节，是一次性的。你不能把自己的一切抛在身后，甚至无处藏匿自己的骨骸。你的过去便是你的现在。"因此，要想在生活里获得成功，唯一的方法便是用正确的态度和方式来行事。

在商业领域同样如此。当公司因行事不当而曝光，靠公关公司请记者吃饭是解决不了问题的。因为现在的社会，每个人都是记者，他们会让公司的丑闻传遍世界。这种变化创造了前所未有的机遇。在当今时代，你的成果会被很快地复制出售，但你与客户沟通的方式，你遵守承诺的态度和你采取怎样的方式与伙伴合作，这些是无法复制的。这些也正是令你的公司脱颖而出的要点。塞德曼写道，"当人类行为存在差异性、丰富性和全球性，也就创造了可贵的机会，一种使你自己在人群中脱颖而出的机会。"

那么，如何令你脱颖而出呢？塞德曼写道，密歇根州的一家医院要求医生在自己犯错的时候主动向患者道歉，从而大大降低了这家医院的投诉数量；在得克萨斯州，一家大型自动化代理公司，允许维修工自由支配资金，只要是工作需要，结果公司的成本大大降低，而客户满意度明显升高；纽约的一家街头甜甜圈快餐店，采用自助式购买的方式，大大地提高了效率，从而赢得了许多回头客……

他写道："我们不是住在玻璃房子里（房子可是有墙的）；我们生活在显微镜下，完全暴露在众目睽睽之下。"所以说，不管你是卖汽车的还是卖报纸的，或你只是在路边买一份报纸，都请注意自己的态度和方式。采用怎样的方式去建立信任、协同合作、领导团队，甚至是说对不起的方式，都非常重要。你做不做，如何做都将成为众人观察的对象，整个世界都在瞧着呢。

无论从哪个角度，本书中许多重要的观点都与弗里德曼不谋而合：

1.《纽约时报》专栏作家托马斯·弗里德曼将方式作为一个规则收录到其新版的畅销书《世界是平的》（*The World is Flat*）中；

2. 在弗里德曼的《世界又热又平又挤》（*Hot, Flat, and Crowed*）一书中，他将可持续价值的方式框架作为可持续世界的一个基本原则。他也强调基于方式的领导力，是在这个政治、经济和环境频繁变化和动荡的世界中不断创新和成长的关键；

3. 在弗里德曼今年 8 月的新书《曾经的辉煌》（*That Used to Be Us*）中，他提到美国没落的四大因素，并再一次强调方式的重要性以及它对创新所起的决定作用。

丹尼尔·平克推荐

畅销书《驱动力》和《全新思维》作者
其著作已被译成 32 种语言

哲学原则盛逢时世

一定是哪出了问题！因为无视历史教训，我们的经济已停滞不前，曾经值得我们尊敬的组织机构，也已不再让我们信任。消费者对前景失去了信心，就像我们对政治失去了信仰一般。

在《未来领导者》一书中，多夫·塞德曼给了我一个新奇的答案。他说："我们面临的挑战就像要结束生命般那么可怕。但事实上，这也是我们与同胞、与世界紧密联系造成的'生活方式'危机。"换句话说，我们察觉到的这种混乱无序感，也其说是来自外部环境，不如说是来自我们自身。长久以来，我们重视的是"外部价值"，而非"持续价值"，而我们竞争靠的却正是"持续价值"。

值得欣慰的是，塞德曼贯彻他的哲学理念上至行政部门下至工厂车间已逾 20 年，给我们指引了一条平坦大道，避免走弯路。靠重新调整社会奖惩机制和规范法律规则，是远远不够的。我们必须以"原则"作为行动之基石。他写道："在 21 世纪，基于原则的行为无论是在商业领域还是在日常生活，都是获取成功、追求意义的最牢靠的方法。"

关于《未来领导者》，有一点我很喜欢：**塞德曼是带着哲学家的远见卓识、律师的敏锐洞察和 CEO 的务实精神写成此书的。**这一点也不让人惊奇，他确实集三种角色于一身，甚至自称为："西装革履的道德哲学家"。尤其值得称道的是，塞德曼为证明原则行为的比较优势给出了令人信服的事实案例。

放眼全球，竞争者总能迅速参照你的产品价格，模仿你的生产流程，差异化竞争优势的唯一来源就是领导者与企业员工的行为方式。过去，靠投机取巧获得成功也许是个不错的选择，但现今，高度发达的技术让我们在道德层面上联系越来越紧密，个人行为一不留神就会进入公众视野，所以，采取光明正大的积极行为方式，才是明智之举。

"贪婪是个好东西""大而不倒"这类旧词眼恐怕你已厌烦听了吧，换个"原则是个好东西""持续而不倒"的说法，会不会令你耳目一新呢？如果我们每个人都能重新思考自身行为，意识到方式中深藏的智慧，那么，方式引领的时代一定会到来，而且来的比我们想象中要更早。

权威媒体推荐

《纽约时报》（*New York Times*）

塞德曼的观点很简单：在这个透明化的世界里如何过你的生活，如何更有效地处理你生意上的问题。现在人们可以轻而易举地了解到你在做什么，并且口无遮拦地把你的事情告诉其他人。因此，塞德曼提出，要赢得现在，你必须充分利用这种公开透明的条件。今天你所制造的产品正被迅速地复制并推销给每一个人，但是你吸引客户、履行承诺、同搭档合作的方式不容易被复制，这也正是 LRN 公司与众不同的地方。

《金融时报》（*Financial Times*）

参阅一下托马斯·弗里德曼的《世界是平的》，将有助于你更好地理解多弗·塞德曼的《未来领导者》。弗里德曼在 21 世纪初为我们揭示了世界变平的社会发展趋势。塞德曼在其畅销书《未来领导者》中告诉我们如何在变平的世界中让生活美满幸福，事业扶摇直上，以及在沟通无限、联系多样化的世界发展历程中，如何招聘，如何做生意，如何与人相处，如何与顾客沟通……方式已经变得越来越重要。

《投资者商业日报》（*Investor' s Business Daily*）

"领导 & 成功"（Leaders & Success）专栏推出的专栏文章《将"HOW"理念付诸行动》（*Add 'How' to Your Acts*），将如何做作为一项成功战略重点报道。文章不仅淋漓尽致地展现了 LRN 的战略眼光，同时还与管理者分享了应用如何做的策略。

《迈阿密先驱报》(*Miami Herald*)

让每个人都可以在书中找到一点自己的影子是个非常不错的主意。数据库和网站跟踪个人和机构的交易、谈话、成果和犯罪行为。你的所作所为会成为一种助推器，抑或是牵绊。这一新的开放行为作为一种催化剂被托马斯·弗里德曼称为“除障剂”，减少和消除大多数已经过期并难以达成的交易和难以获取的信息。塞德曼在他的《未来领导者》中称，大众和企业能够从这种自由中受益，这种能力和真诚的相互作用能够成为一种强大的催化剂。

《新西兰先驱报》(*New Zealand Herald*)

塞德曼主张构建一个坚定的方式文化，并且要清楚地知道这个方式是应该做什么而不是它能够做什么。原因在于“应该做”的行为方式属于价值驱动，它可以激励员工，提倡创新，创建一种知识共享的文化。在“应该做”的方式下，员工享有就业机会，实现自我管理，而雇主则处于领导地位，承担责任。他们的特殊位置，让他们能够不断地实现自我超越，他们享受他们所做的事情，在这个自由空间内，以他们自己的方式来实现最终目标。

《道琼斯市场观察》(*Dow Jones Marketwatch*)

塞德曼在《未来领导者》中提出是时候诉诸于方式了。如果你全面思索一下方式，找出所有的核心，那么不管是政府、商业还是体育团队都能够做得更好。

雅虎财经频道

《未来领导者》告诉人们：让你和你的公司脱颖而出的不是你做了什么，而是你做事的方式，这些方式让你鹤立鸡群。

北京大学社会责任与可持续发展研究中心副主任　杨思卓

作为一个未来的领导者，不但要知道如何凝聚人心，而且要学会制造“人浪”。读了多弗·赛德曼《未来领导者》，你会看到，这就是方式的力量。

哈佛商业评论网

中国改革开放三十年，一直秉承的价值观是“发展就是硬道理”，但要发展成为一个真正的强国，要发展成为强大的企业，就不能不讲道理。价值观决定价值，方式比结果更重要。《未来领导者》这本书告诉我们，在这个日益透明开放的时代，价值观和行事方式不仅仅是一种说辞，更是驱动企业和组织实现目标的力量源泉。

价值中国网

信息在全球范围的快速传播和流动，帮助人们在选择商业大趋势、大方向时不易犯太大的错误。然而，竞争和运营环境中同时出现的极端的速度、和高度的 复杂性，又让人们对自己即使已经确定的目标，也常常是可望而不可及。这样的背景之下，“知识”比“思想”更重要、“方法”比“方向”更重要，就是“怎么做”比“做什么”更重要！

投资脉搏创办人、思博资本高级合伙人及亚太区行政总裁　张宗永

英谚有云：“如果你不能打败它，就加入它。”我们活在一个信息爆炸的年代，科技带来的透明度令我们不得不重新审视过去的思考、行为、管理方式。个人如此，企业亦如是。我相信企业的目的永远是逐利，但什么才是“大利”，是值得大家思考的问题。塞德曼的《未来领导者》带给我很大的启发.

新版序言

方式决定优势

这是一本关于方式(How)的书,而不是关于具体方法(How to)的书。这两者有何不同吗？可以说，完全不同。

在21世纪，你在做什么或者知道什么，已经不再重要了。这一点不仅适用于商业机构，也适用于其他营利性或非营利性机构、政府部门甚至国家。即使对于个人发展以及实现个人目标,这一点也同样适用。

在这个全球化的网络经济时代，个人或者集体通过提供产品或服务的方式取得成功已变得越来越困难。事实上，如果列举当今所有的成功者，你会发现没有哪个人是单凭制造某样东西或者做了什么事情而成功的。如果你创造了更好、更快、更便宜的新产品，竞争者很快会用更低的价格把它做得更好。顾客无时不在对价格、功能、质量及服务等方面进行比较，孰优孰劣，一目了然。

与此同时，我们还发现，在这个紧密联通的透明世界里，“个人行为”已经不复存在了。无论好事坏事，所有正在发生的都可以成为微博的谈资。我们如今掌握着前所未有的力量，可以超越公关部门的围墙，进入到组织运作的最深处，甚至进入董事会会议室去窥探这个组织中的每个人,从管理者到普通员工。我们不仅可以知道他们做了什么，还可以知道他们是如何做的。

通常说来，我们习惯用不同的“追求”来区分个人、组织甚至国家的属性。我们都想出人头地，想和别人不一样，想做别人做不到的事情。我们想具有独特的价值，去完成重要的事情，去创造传奇。我们永远都想这样，但在这个商品化的透明世界，我们不再具有这样做的条件。

但是仍有一个领域具备着惊人的多样化及多变性，我们还没有将其进行分析、量化、系统化或商品化。**这一领域在许多方面是无法被商品化或复制出来的，那就是人类的行为：如何做、做什么。这里涉及无数种可能性，而机会正存在其中。**人类的多样化行为给我们提供了珍贵的机会，让我们能够在竞争中脱颖而出，创造出持久的价值。

当然，我们如何做自己必做之事，仍然非常重要。但在今天，我们如何表现，如何消费，如何在关系网内建立信任关系，以及如何与他人建立关联，比以往任何时候都重要，而且通过与以往完全不同的方式表现出来。

当今世界充斥着数不胜数的网络信息，其中有一些我们甚至来不及理解；全球范围的云数据库使我们可以与同事、客户、不同文化背景下的人类产生即时联系；科技的进步更使我们联络得比以往任何一种人类组织架构之下的都快。由此带来的结果是，许多已被经验证实的合作与进步方式都不再适用了。

正如我们每天所见，以及你接下来要读到的，21世纪最有价值的改革，不在于新的产品、服务、技术、商业经营方式或公共政策项目，而在于新的创造价值的方式和个人与组织在表现差异性时的行为方式，也就是方式的变革。无法顺应这一潮流的个人或组织，必将被时代淘汰；那些已经先验性地理解并用方式的力量引领自己走向成功的个人或组织，将成为时代的佼佼者。这本书所讲述的，其实就是这样一个简单理念的力量和可行性。

原来，一切都是“方式危机”

当本书在2007年首版面世时，我曾断言，人类正在进入我称之为“行为方式新纪元”的时代。

但我真是大错特错。

在过去的四年里，人们已经清晰地发现，我们并非刚刚进入这个时代。我们早已深陷其中。人类行为的价值，比我写这本书时所认为的更为重要，而且用我难以想象的方式表现出来。比如，当我写到纽约的一位卖甜甜圈的小贩让顾客自选购买，并用这种充分信任的姿态使自己生意火爆时，我并没有想到“信任”已成为一种全球性的经营方式，某些国家甚至将其升级为应对经济危机的战略；当我分析近年来最大的“庞氏骗局”，用以说明对信任的滥用会导致何种严重后果时，我并没有预料到伯纳德·麦道夫的惊世大骗局会在全球范围内造成那么大的回响；当我写到，由于通信技术的飞速发展，人与人之间、国家之间、不同文化之间的距离被无限拉近时，我并未充分意识到人类的互相依存，甚至是道德上的互相依存已经到了何种程度。想想吧，也许加利福尼亚的抵押贷款交易会使挪威某农村的公积金计划彻底泡汤，而对于手机和游戏机控制器电池的消费需求会导致非洲中部某种族灭绝。在当今时代，谁能逃得开全球范围内的道德共存呢？

我开始意识到，过去我们用了太多无关道德的词汇来描述这个世界，比如“平坦”“连通”“透明”“复杂”“不确定性”，以及“充满风险”。这个世界确是由以上种种特质组成，但远不止如此。大约两个世纪以前，苏格兰哲学家大卫·休谟发现，道德的影响力会随着距离增加而减弱；既然我们现在的世界由于信息和资本的全球化而变“小”了，道德的影响力就应该相应加强。事实也的确如此。

我设计了一套公式，用以表现当前互相连通、互相依存的世界性趋势：

极端主义和全球机能失调 = 科学技术 + 人类的激情 ×（错误思想 + 负面价值观）

全球稳定和可持续繁荣 = 科学技术 + 人类的激情 ×（正确思想 + 正面价值观）

这套公式中有两项常量，两项变量。第一项常量是科学技术，在科技的引领下，人类之间的联系必然越来越紧密；第二项常量是人类对于进步和更好的生活环境的永久性激情，当它与科技结合，其影响力将成倍增长。

现在来看一下两项变量：我们对于世界的看法和价值观。当科技与人类激情的结合影响力与错误思想和负面价值观结合，将会带来极端主义思潮泛滥，全球机能失调，人类将在一个又一个危机之间挣扎徘徊；

反之，世界则会朝着我们希望的方向良性发展。

在当今时代，如何将这一公式运用得当，已成为了利害攸关的问题。在高度连通的透明世界里，地方性的小问题有可能迅速膨胀为世界危机。财政垮台、核危机、冰山融化、流感、恐怖主义，其蔓延速度和规模可以让我们每隔一天面临一次世界末日。虽然这些问题看起来像是“生命终结型”危机，其实他们却只是“生活方式型”危机。其出现原因，在于我们与同类之间、与这个星球之间联系的特质。

先行领导者需要什么

在过去几年中，我有幸为全球的商业领导者和听众演讲，同他们探讨如何构建事业，如何应对不可以预知的危机，并把这些观念应用于生活领域。我曾经应邀参加《早安美国》(*Good Morning America*)的节目，惊讶地发现自己竟然在数百万观众面前，和主持人罗宾·罗伯特斯探讨关于养育儿女的问题。抚养孩子的历程，就像创建事业或者团队一样。

在过去，当我们需要约束孩子的行为时，只需要关掉电视机，把他们关进房间里面就可以了；而现在，我们几乎不可能让他们远离所有与社交网络相关的设备。我们曾经希望孩子们在自然长大的同时塑造自身行为，如今孩子们的行为都在网络世界里得以体现。在这本书的首版上市后不久，我成为了一个父亲，我的儿子现在已经 3 岁了。随着他长大，他的一言一行其实都可以永远保存于网络世界，无论他去哪里，他的动向总会比他自身更快一步到达目的地。对我来说，现在更重要的是通过正向价值观来鼓励他，帮助他学会脚踏实地，指引他在这个陌生而又多彩的世界上坚持前行。

我到的地方越多，就越发现这本书中所讲述的观点是通用的。我从观众们对方式这一词语的不同阐释中获益良多。我曾经在北京的一次演讲中告诉在场的大学生听众，演讲结束后我会留下来回答他们所有的问题。结果是，4 个小时过去了，我们还在讨论可持续行为理论和中国古代经典哲学千丝万缕的关联性；在欧洲的一次国际商务会议上，我询问在场的 CEO 们，谁能够确切地讲出他们公司表现最出色的员工的名字，他们都举起了手；我继续问，谁能够说出公司里最具职业操守的员工的名字（这些员工将公司的核心价值观与自身价值观完美地结合在一起，并用正确的方法来达到目标），这时所有人的手都放下了；我又问道，如果他们能够像回答第一个问题一样回答第二个问题，他们是否会将公司运营得更加出色和持久，所有人的手都举得高高的。

我也注意到，越来越多的人，包括我自己敬佩的思想者和领导者们，都开始接受并阐述方式的概念，他们也接受我把方式当做一个名词而不是副词。前总统克林顿宣称他计划将他的余生投入到方式的事业中，而将什么的事业留给别人去做。

《纽约时报》专栏作家托马斯·弗里德曼将方式作为一个规则收录到其新版的畅销书《世界是平的》中；在他的另一本书《世界又热又平又挤》中，他将可持续价值的方式框架作为可持续世界的一个基本原则。他也强调基于方式的领导力是在这个政治、经济和环境频繁变化和动荡的世界中不断创新和成长的关键；而在弗里德曼今年 8 月的新书《曾经的辉煌》中，他提到美国没落的四大因素，并再一次强调方式的重要性，以及它对创新所起的决定作用。无论从哪个角度，弗里德曼许多重要观点都与本书不谋而合。

从“大而不倒”到“可持续而不倒”

我以经营一家盈利性公司为生，在过去的 20 年间，我时不时发现自己经常和一些批评家们讨论资本主义价值的问题，他们将经济萧条归咎于贪婪的银行家、愚蠢的政策制定者或是没有竞争力的汽车制造商。我总是提醒他们说，经济行为一直以来有其自身的道德维度。

事实上，“经济学之父”亚当·斯密原本是一个道德哲学家，并没有受过经济学的教育。我认为我们应该自然地趋向于认同“经济增长对每个人有好处”的观点，无论对于企业还是普通百姓来说，更多的增长意味着更多的工作、更多的财富、更多的安全。

贯穿整个 20 世纪，我们看到许多行业由为数不多的几个大型企业把控着，从发展的方面来说，这没有什么错，因为大公司比小公司更具生命力。所有的公司都追求“大而不倒”，但是在商业领域，规模并不能保证企业长久存活。相反，过度地追求规模：无论是更多的回报、利润和顾客，还是更多的存货，或者是更大资本总额，会让公司忽视对于真实的可持续价值的追求。如果某一个风险资本家问企业家“你如何扩大你的价值规模”，我会非常有兴趣投资这家基金；如果某个公司是“可持续而不倒”，我会非常有兴趣买这家公司的股票。

如果你担心从这本书中一无所获，请记住，在21世纪，有原则的行为（Principled Behavior）是通向成功的最佳路径，而且对事业和生活都有重要意义。如果这看起来有点违反直觉，那是因为我们过去通常认为事业和生活是不同的领域，应该遵循不同的规则来行事。主流文化充分地强化了这一信息观点。

早年在洛杉矶开创自己的事业时，我总是喜欢从电影中获得某些社会启示。想一想《教父》中的黑手党人物，他们通过将事业和个人分开，将背信弃义的行为和暴力合法化，“这只是严格上的生意，告诉迈克尔我一直都喜欢他”。

或者想想那句著名的口号“贪婪是个好东西”（Greed is Good），这是迈克尔·道格拉斯在奥利佛·斯通导演的电影《华尔街》中的一句台词。这些说法在一个互不联系的世界里是讲得通的，在这里，人们可以建立分隔的区域，人与人之间的联系是由环境状况决定的。

商业世界就是这样的世界，所有的次级贷款都是“严格上的生意”，这是一个与道德无关的领域，只要你不违反法律，你的唯一任务是股东的价值和追求利益。

可悲的是，我们中的大部分人都没有意识到技术不仅仅让我们相互联系，它也让我们在道德上相互依靠。“贪婪是个好东西”和“大而不倒”在商业和个人生活分离的世界是一个合理的战略，但是在一个相互联系的世界中这是一个最为糟糕的战略，因为每个人的行为都影响到了其他人。

我想，这就是为什么一些过去以讨论经济观点为主的论坛，如今将“如何看待世界”变成了引起参与者共鸣的论题。一年一度的达沃斯世界经济论坛（World Economic Forum），致力于汇集世界各国的企业家和政治领袖评估全球经济状况，并提出促进经济增长的观点以促使整个世界的进步。但在2011年，达沃斯论坛的主题却是“新形势下的共同准则”（Shared Norm for a New Reality），也就是“我们应该做什么”

的行为准则。会议的小册子上鲜明地印着会议将聚焦于“方式的问题”(The Question of How)。

在2011年的初春，阿拉伯的几个国家发生了反对现政府的革命运动，那些国家的政治长期被“大而不倒”的政府所统治。我们曾认为阿拉伯世界的独裁体制会永远持续下去，因为权力和金钱都站在了独裁那一边。有些政府也受益于美国的支持，但并不是因为这些政府和美国享有共同的价值，而是因为我们认为只有强大的独裁者才能打击恐怖主义并保持石油的生产供应。

然而，一些不可思议的事情发生了。在突尼斯和埃及，示威人群中的大部分人都拥有手机摄像，他们利用社交媒体渠道来组织示威者，并向全世界传输他们的信息。示威者的诉求点在于：公平、尊严和自由。尽管他们没有坦克或者酷刑室，但他们很快成功地将旧体制从权力位置上赶了出去。

换句话说，他们创造了环境的自由。前方的路依然不确定，没有人会知道这种自由是不是可以持续下去，但至少我们现在知道，由永恒的价值观激发的群众运动可以战胜暴力。没有一个独裁者可以“大而不倒”。相反，我们需要的是“可持续而不倒”“有原则而不倒”“优秀而不倒”的领导者、公司和政府。

为什么？因为在一个紧密联系的世界，更多的个人和小团体可以形成强大的力量。个人可以获取数百万人的认同，个人可以在阿拉伯世界中带动自由革命。孰优孰劣，大众心中有共识。我们的价值观是永远不会改变的，这一点应该根植于我们内心深处；这也是为什么现在比以往任何时候都需要将可持续的价值观根植于人们心中和公司内部。这些价值观将在你需要远离危机、恐惧时起到双倍的作用，它将引导你在可持续的道路上不断前进。

强迫型领导让位，激励型领导上位

如果“大而不倒”在紧密连通的世界里是一个错误的策略，那么我们如何构建我们的生活和公司，以让他们“可持续而不倒”呢？简短的回答是我们需要重新思考领导力本身。当我们通过方式的镜头看待这世界时，我们发现领导者们正在发生转变，有的甚至可以说是转型，他们从“指挥式领导”变成了“互动与协作式领导”，从在员工身上运用权力转变到通过他们形成人浪，共同奋斗。

这些激励型领导者明白，当权力的根源转变时，他们的管理行为也应该随之改变。这点是很好理解的。激发人类行为的方法有三种：强迫型（Coerce）、利益驱动型（Motivate）和激励型（Inspire）。

强迫型的领导会说：“在五点之前把备忘录交上来，我不管你用什么方式，但必须要完成，否则别来上班了。”利益驱动型型的领导则会说：“如果你做到了，我会发给你更多的奖金。”强迫型和利益驱动型领导用外在的奖赏（胡萝卜）和惩罚（大棒）来激发员工的行为，另外再设立一系列的规章制度。

但是，在相互连通的世界里，我们很快会发现“胡萝卜加大棒”策略的局限性，用以规范行为的规章制度永远无法做到完美，更何况我们无法预知所有状况。如果我在一个公司上班的唯一原因是薪水，那么当我得到一份更高报酬的工作时，我会毫不犹豫地离开；如果我从某个公司买一件商品纯粹是因为价格的缘故，那么当别的公司出售商品的价格更低时，我会毫不犹豫转买这家公司的产品。

作为领导者，我们需要更多地依靠激励而非强迫和利益驱动型，特别是在需要更多人才时。我们希望他们能够和来自不同国家、说不同语言的员工打成一片；我们希望他们不仅服务顾客，还可以为顾客创造一份独特、快乐和真实的客户体验；我们希望他们能代表公司形象和品牌，不仅是在工作的时候，在任何公开交流的时候，像使用博客、信件、电子邮件和其他互动工具时都能如此表现；我们要求员工学会用更少的资源来处理不可预知的情况。我们不断要求员工通过创新性的行为来取得进步，同时也为公司的发展壮大带来变化。如果你更进一步地思考这些要求，你会发现，我们所要求的只是人们内在固有的品质和行为。“胡萝卜加大棒”远远达不到上述要求。

什么样的领导才能满足上述要求呢？只能是“互动与协作式领导”。职业体育活动是对于这一点的最佳诠释。在体育活动中，任何一个队伍都想比其他队伍更大、更强和更快，好在比分上超过对方。你也许会认为，成功的教练都是严格执行纪律的人，并对球员都要求很高，经常对他们咆哮。想一想2010年世界杯上的西班牙国家足球队，在第一轮比赛失利的时候,教练比森特·德尔·博斯克并没有做一个咆哮的长官，相反，他召开了一系列的简短会议，并在会上提醒球员们，是无私和团队合作才让他们走到现在。博斯克的沉默领导力团结并激励了球员们，他们继续前进并最终取得了2010年世界杯。

如果你是一个全美橄榄球联赛的粉丝，你就应该知道博斯克的案例绝非个案。橄榄球可能是最为极端的“控制权”运动，而汤姆·考福林教练带领纽约巨人队在2007年的美国橄榄球超级杯比赛中赢得了一场不可思议的胜利，其原因很大一部分在于领导风格的转变。

在此之前，考福林常常被评论者称为“独裁暴君”和“冷漠、专横的人”，差一点被革职。于是他改变自己的领导习惯，转而寻求和球员们建立有意义的联系。他定期到球员中了解他们所关心的问题，并了解他们在橄榄球之外的家庭和个人生活。他想要赢得超级杯比赛的目标没有变，但是他所采用的方法却大大地改变了。考福林让整个团队建立了共同的信仰：赢得冠军，并在这一价值观的引导下，让他们懂得如何进行团队合作。可以这样说，他不仅学会了新的领导方式，而且还拥有了改变自己的勇气，并在这一过程中改变了他的队伍。

我是否可以说考福林和博斯克是圣人？当然不是。正像当今最有前瞻性的CEO们一样，他们都是聪明的领导者，他们能够在旧的领导力失去效用的时候找到新的方法来让团队取得最佳表现。这一切都是因为他们重新思考了行为的战略性意义。

我为许多企业的领导者讲述过方式哲学。在过去，很少有人会仔细听我演讲，他们总是会向我提到他们有“守门员”如总顾问、首席道德官、首席风险官或者是外事官员。CEO们总是会尽力聘用最好的守门员,这些人能够在防守的同时尽量避免违规行为。但是从历史上看来，大部分的企业领导者对守门员角色的兴趣远小于对进攻的兴趣。他们趋向于将“行为”看作是防守策略，只有在不好的事情发生后，他们才会采取相应措施。

然而最近几年，我亲眼见证了许多CEO已经不再向我提他们的守门员了。除了作出正确的指令，他们更为直接和深入地参与到公司文化和员工行为的塑造上。为什么呢？因为这些方式领导们意识到可持续的行为是一个进攻策略，需要他们全场部署。他们也会仔细地倾听首席律师或者风险官的意见，“行为”成为竞争优势的一大来源。**在我们这个紧密联系的社会，领导们需要改变，用基于价值的使命来代替基于任务的工作**。简而言之，这与我们完成事情的方式直接相关。

除此以外，人们的思维模式应该从“价值规模”转换到“价值意义”上来。在商业圈、政治圈和个人生活中，我们谈论的总是关于“多少”（how much）的问题：我们投身于这个领域可以获得多少回报？我们可以承受多少债务？我们能够有多大的增长？政府部门规模应该有多大？但是“多少”（how much）和“多大”（how big）并不是正确的问题。取而代之的，我们应该问问自己如何通过建立一个公司或者设立一套社会规则来反映我们最深层的价值。

想想喜马拉雅山麓的不丹王国，这个国家用于衡量经济和社会进步的指标是“国民幸福总值”而不是“国民生产总值”。如今，在英国、法国甚至是美国某些地方的政策制定者们也都在讨论如何用指数衡量公众的幸福和福利。这一点在某种程度上告诉我们，世界是不断进步的。

我们不仅处在一个行为的时代，我们也处在一个激励行为的时代。激励是取之不尽的可再生能源，而激励型领导是人们相互联系的纽带，是最有力、最丰富、最有效、可以负担和可以分享的资源。这种领导方式可以反复运用，不需要任何成本，回报永无止境。我们需要更多的领导者在游戏规则改变的情况下，激励出新的行为以适应我们所处的这个世界。

卓越领导者践行价值本位的企业文化

既然领导力更多是源于激励而不是强迫或者利益驱动型，我们就需要重新思考传统的公司治理方式。最近几年，许多成功的、创新型的公司开始解构传统的上下属分级，并取消职场的一些条条框框。这些领导者们明白，在一个资源开放的世界里，将公司当作堡垒或者监狱来运营已不再有效。这些改革只是第一步，也是最为简单的部分，随后，公司需要构建和培养公司文化，从而有利于激励员工的行为。从此，员工们可以自由地将他们的个性特征和创意带到公司的发展中去。

我们可以形象地将这种公司文化比喻为“人类”操作系统，并将其与电脑操作系统进行比较。在这两个领域里，你都需要杀手级应用(Killer Applications，指某个非常有用的计算机程序，消费者愿意为此购买其他软硬件产品。——译者注）来激发对新系统的适应。文字处理和电子邮件在20世纪末是个人电脑操作系统的杀手级应用，而行为则代表了人类操作系统的杀手级应用。为了实施人类操作系统，公司首先需要建立能够体现员工行为的核心价值文化；需要减少对传统“指挥式”公司管理的依赖；需要协调两个操作系统以便取得更高的效率，让人性回归到业务的中心，不仅仅是在公司内部，还包括与公司客户、供应商、合作伙伴和社会的联系。

如今，我们不仅需要技术创新者，更需要能够在方式上创新的行为先锋。在不久的将来,生活在地球上的每个人都可以通过技术相联系。联系得越多，人与人之间的区别就越会在人性品质上得以体现。

这就是为什么越来越多的公司都对外宣扬他们的“人文气息”。雪佛龙成了一个“人类能量”公司；美国陶氏化学公司有了“人类元素”；思科是一个“人类网络”；联合银行的口号则是“我们为人类服务”。当然，有些公司仍然没有重视其人性特质，有些公司将人性特质局限于销售部门，而有些公司则在一开始就努力将人性价值转化到公司的实际运作、领导力和个人行为中，从而让这些公司占尽先机，在市场中建立了良性的联系网。仅仅宣称人性是不够的，你必须实实在在地践行。成功的公司领导者深谙其道，他们将人性放在运营、领导、管理公司的核心，而不仅仅放在市场营销竞争的核心。

本书理念：LRN的哲学实践

我是怎样的一个人呢？我是LRN公司的创始人和CEO，我的公司致力于帮助全球大大小小的企业通过正确的方式获得成功。我在SAT考试中考过970分，然后我又再考了一次，分数增加到980。我有阅读障碍，并随着年龄的增长与之不懈斗争。我以我的某种方式进入了加州大学洛杉矶分校，是很迟才被接收的，当时其他学校都已经招满学员；我选择进修补强英语（remedial English）和哲学。

我深深地爱上了哲学这门学科，它教我们利用观察和逻辑思维来重新思考我们所处的世界。我对伦理学情有独钟，它回答了生命中最为深层次的问题，像幸福的本源、好与坏的区别以及如何构建一个公平的社会。哲学帮助我克服了阅读障碍，它教会我对某个特定观点进行仔细思考，而不像其他学科那样，通过冗长的阅读书目来加以训练。结果便是，我的弱点变成了我的强项。

哲学对我的事业也起到了关键作用。在很多年前，我们就已经把哲学应用在纷繁复杂的商业世界中。我们告诉许多企业领导者如何在公司里激励良好的行为，我们告诉数百万的员工如何做正确的事情。所以我的工作只是哲学的一个延伸，我喜欢将我自己当作是穿着西装的哲学家。

下面就让我告诉你 LRN 是如何创立的。学过哲学后，我到法律院校学习，毕业后进入一间私人法律事务所工作。通过对法律著作的苦读，我发现自己关注的每一个课题都已经有人钻研过，显然，在法律知识方面，总有人比我懂得多。

后来，我觉得用不高的价格向众多商业人士提供法律知识培训是个不错的机会。于是我建立了一个网站，以更为有效和大众化的方式来传递专业的法律知识。事业蒸蒸日上，我们帮助一些大型企业处理法律问题并应付他们面临的风险。

然而，我很快意识到，我们对客户的核心作用只是当其遇到法律问题时，我们便去“灭火”。我开始想，我们是否可以建立一个“防火”公司，从而为企业提供更好的服务，简而言之，就是帮助他们建立新的行为方式,从源头上避免法律问题的发生。于是我们的公司业务变成了：帮助其他公司的不同阶层建立可持续的公司文化，上到公司高层下到普通员工。

公司运营之初，我感觉自己像是在给从未曾有过病患意识的人兜售维生素。但随之发生的一系列公司丑闻立即让我们的服务成了全球议论的焦点。为了向毕业生们说明方式对于社会实践的重要性，加州大学洛杉矶分校邀请我为他们作开学演讲；联邦判决委员会在修订《联邦判决指导方针》时，也要求我提供顾问意见；我的办公电话开始响个不停，电子邮箱里也塞满了来自其他企业的邮件。他们开始意识到，一种“流感”正在蔓延，自己随时可能被感染。于是，我开始频繁地上电视，到全国各地出差，跟世界范围内一些大型的、历史悠久的公司管理层和员工举行会谈。在此期间，LRN 的规模整整扩大了 4 倍。

一时之间，“原则性”（principled）风行一时，但是我把这看作一把双刃剑。当然，更多的人按原则来办事，即使他的动机并不单纯（为了避免检举、减少债务、建立好的公共关系），也是一件好事。

然而，我发现人们对于为什么要按原则办事，为什么要花这么多精力和资源来探讨与其目标和利益相关的方式，缺乏更深的理解。基于此，LRN 不断地调整和扩展自身的观点内涵，以帮助全球不同类型和规模的企业通过有原则的行为和在竞争中的“行为超越”来获得成功。

在行为上超越竞争对手的一个重要的方法是“更绿一筹”(outgreen)。这个认知促使 LRN 在大萧条中收购了绿色战略公司 GreenOrder，那时大部分的企业遭遇滑铁卢，更不要说寻求增长。GreenOrder 是一个规模虽小却极其成功的顾问公司，它帮助通用电气这样的大公司建立创新型的、环境友好型的可持续商业发展道路和产品。像 LRN 一样，GreenOrder 的团队也明白可持续性比改变灯泡或者燃料来源更为重要，它需要的是改变心态和公司文化，是致力于创建持久价值的领导力和行为类型，而不是追求短期的成功。风力涡轮机、太阳能电池板或绿色建筑，这些东西本身都没有我们为什么需要这些东西的理由重要：只有如此，我们的公司、我们的世界才会变得更好。

如今的 LRN 已经全球运营，在纽约、洛杉矶、伦敦、孟买以及许多其他城市都设有办事处。我们的服务对象是 1 000 多万名员工，他们分布在 100 多个国家的上千家企业中，帮助他们用可持续的价值观来塑造公司文化。

书中所讲述的大部分概念和策略都在 LRN 公司检验实行过，这也是我们将自己的公司看作是“实验室”的原因。我们立志于改变探索世界的方式。现在，我们依靠自己的领导框架来指引决策、相互交流，用团队协作激发出共同的积极性，并辅以选举委员会提供必要的管理。我们努力按既定的行为哲学做事，并将这一哲学扩展到其他人身上，从而激发相互信任。

举个例子，我们希望我们的员工能够诚实地列出所有花费，但代替严格监管的是，我们的报销不需要批准。我们会随机地看看报销单，并追查数额较大的款项，只是为了在订飞机票时制定更为精明的策略；同样的，我们的假期规定是“只要你考虑到了同事的需求，你就可以在任何时候休假”。没有人会向所谓的老板汇报。在LRN，唯一的老板是我们的使命。

作为一名伦理学家，我非常精通逻辑辩论的艺术。但是，除了讨论方式的哲学案例，我觉得也应该讨论自己的公司和我的客户在实施方式时的经验，我强烈地想要去检验自己的论点，寻找数据将这些理论量化。于是，我们在全球范围内作了一系列关于企业伦理、企业文化和领导力的调查。

关于这些研究的更多内容,我将在书中提到。调查结果表明,以“价值”为企业文化基础的公司，比其他公司更容易接受新思想，更具创新性，有更好的财务状况和客户体验，其招聘成功率更高，员工流失率更低，员工失误和投诉更少。所有这些都为长期的可持续性成功打下了坚实的基础。

希望：促使我们追求意义

诚如我说，这是一本关于做事方式的书，而不是一本关于行动方法的指南。行动指南会为个人或企业的发展提供具体的建议，比如《关于XX的5种规则》、《10个实践XX的建议》、《如何达到你想达到的XX目标》等。它们会向你保证：按照书中的每一个步骤就一定能达到预期目标，不管这个目标是升职、减肥，还是致富。

但是，尽管书名很诱人，而且内容也不乏实际操作性，我还是坚信一点：一本行动指南无法为你的成功开辟捷径或指明道路，因为现实远非一本指南概括的那么简单有序。真正有用的书籍应该为读者提供某种更持久、更深层次的东西，它会让我们终生受用。所以，本书不会为读者列举任何步骤或攻略，而是为你提供一个全新的理论视角。它将为你在当今全球化的新格局中指明方向，帮助你超越短期得失，把注意力集中到追求长远的成功上。

为什么每天你会按时起床去上班？方式的视角让我们对这一问

题有了不一样的思考角度。“为获成功而做”(Do Something So As to Succeed)或者“做一件事，获得成功”(Doing Something and Achieving Success)，这两个观点是存在不同之处的。激励型领导者明白这其中的重要区别。哲学思想认为如果一个人直接追求幸福，幸福就会躲避你，但是在你追求更高和更有意义的目标时，你便可以得到幸福。我从我的工作中体会到一个类似于“幸福悖论”的推论，我将之称为“成功悖论”：如果你直接追求成功，你便无法达到目的。激励型领导者明白，只有你的追求超越自身，能够影响到别人的生活，真正的、可持续的价值才能达到。我用“意义”这个词来形容这一情况。

我坚信，掌握了正确的行为方式的人和公司，无论现在还是将来都会保持优秀。他们将会得到亲睐、受到推广并赢得名望。如今的世界让这一思想（方式）变得比以前更为重要，我相信它是个人和公司获得永久成功的一个最为有力的方法。

你一定听过这句商业名言：希望不是战略。这句话是用来嘲笑那些不作分析就盲目采取行动的领导者的，但是，激励型的领导者知道希望绝对是一个策略。罗斯福总统在大萧条时期便明白这一道理，他这样鼓励陷入沮丧的美国人：没有什么值得恐惧，除了恐惧本身。他急切地希望人们不要失去希望。

希望是一个可持续性的价值，它促使我们把这个世界看得有意义，并以有益的方法和人们打交道。希望是催化剂，当我们失去希望时，相当于自己打败了自己并变得沮丧；当我们拥有希望时，我们便会投身于生活中，和周围的人打交道并共同协作，共同创造未来。就像信任一样，希望是我们和别人相联系的一个基本因素。没有希望，就没有进步、没有创新、也没有持久的繁荣。希望促使人们从椅子上站起身，去迎接他们不曾想象过的挑战，无论它有多么艰难。希望本身不是战略，但是它是任何一个可持续战略的基本开端，从这个角度上说，希望促使人们去追寻意义。

HOW与WHAT价值体系对比

HOW （新兴价值体系）	WHAT （旧有价值体系）
正确地做 Just do it right	做 Just do it
应该做 Should do	能够做 Can do
寻求建立强大的人际关系网络 Seek and build strong connections	争当No.1 Look out for #1
商业即合作 Business as collaboration	商场如战场 Business is war
适者生存："适者"才是强者 Survival of the fittest, but the strongest fits best with others	适者生存："强者"即适者 Survival of the fittest, and the strongest is the fittest
达到目标的**方式** HOW we do what we do	达到**目标** How we do WHAT we do
超越规则（开启创新与自由的价值观） Transcend rules-based thinking and unlock the innovation & freedom in values	遵守规则 Follow the rules
扁平化的组织结构 Horizontal effort	自上而下的垂直结构 Top-down hierarchy
基于价值观的自律 Values-based self-governance	公然地默许 Informed acquiescence
注重透明（基于共同价值观的公开） Active transparency (acting according to values and transparency has no risk)	避免信息公开 Avoiding exposure
信任是联通世界的硬通货 Trust is the currency of a connected world	信任有风险 Trust is risky
声誉是实质 Reputation as substance	声誉是虚饰 Reputation as veneer
文化：人人参与建设 Everyone can do culture	文化：顺其自然 Culture happens
核心竞争力：以方式制胜 Outbehave the competition	核心竞争力：以绩效和策略制胜 Outperform and outmaneuver the competition

目 录 Contents

第一部分
新平面化时代企业组织所面临的挑战

谷歌、亚马逊、雅虎是以囤积专业知识、制造商业机密，还是分享信息问鼎全球？IBM曾经就像一支纪律严明的军队，员工只有绝对的服从与执行，此种商业模式能否依旧畅通无阻？曾经让我们顶礼膜拜的商界翘楚，或因学历造假、或因头衔假冒而辜负了我们的信任，信用可否重新拾回？

第二部分
价值本位的思考方式引领未来管理新趋势

贪婪不仅无益，而且有悖于人类本性。利己，利他，孰轻孰重？世纪之交，美国国会推出新法案应对接踵而至的企业丑闻，企业界却反其道而行之，愉快地发挥着他们破坏规则的创造力，规则、法案效力几何？两家医疗公司（耶南药厂和UMHS）对待患者采取南辕北辙的举措，是“可以”规则与“应该”价值的激烈碰撞吗？

第三部分
三维合一的行为方式开拓未来管理新领域

房利美因为财政违规而面临高达4亿美元的巨额罚款，透明化暴露“企业性格”？杨百翰大学的一项调查显示：最不受信任的买方所支出的成本比最受信任的买方高出6倍，这个数据，可让你心惊动魄？一次握手，一句“好运”，就完成了一桩价值20多万美元的钻石交易，买卖双方使用的真正货币是什么？

第四部分

自我管理的企业文化掌控未来管理新方向

通用达拉谟中心不加任何管理，却年年突飞猛进，非凡何在？花了10年时间编写而成、仅有薄薄一张纸的“强生信条”，100多年来深深烙印在每位员工内心，这究竟是一种负担，还是一张通吃王牌？麦当劳引以为豪的“三角凳文化”，我们能否真正理解？

前 言

人浪：持续繁荣的源动力

全球参与者能量和激情的纯粹释放

1981 年 10 月 15 日，奥克兰市体育馆的门票已销售一空。时值美国职业棒球大联盟季后赛，奥克兰运动家队与纽约扬基队之间的第三场较量，奥克兰运动家队已经连负两场。此时看台上挤满了观众，而克拉茨·乔治·亨德森（Krazy George Henderson）也将在这里被载入史册。克拉茨·乔治是一位职业拉拉队队长，受雇于运动家队近 3 年时间。与花里胡哨、蹦来蹦去的大学拉拉队队员们不同，穿着短裤和运动衫的乔治有节奏地敲着面小鼓，一个人在体育馆过道上跑上跑下。他那罗宾·威廉姆斯般的狂热气质和一头爱因斯坦式的卷发总能带动主队球迷疯狂的呐喊助威。"加油，奥克兰！加油！"

这一天，球迷的口号跟以往没什么两样，可乔治却制造出一个巨大的、能够从他所在的看台区开始，并持续席卷整个体育馆的激情洋溢的波浪。这个创意具有历史意义：1981 年 10 月 15 日，克拉茨·乔治·亨德森发明了人浪。

我一直为人浪所倾倒，所以就找到克拉茨·乔治，请他讲述第一次制造人浪的经历。"首先，我开始敲鼓，这吸引了附近三四个看台区上球迷的注意力。这是我能成功的秘诀。敲鼓表达了我的激动与兴奋，会告知我是他们中的一分子。我敲着鼓在整个体育馆不停地来回奔走。

目睹我的汗水，他们也能感受到作为一名忠实球迷的激情：真心地热爱着这项运动，并喜欢他们的主队，而这也刺激他们释放出自己的激情。

“接着，我必须把自己的设想传达给球迷，并设法动员每一个人。因为缺少了一个人它都不会成功，这才是关键。于是我一边敲鼓，一边扯着嗓子喊到：‘接下来，大家都照我说的做。从这个看台区开始，每个人伸直手臂站起来。下个看台区会跟着我们做！’接着，我跑到下一个看台区，对那边的球迷喊道：‘我一喊开始，大家也开始跟着做！’

“我知道这道人浪肯定会中止，只是不确定在消失之前它能持续多久，但毕竟之前还从未有人见识过。所以我就给大家提前打气说，一旦第一波人浪中止，请附近这3个看台区的球迷用最响的声音喝倒彩。尽管我一人的声音不行，但我相信，集体发出的声音足以让全场的观众听到我们想做什么。接着我尽全力喊道：‘我数到三，这个区域第一个起立，接着是你们，然后是他们！’我知道这会奏效。然后，我喊了开始。第一个看台的球迷站了起来，在空中挥舞起手臂……然后是第二个看台……人浪持续了大概5个看台区后，声势逐渐变小，最后完全停止：人们都还在专注地看比赛，没注意周边的看台，第一波人浪就这样消失了。

“此时，事先约定的3个看台区一片哗然，而我也在用力敲鼓，同时振臂高呼。虽然对面看台的观众听不到我在说什么，但他们能听到鼓声，也可以看到我挥舞的双臂和鼓槌，从而开始了解我的用意。于是我发起了第二波人浪，这一次持续了11个看台区，大约是全场座席的1/3，直到本垒板后面才消失。突然，我听到较之前一次更响的哗然，有6～8个看台区的球迷在一齐喝倒彩。这一举动吸引了全场观众的注意，也让他们明白了我想要他们干什么。于是我没说让我们再‘试’一次，而是喊道‘让我们再来一次！’然后第三波人浪便开始了。

“我环顾四周，发现整个体育馆上下3层看台区的观众都被发动起来。大家统一起立，伸展了手臂，一道气势磅礴而又激情四射的人浪刮过本垒区，席卷了整个体育馆，人人都在呐喊尖叫。这一波人浪持续了整整一周，从本垒一直到外野后又回到我们这边。波浪还在持续，而且变得更加有力。所有的球迷都疯狂起来，这种场景真是史无前例。

“当时，正好轮到奥克兰队的左外野手里奇·亨德森（Rickey

Henderson）击球，他因出色的盗垒能力而得名‘盗垒王’。在看到头顶一圈又一圈波浪后，他迈出击球区，一边调整手套，一边观察人浪。整整2分钟，他只是站在那里，摆弄他的手套。不知道2分钟内这股人浪绕了多少圈，4圈、5圈或是6圈吧，它就是如此的声势浩大。

“人浪过后，观众的情绪明显变得更加兴奋，他们知道自己为主队帮上了忙。在接下来为主队防守加油助威中，由于充满了活力，球迷们的声音洪亮了很多。时至今日我仍然可以清晰地回想起那幕景象。不论在体育竞技场地还是其他场合，人浪总能为参与者带来能量和激情。球迷会因此觉得自己不仅是比赛的一部分，还为比赛增光添彩。”

人浪是一项非同寻常的活动。在如此巨大的体育馆中，分散四处的观众之间原本很难联系和沟通，但出于“帮助球队获胜”这样一个共同目的，他们居然能够组织一次场面宏大且步调一致的行动。而事实证明，人浪在奥运会和世界杯等世界级的体育盛会中，将会超越文化上的差异，形成人类一致的表述方式。这也是自从第一次在国际舞台即1986年举办的墨西哥世界杯决赛上亮相以后，人浪开始被称作“墨西哥人浪”或者“La Olá”的原因。这一行动超越了性别界限、收入差距和社会地位的差异，完全是集体激情的纯粹释放。

最具协作能力的人，才能掀起人浪

1994年创办LRN公司时，我觉得如果能把人浪精神搬到办公室里将会很棒。然而，我们要怎样才能在商场中掀起极富创造力的人浪？

掀起人浪是个人努力的过程，发起人浪的不一定是体育馆的业主，也不一定是看台上最有钱有势的人，甚至没必要像克拉茨·乔治那样成为职业拉拉队队长。任何人都可以发起一波人浪，1个带着孩子看球的母亲，4个大腹便便、胸口印有奥克兰绿标的醉汉，还可能是8个崇拜明星球员的少年。名片、身份和地位在掀起人浪时不起作用，你是谁也并不重要，在这里任何人都能发起人浪，这是一种真正的民主行为。

那么你会问，制造人浪的方法到底是什么？举例来说，你正在观看一场橄榄球赛，主场球队刚刚触地得分。看到你支持的客队球员已经气喘吁吁，观众有的在嚼爆米花，有的在啃热狗，有的在喝饮料，有的昏昏欲睡，有的还在为对方加油助威，这无疑很令人沮丧。突然，你灵光乍现，有一个方法能帮助球队感觉到自己也有主场优势，从而赢得比赛。但这个能够带动球迷激情的方法需要团队合作精神，而你清楚，自己无法主宰整个球场，因为观众有决定自己干什么的自由，而你想要做的事可能会让他们觉得麻烦。很可能隔壁的人不想起立，他的注意力正集中在其他事情上："真他妈太气人了，我们球队的头号外野手竟然要换位"。那么，到底怎样才能发起人浪？

首要的是引起观众的注意。人浪需要一个发起者，所以，首先你必须当这个带头人，起身表达自己的想法，鼓励其他人一起实现这个想法。但是具体用什么方式呢？克拉茨·乔治的办法是敲鼓，但有可能负责金属管制的球场保安会让你把鼓放回车里去。当然，你也可以告诉他们："嗨，伙计，我给你 20 美元，让我们一起站起来吧。"也许刚开始他们会听从安排，但这不一定能让他随着人浪起立多次。

况且除非是比尔·盖茨，否则在收买全场 6 万名观众加入整个计划之前，你就破产了。这种配合持续不了多长时间，不久他们就会重新坐下来，而此时若再想收买他们，说不定得花更多钱，而金钱作为激励手段有其局限性。

或者你也可以这么说："听好了，我长得比你壮，要是我喊开始你不起立的话，我就揍你一顿！"也许有人会因为害怕而乖乖地跟着起立，可恐惧与胁迫也有局限性。武力对于身边的球迷也许奏效，但远处的观众很可能依然各行其是，或者干脆离开体育馆，发达的二头肌和大声的咆哮只会吓跑别人，暂时慑于威胁的他们是否会付出热忱？要想制造出能够激励球队斗志的人浪，每个参与者都必须充满激情地投入，而他们也许只会机械地起立，这种人浪能起到鼓舞士气的作用吗？

除此之外，能引起观众注意的最好办法莫过于语言交流了（就算互不相识，一起观看比赛让你们有共同的兴趣所在）。那么你该说什么？最重要的是，该用怎样的方式去说？你可能会想："信息就是力量。信息掌握得越充分就越有优势。"于是在有了制造人浪的想法后，你决定保守这个秘密。然后你会对邻座说："请跟我做些动作，但我不能告诉你原因，你只需要知道怎样做这些动作就够了，请相信我。"如果这样，别人会感觉你是在愚弄他们。更糟糕的是，他们会觉得站起来大喊大

匈牙利科学家发现人浪具有以下特征

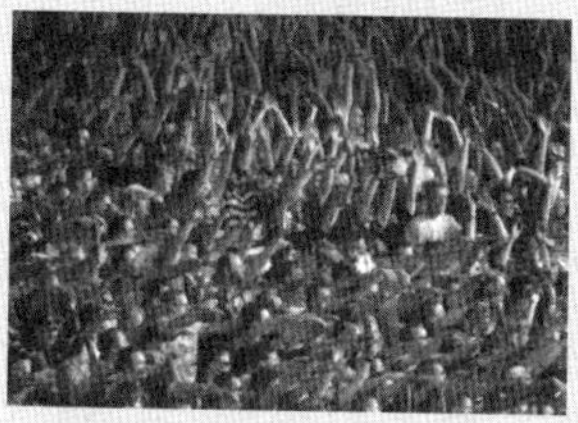

- 通常以顺时针方式卷起
- 6 ~ 12 米宽（平均 15 个座位）
- 每秒大约滚动 12 米（20 个座位）
- 由几十个人掀起
- 在人群中席卷开来时呈稳定的、接近线性的形状

照片提供者：弗拉迪米尔·赖斯(Vladimir Rys)/阿勒曼尼亚(Alemannia)足球俱乐部员工。2006 年亚琛足球队（Aachen）对阵门兴格拉德巴赫（Monchengladbach）时形成的人浪。

叫对自己毫无意义。球迷们愿意听从克拉茨·乔治的指挥，也许是因为在奥克兰队的主场敲了 3 年鼓的他，已经积累了足够的人气，可是很少有人能在球场里做到这一点。而且克拉茨·乔治也要面对很多挑战，对于第一次来看运动家队比赛的外地人来说，也许只是个敲着鼓看比赛、行为怪诞的当地人。所以如果这样指挥其他球迷，他们多半会想："我怎么知道这会有用？我凭什么相信这个人？"这套中情局般的操作方式只会让其他人怀疑你的动机。

那么，是不是分享自己的设想会更有效？也许在球场大屏幕上做一个幻灯片演示，向球迷们解释清楚气势磅礴的人浪背后的物理学原理，就可以说服他们听从你的指挥。

当然，你证明了自己有非凡的课题研究能力，但几张幻灯片并不足以煽动全场的 6 万名观众。一场节奏再慢的棒球比赛，也比精心准备的幻灯片有意思得多。

表达意愿和沟通交流的方式直接影响着结果。人浪之所以如此震撼人心，是因为它代表着一种希望主队获胜的集体激情。这种共同价值比任何个人行为所产生的动力都大，它可以将在场的所有球迷团结起来。球迷们并不会因为乔治而听从他的指挥。虽然这需要领导者带动，但一旦人浪开始，观众会完全忘记它从哪里开始：32 号、64 号还是 132 号看台？球迷会依次照做是因为他们知道这是场全员参与的游

关于人浪发生的概率研究

可激发介质研究领域的某些研究方法，可以对人类社会行为作出有效的理论化解读，在这类可激发介质模型中，每一个人都是一个可激发的个体单位。

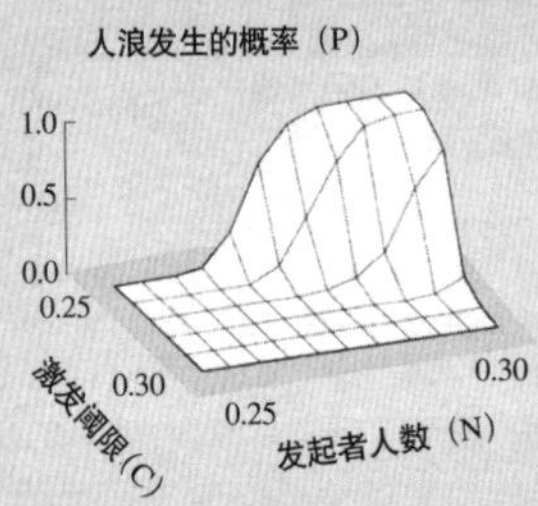

- 个体被外来刺激所激发——当个体附近的其他观众的活跃程度超过阈限时，就会产生这种刺激（C）。阈限的大小同时与双方空间距离有关。
- 一旦被激发，每个个体都主动遵照某种内在行为模式行动（如起立、挥手）。个体首先被激发并主动遵守内在行为模式；然后模式开始涣散，最后又重新回到平静（可激发）状态。

戏。当所有人都参与到人浪中时，起点在哪里就变得不再重要，重要的是它会一直持续下去。起初没有参与的球迷也并非因为惧怕人们的起哄开始听从克拉茨·乔治的指挥的（集体喝倒彩只是一个在巨大的场地中引人注目的好方法），而一开始就参与其中的是由于纯粹喜欢这种奋力敲鼓为喜欢的球队加油助威的方式。

看来，制造人浪的正确方法是让周围的观众先注意到你，并和他们分享你的点子，最后发动大家为了实现这个目的而全员参与。你不能指望法律强权，或是安装在看台下的核爆炸装置威慑住全场球迷。要让人人参与其中，你需要的是超凡的感召力。只有诚恳、坦率和毫无保留的态度才能赢得他人的信任。充满激情，无拘无束地喊一声“嗨！”就是鼓动周围球迷的一个妙方：“我有个主意！如果大家一齐起立挥舞着手臂呐喊助威，也许能帮助我们赢得这场比赛！”

以强力高效的行动使人浪持续循环

人浪精神代表着不同背景的人怀着共同的梦想团结在一起，就能取得辉煌的成就，它代表着团体在最富激情和最不受约束时所迸发出的力量。我喜欢人浪所含的这一隐喻，而人们往往没有意识到我们目标一致、相互团结、全情投入时所能产生的惊人能量。你的方式决定了最后创造出的人浪。最好的方式可以让人浪持续很久，一直到达离你很远的地方。我发现，只要自己愿意，每一个人，不论职业分工、地位高低和权力大小，都可通过制造“人浪”在工作和生活中获得成功。这是本书的第一个观点。

现实生活中，每个人都可以通过强力高效的行动影响周边的人，从而制造人浪。但人浪是否能在体育馆里产生并持续下去，还取决于场馆的结构。研究显示，比起直线形场馆，人浪更容易在圆形或椭圆形的体育馆内形成，持续的距离也更远。比如，高中橄榄球比赛中的观众是按照主客队分坐在场地两侧的，就算球迷们都来自于同一座城市，人浪却不易形成。但是，即使椭圆形体育馆内两队球迷的座位被分散在赛场各处，人浪还是很常见。因此，组织者可以通过建造合适的场地确保人浪的形成，而球队也可以通过创造合适的比赛环境帮助人浪的产生。这是本书的第二个观点。

人浪推动UPS使命必达

最近，我从纽约的一位珠宝商那里订购了一副手镯，作为送给妻子的结婚纪念物。珠宝商通过UPS的“次日达”服务把镯子寄到了洛杉矶，以确保我在纪念日当天收到包裹（谁都知道错过结婚纪念日的后果有多么可怕）。

第二天一早，我就在办公室的会客厅里见到了UPS的送货员安杰尔·扎莫拉，但并没有见到我的包裹。他立即觉察到了我的失望，开始设法安慰我。尽管在送完那栋写字楼的快件之后他就该下班了，但因为此事，安杰尔又忙了1个小时通过电话进行沟通。最后他找到了这个包裹，它还在洛杉矶市中心一个货仓中。安杰尔立即做了安排确保包裹在晚饭之前送达我手中。随后，他留下自己和上司的手机号码，并告诉我在包裹抵达我手中之前，他都会持续跟进整个处理过程。最后，当天下午5：00，我收到了这个包裹。

当我们再次相遇时，我告诉安杰尔上次他处理问题的方式，以及

UPS 恪守承诺的做法让我印象深刻。他毫不犹豫地回答："这是我应该做的。"这让我想起了以前听过的一个故事：两个石工在一栋楼里干活，有人问他们在做什么，第一个工人的回答是"我在砌墙"，而第二个工人却答道"我在修建一座教堂"。在有些人把自己看成砌墙的砖瓦匠时，安杰尔却把自己当做修建大教堂的建筑师。他并没有狭隘地把自己设定为简单的快递员，而是觉得自己是 UPS 公司恪守诚信的中介。他参与了 UPS 的人浪制造，也正是因为掀起了这样的人浪，UPS 才会成为同行业的佼佼者。安杰尔这种长远的考虑及其强烈的驱动力让 UPS 和自己脱颖而出，关键并不在于他们做什么（送包裹），而是怎么做（送包裹时快速、周到、激情以及超越自我的方式）。正是这些方式，安杰尔个人的努力以及影响他人的能力，让安杰尔掀起了一股人浪。这股人浪的参与者不仅有他自己，还包括在货仓中找到包裹的同事，以及开特别快递货车到我办公室的司机等其他人。

反过来说，也正是 UPS 鼓励制造人浪的企业文化促成了人浪的产生。当时，安杰尔并没有义务帮我弄清楚这一长串的转接签名和运送许可，这原本就不属于他的工作职责，当然他也不会为此得到任何加班工资。但是，UPS 不仅理解这些方式的力量，而且将它们进行了制度化，这使得所有一线员工在遇到突发问题时都有自行解决的空间，以此减少系统化流程带来的负面效应，从而提高工作效率。在这一点上，UPS 和它的职员安杰尔立场一致，行为一致。正是这一授权制度促使安杰尔迅速作出了上述反应。

当今一些企业之所以能在竞争激烈的市场环境中如鱼得水，获得长期成功，正是由于它们散发着某种像人浪一样的能量。而掀起人浪的方式决定了人浪的大小和长短。假设一家企业是座体育馆，某位观众有了一个解决问题的想法，他为此感到欢欣鼓舞。如果能将这个想法告知周围的人，并与之保持通畅的交流，肯定会成就一番了不起的事业。企业想要在当今全新的社会经济格局下长期保持可持续的成功，就必须重视这种源自人类组织行为的力量：方式的力量。

怎么能通过人际间的互动方式取得成功？你也许会想：别傻了，商场不是受规则约束的拳击台，而是荷枪实弹的战场。在理想世界中，每个人都会在共同价值观的驱动下做到目标一致，坦率而公正合理地处理问题。这固然美好，但现实世界并非如此完美，这里充满着激烈的竞争、严格的绩效考核标准、勾心斗角和潜在危机。

不过我要提醒大家，人人都有一套价值观。也许我的主张在某些人看来就像空想主义，跟现实世界毫无关联，但我希望通过下面的论述使你明白，以往我们所熟悉的资本主义世界已不复存在。商场不再是战场，信息不再是力量，赢家也不再能够通吃。技术进步加强了人际间的交流沟通，人与人之间愈加紧密的联系也促成了一体化进程。可以预见，不论商业领域还是日常生活，人类历史将会产生翻天覆地的变化。如今，事物的发展远快于我们构建理论框架对其进行解析的速度，而我想尽自己所能，详细地向读者展示这些改变的迅猛和持久性。在信息高度透明、联系空前紧密的新时代，我们也需要作出改变。

在全球化 3.0 的背景下，信任、尊重、坦率、目标和信誉这些以往的“软素质”开始成为换取成功的“硬通货”，也成为提升生产效率、提高产量和利润率的直接动力。方式将成为取得成功的决定因素。

集体起立，挥舞着双臂，为自己的球队呐喊助威，参与者能从人浪中获得的最大收益就是“玩得非常开心”。另外，他们可以借此与同场中的其他人进行互动，这就是人浪的魅力和价值所在。克拉茨·乔治告诉我，从第一次开始，每波人浪发起后球迷状态的显著改观都让他印象深刻。在接下来的比赛中，所有观众都更加活力四射，就像他们也是赛场上的一员，开始全身心地融入到比赛中。人浪的力量不仅来源于其壮观景象，还在于其所激发的长久不衰的激情。

在 UPS 以及其他很多优秀的企业里，员工们正热情主动地参与到人浪的制造过程中来。这验证了我们这个时代正在发生的变迁：它象征着人的行为方式是如何创造出可持续的商业价值。我相信，每个团队和个人都能理解、掌握和运用方式这种力量，这就是本书的写作目的。

第一部分

新平面化时代
企业组织所面临的挑战

谷歌、亚马逊、雅虎是以囤积专业知识、制造商业机密，还是分享信息问鼎全球？

IBM 曾经就像一支纪律严明的军队，员工只有绝对的服从与执行，此种商业模式能否依旧畅通无阻？

曾经让我们顶礼膜拜的商界翘楚，或因学历造假、或因头衔假冒而辜负了我们的信任，信用可否重新拾回？

信息时代，权力属于最具协作能力、能够构建共同目标、发动组织人浪的领导者。透明时代，信用变得脆弱，却又异常坚挺。

激活组织“突触”，掀起循环人浪

大脑的工作单位是神经元，其中有些专门负责认知功能，而另外一些则大小不一地聚集在一起，执行更为复杂的任务：有些用来存储记忆，有些则只是单纯地传递信息。神经元具有一种兴奋薄膜，它可以产生并传递电信号的独特单元。当一个神经元要作出反应时，就要发出一个电信号（如同发一封e-mail）到特定的大脑区域。为了到达目的地，这个信号必须跃过神经元之间的空隙：突触。儿童的大脑中大约有1 000万亿个突触，到了中老年，这个数字会锐减到100万亿～500万亿。突触的功能好坏决定着大脑是否能够正常工作，或者说，这些神经元的间隙才是关键。强健的突触可以轻松地传递信息，即动作电位，这使得神经元发出的信号能够自由传输，从而让各种由大脑发出的复杂指令得以执行；而虚弱的突触无法很好捕获信号，从而导致信息堵塞。

假设一个坐满了球迷的体育馆是一个大脑，每一位观众都如同一个神经元，与他人联系沟通的欲望和能力就是兴奋薄膜，而观众皮肤与皮肤之间的空隙就是一个突触。在某些看台区，观众间的联系很紧密，说不定相互认识，座位经常固定在一起，或者是同一个队的球迷。观众频繁地交流会使这一区域显得异常活跃，一起呐喊助威，互相帮助，如相互传递从流动商贩手中购买的东西，偶尔入座的陌生人也很容易跟大家打成一片。但在互相联系并不紧密（突触虚弱）的看台区里，信号（动作电位）无法顺畅地传递，球迷们只能独自加油，即便买包花生，也得亲自动身跑一趟。

连接不同神经元的突触，与多条道路交汇的路口有些相似，不同的动作电位可以同时在此发生作用。多个动作电位的共同刺激，可能会诱使某些虚弱突触也进行信息传递，类似地，在体育馆内，大部分人参与制造的人浪可以刺激带动那部分不怎么活跃的观众，一起起立并呐喊助威。事实上，我们俗称的脑波，就是一组神经元同时发出电信号，使动作电位越过强弱不等的突触到达目标区域的现象。因此从脑电图学角度来讲，本质上，大脑也会制造人浪。

与大脑里的情况相似，在人的行为领域里，人与人之间的事件变化总是会影响最终的执行结果。

如果让体育馆里的6万名观众全都蒙住眼睛，捂住耳朵，人浪的发起就非常困难；

如果让他们低声传递信息，那么也就只有人浪发起者所在的看台能听到指挥；

如果引入太过复杂的感情，他们的交流就又有可能产生曲解。

为了在整个组织（大脑、体育馆、团队和企业）中产生超越个体的交流渠道，从而制造出人浪，我们不仅要清楚地了解人浪发起者的意图，还要知道影响人际空间的事件，即影响突触强弱的因素。

1994年10月23日，网景通信公司发布了第一代互联网浏览器。这标志着互联网技术的平民化普及，进而宣告了信息时代的到来。人类沟通交流的方式随之产生了巨大的变化，信息的自由流动对世界的运作产生了深远的影响。然而，我们的相关认知却还没赶上这些变化的节奏。要想适应这些变化并在全新的时代获得成功，就必须建立一个新的理论框架，以便于我们在审视历史的基础上理解正在发生的变革。

本书第一部分将对促成当今世界面貌的过往瞬间进行探索。最先是信息时代的诞生以及该背景如何促使商业模式从“命令和征服”式到“合作与分享”式的转变。接着说明这些技术的发展怎样影响了人际关系。最后阐述了为何做事的方式在世界中变得重要起来。

第1章

财富引擎巨变：土地—资本—信息

> 去哪里找回我们遗失在知识中的智慧？去哪里找回我们遗失在信息中的知识？（T.S. 艾略特）

财富积累的零和游戏

有时，为了展望未来，我们必须先回顾过去。在此我们要回顾的是公元1335年前后的欧洲封建社会。

14世纪30年代，当时的英格兰出现了一股葡萄酒需求热潮。这种酒最先在诺曼人中风靡开来，接着英国的一般贵族开始跟风，用红葡萄酒代替传统的日常饮料和啤酒。他们认为葡萄酒可以增强活力，提供维生素以及捱过漫长寒冬所必需的热量。饮用葡萄酒不仅充满乐趣，还是一项时髦的活动。由于气候寒冷，英国本土不适合种植酿酒的葡萄，他们必须从法国进口他们想要的酒。于是他们先用羊毛从弗兰德斯人（Flanders）那里换取当地出产的布匹（这在当时可是好东西），然后把布匹运到法国南部去交换用以酿酒的水果。幸运的是，当时的弗兰德斯和加斯科涅（Gascony，位于法国西海岸）都处于英国人的统治之下，因此，他们的贸易活动不会受到阻碍，运输安全能得到保障，获取的葡萄酒也可以轻松地满足他们的市场需求。

然而正因为如此，加上无数封建的细枝末节，当时的法国人对英国人怀恨在心。于是，1337年他们攻占了弗兰德斯，并重新获得了欧洲本土的控制权，由此掀开了英法百年战争的序幕。战争整整持续了116年，直到公元1453年，英国人被赶出欧洲大陆回到本国继续喝啤酒时，这场战争才正式结束，而他们嗜好啤酒的习惯却一直延续到今天。

所有这一切跟处于当今高技术信息时代从事商业经营的我们有什么关系呢？喝啤酒并不是唯一从中世纪保持下来的习惯。在那个以土地为本的时代里，谁拥有最多肥沃的土地，谁便是当仁不让的统治者。土地是有限资源，我拥有的越多，你拥有的就越少；我拥有的越多，我的权力就比你大。土地意味着粮食，意味着从土地农奴（小商贩、佃农和手工艺人）手中获取的地租，这些人生产的产品推动了经济的发展。这就像是一种一一对应的关系，每个拥有大量土地的地主都是最有权势的人。直到今天，靠自己的家族领地，伊丽莎白女王依然是全英国最富有的人之一。所以，在资源有限的封建时期，贵族们为了获取和保持自身的权势，都学会了如何保卫和囤蓄土地。他们在自己的属地上盖城堡，挖壕沟，征服他们力所能及的一切事物，一点一滴地积累自己的财富，这是另一个历经数个世纪依然完好保持下来的习惯。

在数百年后的工业革命初期，蒸汽动力机械的出现为人们带来了许多富有创意的生产模式。制造业的生产效率与规模都得到了空前发展。聪明的企业家可以在很短的时间内想出某种提高生产效率并降低生产成本的办法，并借此挤垮手工行会的同行，以更低廉的价格把产品大量投放市场。依靠机器，人们可以更快速、更系统化地积累财富。人们不再需要穷其一生积累足够的资本，或冒着生命危险航海到未知的世界去寻找宝藏。每位有足够资本的投资者都有机会获得某项新发明，并建立起专业化工厂进行高效生产，从那些跟不上时代发展的竞争对手手中抢夺市场份额。发明与创新直接带来财富，新一代的投资者淘汰了旧时的竞争者，他们靠投资赚取利润。1776年，亚当·斯密的《国富论》(*The Wealth of Nations*)出版，资本主义从此诞生。“资本”一词源自拉丁文“capitalis”，意为“人头”。在资本主义社会里，你必须依靠头脑取得成功。

尽管产生财富的引擎由土地变为资本，封建时期财富积累的“零和”本质仍然没有改变。同土地一样，资本也是有限的，我拥有的资本越多，你拥有的就越少。靠更多的资本，我就能够创新和扩张，做你没法做到的事。资本家制定了一套新的权力规则。拥有资本时，资本家把资本紧紧捏在手里，除非是为了更大的收益而投资，否则决不放走一分一厘。资本就是我们利润的源泉。在此后的几百年里，资本就意味着权力。为了获取成功，我们必须疯狂地争夺资本。

总的来说，我们做着跟封建时期差不多的事情，围绕我们的财产建立壁垒，以防止竞争对手的入侵。我们控制市场，严守商业机密，并且确保每一样东西都受到专利或版权的保护。我们控制信息的单向流动，确保我们可以掌握市场信息，而消费者却没法了解我们。我们建立了新闻与出版制度，以便更加完善地处理和编造信息。我们学会了分割和驾驭信息，告诉某一市场的消费者这部分信息，而告诉其他市场的消费者另外一部分信息。我们的组织架构就反映了"命令与征服"式的权力结构和自上而下的等级制度。壁垒资本主义的习惯很快渗透到企业的各个方面。

让我们先暂停回顾历史，来关注几个发生在工业革命时期的事件，在后面的篇幅中，我们将了解到这些事件所蕴涵的历史意义。19 世纪中期，美国人刚刚发明电报不久，一些头脑灵活的资本家为了一举发迹，试图利用这个新发明建立一个总长度达数千英里的铜缆网络，把商业发达的东海岸与当时正处在快速发展期的中西部连接起来。由于缺乏妥善规划，这次投资活动并没有给他们带来预期的回报，电报传输能力严重过剩，而当时的市场规模太小，电报业的营业收入不足以抵消铺设线路所花费的投入。于是，发电报的价格迅速下跌，投资者也因此破产，但他们失败的投资活动却带来了电报业的爆炸式扩张。

一时间，通过电报发送文本文件的价格跌到了前所未有的 1 美分 / 字，发电报一下子成了既方便又实惠的通信方式。但是这也带来了意想不到的后果。正如《连线》（*Wired*）杂志记者丹尼尔·克罗斯（Daniel Cross）所叙述的那样："记者们现在可以通过电报把内战战况的长篇报道发送回报社，因此促进了威廉·伦道夫·赫斯特（William Randolph Hearst）和约瑟夫·普利策（Joseph Pulitzer）等人创造的庞大新闻帝国的诞生。同样，低廉的电报价格还刺激了全国范围内的商品买卖和股票交易，这也为国际贸易提供了更大的便利。"这是一个足以改变世界的进步。半个世纪后，这个通信网络在美国电话电报公司（AT&T）的手里得到急剧扩张，他们在原有线路基础上加设了电话线路。当然，美国电话电报公司也前瞻性地于 1913 年和美国政府达成了垄断经营特许协议，以此来确保自己的利益。事实上，电话体系就是电报体系的加强版，它的出现给商业界带来了巨大的冲击。

让我们把历史快进到1994年信息时代刚刚诞生的那一刻：在那一时期，技术进步再一次对社会行为模式产生了强烈的影响和推动。机遇无处不在，然而我们无法清晰地分析和把握绝大多数机遇的前景。接踵而至的新发明、新产品、新商业模式使得一些过去无法实现的美梦一夜之间变成了现实。跟以前数次技术革命时的情形一致，企业家们再次开始四处活动。某些人似乎忘了电报业最初的教训，将全副家当投入其中，在世界各地铺设光缆。与当年玛·贝尔（Ma Bell）铺设的电报铜缆以及后来的电话线相比，光缆的传输能力有了质的飞跃，一组光缆线可以在数百公里内传输多达3 000部电话之间的通话，而半径粗1倍的一组电报铜缆却只够在5公里内传输24组对话。

使用诸如波分复用（WDM，指在同一根光纤中同时让两个或两个以上的光波长信号通过不同光信道各自传输信息，称为光波分复用技术。——译者注）之类的新兴技术后，光缆的传输能力还能再提高64倍。科学家甚至预言，随着技术的发展，光缆传输能力将接近无限。光缆的架设再次面临着传输能力过剩的问题，新一代通信业投资者铺设线路的热情高涨得好像要把洗手间的水龙头加粗到导弹发射井那么大，而全球通信的实际需求却只能用掉理论传输能力的5%。于是，通信价格再次暴跌，一大批怀着发财梦并投入巨资的公司也跟着倒闭，但这却把全人类带入了一个信息流动空前快捷、信息传播价格空前低廉的新时代。

游戏规则变了：从囤积知识到分享信息

通信技术的飞跃给我们的世界带来巨变。信息不再像其他资本那样是零和的，而是无限的。我拥有很多信息，你也可能拥有很多信息。信息也不像货币，它的价值并不固定，有很大弹性。不管你的财欲有多么强烈，你兜里的1美元始终就是1美元，但知识的价值就不一样，它会随着你的需求而增值。比如，医生说你患了某种疾病，你就会愿意花上比身体健康时多得多的钱去了解相关的治疗信息。

在壁垒资本主义时代，掌握一门专业知识的人，譬如律师、医生、会计等，都会大肆运用信息的弹性价值特点，通过两种方法谋利。一种方法是像囤积其他商品一样囤积知识，把它们分成小份，然后抓住顾客急需这些知识以解燃眉之急的机会（比如惹上了官司或疾病缠身），把每一份信息都高价售出；另一种方法是他们还使用各种无法破译的专业术语和复杂代号，如法律措辞、税务代码以及其他各种冠冕堂皇的行话，构筑起壁垒，阻止外行人进入他们的圈子，以此抬高自己的身价。人们对某一信息的需求越高，就越愿意花大价钱请专家为他们答疑解难。

在当今这个由各种线缆连接起来的世界里，由于信息的传播变得快捷廉价，普通人与专业知识之间的隔阂已经在很大程度上被消除掉了，专家和他们的专业信息都已经贬值，信息本身的单价下降得尤其厉害。比如说，现在花上大概50美元就能在全国范围内搞一次在线信用记录调查。权力与财富已经不再属于那些囤积信息的人，而属于那些致力于降低信息分享门槛、推广信息全民化的人。

这一简单的事实让壁垒资本主义的游戏规则变得过时。自从信息成为当今商业运作的引擎，权力就被自由分享信息的人所掌握。**信息产业巨头（如雅虎、谷歌、亚马逊、易趣等）懂得成功的秘诀已不再是囤积专业知识，不再是制造商业机密，也不再是把信息当做私人财物，现在成功的秘诀在于让信息流通**。谷歌是世界上资本总额最大的公司之一，它取得成功的经营诀窍就是“整合全球信息，使人人皆可访问并从中受益”。可以说谷歌是靠分享而成为市值数百亿美元的商业巨头的。亚马逊的核心经营理念也是分享，不是分享它的产品（和数以千计的同类公司一样，亚马逊的主要经营范围是图书和相关商品），而是分享信息。它的成功在于它建立的一套新颖而直观的信息分享方案。这些方案包括了“愿望清单”“站内检索”“我爱排行榜”等功能，依靠分享信息把那些有着共同兴趣的读者群有力地联系在一起。易趣甚至更进一步地借由信息自由流动，将整个市场交给用户群自理。信息本位新经济结构的影响不仅仅局限于信息产业内部，更多的是触及了每一个人。在获取成功的方式上，各行各业都正在经历一次重要的转型。现在就连一般的工厂也不再把基层流水线的工作人员当成是单纯的组装工，而是渐渐把他们看成是受过职业培训的专业技术人员，正是依靠这些基层技术人员，工厂的生产线才得以稳定可持续地发挥生产力。

普利策奖得主、《纽约时报》记者托马斯·弗里德曼在其有重大影响的著作《世界是平的》中，详细地阐述了当今不受拘束的信息传播给整个世界带来的影响。这种传播突然间给我们带来了许多前所未有的可能性，其中一些已经被应用在多个新兴商业模式中。这些新兴模式涵盖了公司间的协作、专业能力的利用、供应和配送、核心经营能力扩张等多个商业领域。信息的开放不仅让公司努力维持与消费者的良好关系，同时也为公司的自身发展提供了动力。如今，很多有前瞻性的公司正为了适应与利用这种信息开放性而建立新的经营模式，托马斯·弗里德曼在其著作中列出了一些这方面的典型例子。

> 东芝维修中心利用 UPS 快递平台提供服务，因为这比东芝搭建自己的送修网络更便宜；
>
> 戴尔利用远在印度班加罗尔的程控交换中心为其电脑用户提供实时的售后服务支持；
>
> 身处盐湖城的家庭主妇在家里就能舒舒服服地直接连线到捷蓝航空售票中心的电脑，预订廉价机票。

显然，数字时代的磁悬浮列车已经驶离车站，没有人知道它的终点是什么地方。

弗里德曼在其书中对当今这个联系异常紧密的“平面”世界进行了详细的宏观社会经济分析，这些分析向我们展示了正在重组 21 世纪全球商业格局的巨大力量。由于信息的自由传播，公司不会像以前那样管理内部团队，团队也不再以传统的工作模式运作，甚至每位公司职员间的日常合作方式都与以往截然不同。对公司来说，过去那种自上而下、“命令与征服”式的垂直管理模式已不复存在。对我们来说，往日里一个人在一个工作日要完成的工作，已逐步演变为与身处全球各地的公司团队和合作伙伴平等开放地打交道的过程。知识指引行动，那些能为员工提供更多具有价值信息的企业，可以得到员工更多的回报。

与世界一样，企业也逐渐平面化。以前只归某一部门负责的任务现在也许需要全员参加。2005 年，在经历了一系列的公司丑闻、产品缺陷和管理问题后，冠群电脑（Computer Associates）开始重建公司形象，它一下子就裁掉了订单管理部门的300个职位。公司执行总监约翰·斯温森（John Swainson）解释道，这样做是为了让销售部门的职员直接向消费者负责，这项措施的潜在用意是：为顾客处理订单不再只是订单管理部门的责任，而是公司每位职员的工作。现在，很多公司的管理者都开始着手取消“重点科研中心”、“创新中心”之类的部门，把这些部门的工作内容分摊给全体职员，每位职员都要投身到“重点”研发中，每位职员都必须致力于“创新”。如果创新是一股席卷全公司的人浪，你不可能仅依靠你的臭鼬工厂（Skunk Works，洛克希德·马丁公司的高级研发部门，开发了多种尖端军用飞机，不受公司一般行政资源制约。——译者注）那20多位精英进行创新。

当传统的垂直管理模式被打破，人际关系变得扁平化时，“命令与征服”式的公司等级制度也就失去了威力。新的组织架构强调沟通与协作，要想在这个环境下取得成功，关键是公司与员工都需要发展新技术，掌握新力量，并把这一环境下出现的新型经营方式制度化。员工个人也需要建立起适应这种架构的新型人际关系网。在整个过程中，公司和员工都应该学会分享。

当今的世界已经越来越像一个棋局，每一颗棋子都高度专业化，各有所长。有的棋子沿对角线移动，有的直走；有的不受步数限制，有的条条框框却很多。然而，除了一些罕见的情况外，你至少要有3颗棋子，才足以将对手置于死地。棋赛里的胜局大都是靠不同棋子的协作取得的，如果你恰当地摆放所有棋子（棋子间能相互呼应），你离成功也就越来越近。两个相互配合的“车”，就算各在棋盘的一侧，威力也非常强大。当今的企业经营之道也是如此。成功取决于经营者以何种方式让那些背景差异巨大、熟练程度不一的员工形成互补。**在这个连线的世界里，权力属于那些最有协作能力的人。**

600年以前，商人们靠在街角达成的物物交换协议就能取得生意上的成功。今天，商业经营模式已经变得正规化了许多。总的来说，一家公司不外乎就是一群人为了追求和共享特定的利益而组成群体，并集体行动。公司本身在很多时候只是一个法律符号，很多公司在特拉华州注册，但这并不要求员工们每天都赶到特拉华州去上班。并非所有人都为某家公司效力（有很多人是自由工作者、会计师、承包人、代理人、顾问、企业家等），但所有人都在为一个商业化的、利益交换的世界效力。在这个世界里，每个参与者都需要以某种形式和他人协作，每个人都可能是其他人的消费者、客户、卖主、供货商、项目合作伙伴或转包商等。正如诗人约翰·多恩（John Donne）的著名诗句所说："没有人能自全，没有人是孤岛。"我们都是社会这个图景中的一小部分，我们没法单靠个人的力量达到我们的目的。

我独自一人做不成什么事，我感到自己是某个集体的一分子，我觉得自己身处市场体系当中，通过参与合作来进行市场竞争。在当今世界里，这些都是恰如其分的自我定位。**在信息经济时代里，成败取决于你是否有能力通过强有力的方式把你和其他人联合起来，如何搭建人际空间的沟通桥梁变得越来越重要**。我们如何与他人发生接触？如何创造出强劲的突触来传递我们的行动潜能？当商业经营的硬通货从土地转变为资本再转变为信息和知识时，我们也同步地感受到了权力的架构由"命令与征服"式的等级制度演变为协作式的、平面化的集体努力。在这样的背景下，学会如何像棋子那样相互呼应地工作，就成了新时代人际交往的必修课。

强有力的人际沟通不仅有助于取得现实的成功，它更代表了一种人本价值。人际关系是我们成为现代人类的基石，它给我们的日常生活赋予了色彩和意义。我们死后的墓碑上多半不会写道：

> 西尔维亚·琼斯（Sylvia Jones），1960 ~ 2042 年，战略规划与执行公司副总裁，连续 16 个财政季度完成公司的经营目标。

而更可能像下面这样：

> 斯坦·史密斯（Stan Smith），我们爱戴的丈夫、父亲、兄弟与叔叔。他用微笑让这个世界变得温暖。

工作带给我们收入，人际关系则带给我们长期的价值与财富。建立更强有力的人际关系有助于我们取得更有意义、更深远的成功。

第2章

通信技术是把双刃剑

电脑是没用处的，因为它只能够告诉你答案。（巴勃罗・毕加索）

关系、交流、沟通、协作，这些就是我们借以填充人际空间的方式。交流（communicate）一词源自拉丁文communicare，本意是分享。随着交流方式的不断演进，人际关系的本质也在不断发生改变。在过去10年里，由于通信技术的介入，人际空间的突触作用变得与以往大不相同。这些变化不仅影响了企业的经营模式，更大大提升了人们传递与接受信息的能力。然而，这样的能力是一柄双刃剑，它既能为我们带来好处，也可能伤害我们。

IBM的垂直管理模式

在封建资本主义年代里，经营一家像IBM这样的公司比在今天容易得多。还记得他们著名的蓝西服吗？IBM曾经是一家以严谨的企业文化而著称的公司，其员工深受这种文化的影响，蓝色西服几乎成了他们的招牌工作服。当那些穿着高级蓝色西服的主管走进写字楼时，每个人都能一眼看出他们的身份。他们的蓝西服笔挺、醒目，就像中世纪贵族们为麾下骑射队所配备的华丽军装一样。

如果你在IBM工作，你就得知道每天上班应该穿哪一种“军装”。

在过去壁垒式意识形态仍然在企业界占主导地位的时候，一家大公司想要塑造类似IBM这种集体观念比现在容易得多。那时，你拥有很多垂直渠道，可以向你的下属灌输政策、规则、经营目标，甚至价值观。你可以张贴告示，召开会议，只在管理层内统一口径。你想让全体员工知道的讯息，哪怕只是暗示，都会通过这些垂直的渠道传到他们耳中。员工们只需穿着蓝西服，忠实地执行你的决策。这样的经营模式对管理层和员工来讲都不坏。管理层只管下达命令，而员工们只需要知道行动方向。

利益协作：在雨林系统中制造人浪

如今，存在于IBM中的这种壁垒已经逐渐消失于企业内部，特别是大型企业。通信技术的进步使得过去没有互动的员工建立起直接的和紧密的联系。公司的全职雇员需要与来自不同背景的人共事，他们可能是来自合资企业的员工、子公司的同事、独立运行的实地承包商、外地来的外包商代表、在家办公的顾问以及其他各种你能想象到的同事关系。在供销体系全球化的今天，这些错综复杂的劳动力关系使得企业的人力与公关部门不再像以前那样容易掌控了。

现今典型的企业组织架构，与其说是整洁有序的城邦，不如说是一个中美洲雨林生态系统。那些高大、年老的乔木决定了生态系统的主体结构；藤蔓则在树下随意生长，布满大树之间的空隙，同时也把乔木跟低矮的灌木以及地面连结起来；一丛丛地衣和苔藓随处可见；系统底层总是有种类繁多的灌木、蕨类、小树苗以及寄生植物；花朵总是在意想不到的地方开放；数不清的鸟类、昆虫和小型哺乳动物则在这一生态系统的潮湿、肥沃的角落里搭建自己的窝。这种雨林生态系统式的公司组织比传统的冷冰冰的壁垒式企业组织模式多出无限可能。在这样的企业模式里，员工们不必再穿着蓝西服，那些在家办公的雇员完全可以穿着睡衣干活。传统的自上而下的员工阶层制度已不再适用，昔日那种给员工单向灌输企业价值观的沟通方式也已经过时。现在的管理层很少给员工下达硬性指标命令，而是让员工自己把握日常工作的方向。如今的员工层是一套由各个相对独立的单元自发组织形成的立体生态系统。从本质上来讲，生态系统依靠内部互动而存在，企业的生态系统也不例外。你必须利用过去没有用过的各种手段与身处系统内部的各个单元相互沟通，才能在这个系统中茁壮成长。

让我们回到体育馆的例子。人浪的形成少不了体育馆内每位球迷的参与。全职雇员就像那些买了季票的铁杆球迷，球队的胜利与他们息息相关，这一点足以成为他们积极投身人浪的动机。然而另外一些观众（比如说签约顾问或者实地承包商）的态度则完全取决于你开出的报酬。如果你开价合理，他们或许会站起来加入人浪。但体育馆里还有很多其他观众，他们坐得离你太远，你无法直接鼓动他们参与。这些人并不一定与你齐心，他们也许只是碰巧来看一次比赛，甚至是来为客队加油，与你的利益相冲突，这些人都可能使你的人浪中断。如果所有不持季票的观众都拒绝参与你发动的人浪，也许你就只能孤独地站在体育馆里挥舞双手。

一个社会组织总是由背景关系错综复杂的人出于某种共同利益而组成。今天，我们与组织内的合伙人、股东或者其他利益相关者的联系变得更紧密，同时也变得更松散。变得松散的原因是对于那些供货商、自由雇员、兼职职员、外购商、自由中间人等各种合作伙伴来说，共同利益的联系已经不足以说服他们毫无保留地跟我们站在同一战线。而变得紧密的原因在于，如今我们每时每刻都在依靠这种联系获得事业上的成功。**在如此复杂和发展迅速的关系脉络背景之下，我们更应该竭力与各个利益相关的群体沟通，协调利益，构建共同目标，发动足以席卷整个体育馆，足以影响、同化那些利益对立者的人浪。**

价值差异：阻挡人浪的新壁垒

信息时代的企业经营之所以越来越复杂，不仅是因为它建立在各式各样的新兴人际关系模式的基础之上，还在于这些关系模式所涉及的当事者的物理距离和心理距离越来越遥远。哲学家戴维·休谟（David Hume）曾说过，道德想象力随距离的增加而消减。他的意思是，你对半个地球之外某人的联系感与责任感，肯定不如你对半个办公室、半个城市甚至半个国家之外的某人那么强。事实上，生活经验告诉我们，最好不要与太过遥远的事物有所牵连。比如说，医生们就很少到异地出诊，他们总是说：“我的责任只限于这家医院，你说的那地方是由其他大夫负责的。” 对大多数人来说，生活在塞内加尔的某个人过于遥远，于是我们不免把他的存在抽象化，而抽象的事物不会引起我们的责任感，这就是我们的逻辑。

多个世纪以来，地理隔阂是限制我们社会职能的决定因素，它将我们的活动范围规定在一个相对同质化的环境内。我们日常打交道的对象或多或少都跟我们有文化共识，因此双方可以相对容易地把握人际空间内的各种明示和暗示，更好地理解对方的行为模式。然而，通信技术的全球化让这一切都失去了意义。如今，我们生活的方方面面都跟来自世界各地的其他人紧密相连。这种联系没有国境的限制，也没有文化背景的保护。无处不在的光纤数据线就像针尖刺穿肥皂泡一样轻易突破了本地文化的神经膜，为我们带来一系列全新的、富有挑战的人际关系范式。比如上易趣竞价某个商品，或通过视频跟地球另一端的某位项目组成员私下聊天。你可能发现，你正在打交道的人以前跟你没有任何交往，你们并不一定操同一门语言，甚至不一定认可彼此的文化行为模式。比如说塞内加尔的那位，你们公司刚刚为他开通了互联网，现在他已经是你所在项目组的一员。现在，你就可以与他以及远在达喀尔的项目组进行远程协作了。

在数字化时代来临之前，我们的生活节奏远不如现在紧张。那时，我们有很多时间去熟悉彼此，去了解每个熟人的各种习惯。而如今，大型企业从不同部门、不同国家、不同文化背景中挑选人员组成项目组的做法已司空见惯。跨国供销链与国际售后服务中心的反应速度与处理速度比流感传播速度还要快。企业并购加速了文化价值观的整合，而这样的整合很少会顾及作为个体的员工如何在日常工作中彼此沟通。我们经常通过酒店会议、视频聊天、电子邮件、移动电话以及传真等手段构建起企业内部关系网。在我正在编辑本章的时候，我的一位下属在城市的另一边办公，她通过即时聊天的方式向我要一份材料，我直接把这份文档通过软件发送到她那里，速度甚至比从办公室对面走过来取还要快。我们现在已把这样的事情当作理所当然。

在我们建立起理论框架来促进彼此的了解之前，机遇就已经把来自不同背景的人连接在一起了。这样一个距离急速拉近的世界，不可避免地会出现很多误解，比如回复一封电子邮件时，你无法从邮箱地址判断出收件人的性别、国籍、教育背景，你无从得知他是把牛当做食物还是奉为神灵。在美国，当资历不同的两位主管意见相左时，他们也许会坦率地当面交流以求达成一致，然而在印尼，这样的做法只会使事情更糟。在雅加达，当地主流的经营理念是“asal bapak senang”让老板满意。印尼的中层主管通常倾向于独自解决问题而不向上级汇报，有时这甚至意味着向高层隐瞒事实真相。

同一件事，不同的价值观

《建立跨文化竞争力》（*Building Cross-Cultural Competence*）一书作者方斯·特姆彭纳斯(Fons Trompenaars)博士与查尔斯·汉普登-特纳博士（Charles Hampden-Turner）曾就跨国企业各个国家的职员之间表现出的巨大文化差异作了一次世界范围的调查，他们向来自数个不同国家的员工们问了如下问题，以了解他们对待忠诚与规则所持的态度。

你搭好朋友的车出去却不幸撞了人。你朋友的律师告诉你：“如果你能在法庭上作证，告诉法官你们当时的车速是 20 英里 / 小时，你的好朋友就不会有什么大麻烦。”实际上，你知道当时的车速至少是 35 英里 / 小时，而最高限速是 20 英里 / 小时，而且四周没有其他目击者。

你的好朋友凭什么相信你会说谎来帮助他？你又会怎样看待公民对法律的义务，以及你对你朋友的义务？

在了解调查结果之前，想想你会怎么回答这些问题。

在那些有新教文化背景的传统民主国家，比如美国、瑞士、瑞典与澳大利亚，接近 80% 的受访者表示，他们的朋友“无权”或“只有部分权利”期待得到他们的帮助，而他们自己则选择在法庭上说真话。然而在韩国和南斯拉夫，只有不到 20% 人会这么做，余下的人都觉得帮助自己的朋友是正确做法。“当我们在日本展开这项问卷调查时，”汉普登 - 特纳告诉我说，“受访的日本人认为这是一个难以回答的问题，要求暂时离开访谈现场。我觉得他们这样的反应不同寻常，于是同意让他们离开去讨论这个问题。25 分钟后，他们

> 回来告诉我说，他们认为正确的答案是直接告诉他们的朋友：‘我肯定会站在你这边，你让我怎么向法官做证我都会照办。但是，我希望你能从我们的友谊中找到足够的勇气来一起面对现实，讲出真话。’我认为这是一个理想的答案。他们愿意讲出真话，表现出普遍主义的价值。但同时，他们的传统文化背景却是特殊的，友爱与对朋友的忠诚在这一文化背景里有很高的价值。日本受访者最终放弃了传统背景而选择了普遍主义，但是途径跟来自新教文化背景的盎格鲁-撒克逊白人截然不同。”

来自不同文化背景的人们在审视其他文化的价值观时，都有否定其他文化价值取向的倾向。瑞士人也许会对他的韩国同事表现出不信任，因为他觉得韩国人不尊重权威。相应地，韩国人也不那么喜欢瑞士同事，认为他们不珍视友谊和朋友间的忠诚。当你需要跟位于全球供销链上背景差异巨大的人打交道时，更简单地说，在你要给一大群人发电子邮件时，上述那种文化价值差异会带给你什么暗示？你是否还觉得企业应该在全球范围内推行统一的行为准则？**如果人们互相不理解，不信任对方的价值观，你又能用何种方式发起人浪呢？**

软件开发商 Lotus 在全球范围内推广他们著名的企业邮件群发平台 Notes 和 Domino 时，首先要面对的就是这类问题。比如说，为了让平台发挥他们宣称的虚拟酒吧闲聊式（virtual watercooler，由于澳大利亚天气炎热，当地人把供应冰啤酒的小酒吧称为“watercooler”。“virtual watercooler”用以形容这类供应冰啤酒的小酒吧特有的那种轻松而利于陌生人攀谈的环境，这里指 Lotus 公司的邮件群发平台方案致力于在公司中模仿这一轻松环境。——译者注）的文化调和作用，公司专门设计了针对日本企业客户的专用界面，新增了在正式工作之前互相讲一些小笑话的功能，以迎合当地的企业公关习惯。

然而，调和文化差异始终是一件让人精神崩溃的差事。如果每两个或多个不同文化之间的交流都需要费神去调和的话，工作量会大到令人无法想象，现在一次简单的小组交流都可能涉及 4 ~ 5 个来自不同文化背景的代表。

现代通信技术真的无所不能吗?

如今的企业已变成了一个生态系统，空间距离不再是人际沟通的隔阂，人际沟通变得比以往更松散，每天都有新成员加入到我们人际沟通的圈子中来。以上这些变化有一个共同的源头，那就是电子通信的发展快速填补了人际空间的突触。**电子通信技术是一柄双刃剑，它催生了当今新兴的、强大的人际协作平台，却用一种不寻常的、被解构了的方式达到这个目的。**

人类与其他动物的最大区别之一就是我们创造与使用符号的能力。符号帮助我们了解世界，同时也是我们借以创建社会与心理关系网的基本工具。人类交流是一种对符号化信号的集体认同模式，其中语言只是一小部分。对于我们相互理解相互沟通来说，姿势、声调、面部表情、音量以及肢体语言都起到了言辞无法企及的重要作用。在电子通信方式（电报与电话）问世以前，人际交流的主要形式是面对面交谈。一般情况下，我们谈话时都能看见对方的表情，从中破译出对方说话的真实目的。然而，在过去的 75 年间，技术的进步逐渐把那些面对面交流时必不可少的行为学线索从我们的主要交流方式里移除了。先是电报，紧接着是电话，让我们能更方便地互相保持联系，一种局部性的联系，但这种形式的联系缺少了很多具有社会符号意义的交流线索。工业时代的社会发展速度使我们有足够的时间消化交流模式的演变，并发展出一套适应新兴交流模式的符号与符号解读方案。但是，人们从未完全信任过这些新兴的交流模式。比如说，在企业界，一般程度上的生意往来可以通过电话完成，但如果遇上特别重要的大笔交易，那种传统的、可以相互握手、相互交换眼神的当面谈判就变得比电话洽谈更重要。

让我们回顾一下各种新兴的、富有创意的商业沟通媒介：电子邮件、即时聊天软件、移动电话、个人数字助理，还有短信，每一种沟通媒介传递信息的方式都各不相同。相对于传统的面对面交流，它们总会损失一些信息，歪曲一些信息，或过分依赖某些信息。每一种媒介就像一张过滤网，接纳一些符号，过滤掉其他类型的符号。想象一下这些新媒介的出现速度吧，比如说电子邮件，如今大多数人已不再把它当做一项新奇的时髦产物，然而它来到我们身边不过 10 年而已。20 世纪 90 年代中期，一些人还在用数字传呼机，就算有人用手机，也是那种体积比这本书还要大的笨重玩意儿。

通过电子媒介交流时，我们缺乏传统交流方式的互动性，话语主导权的轮换也不像使用传统媒介那么界限分明。电子媒介表现出更多的单向性和时序性。当信息交叠时信息意义的准确性就会受到影响。

尽管我们现在的合作模式可以比作棋盘上不同棋子的互相呼应，但我们赖以沟通的电子通信手段却无法完全传递信息，使这种合作局面更像是桥牌比赛而非国际象棋比赛。在国际象棋里，交手的双方能得到关于场面局势的全面信息，而在桥牌里，你只能看见那些牌面朝上的明牌。然而与桥牌不同的是，绝大多数情况下，我们交流的出发点并不是为了迷惑对方，而是为了将信息传递给交流对象。我们或多或少地希望把所有的牌都摊开。这就是信息时代的两难局面，技术使我们相互联系，然而这种联系的方式却支离破碎，我们不能像适应传统媒介那样适应新兴的交流方式。在这样的联系方式里，我们失去了许多借以彻底解析对方行为动机的关键符号等线索。

使用即时通信所面临的另一重压力被称为期望确认因素。在工业时代，我们总是可以从容不迫地起草信件，因为我们知道，就算是匆忙赶出来的便条，交到邮差手里后从甲地送到乙地所花的时间也不会比通常更短。相应地，收信人也可以从容地构思回信。那种信息流动的频率决定了我们可以拥有足够的时间，就算是急件，我们也可以得到一刻缓冲时间来整理措辞。但现在这一切都变得不可能。我们皮带上别着的、办公桌上摆着的各式高科技道具无时不刻地提醒着我们：马上给某人回话，期望确认因素常常迫使我们不经过深思熟虑就必须做出回应，这一点确实影响了我们的交流质量。而电子媒介只能传递部分符号信息的性质使这一情况更加严重。电子媒介里不断跳动的数字时针总是欺骗我们，让我们误以为已经花了足够多的时间来认真构思交流内容。

透明化时代：信用变得脆弱但更具价值

1995 年以前，如果人们想购买某件商品，比如说烤面包机，他们会找到当地专门卖这类小家电，而且价钱还算公道的商店，挑选一台看起来最好用的带回家。如果他们比较节俭又正好空闲，也许会多跑几家商店，或者找相关杂志浏览使用测试类的文章，又或者根据厂商提供的商品目录。然而，在现在这个网上交易普及的年代，可供消费者选择的卖家变得不受地理限制，只要消费者愿意，他们完全可以找一家有信誉的远程零售商进行网购。从 2004 年 6 月到 2005 年 3 月短短 9 个月的时间里，电子商务已在全球范围内迅速扩张，而消费者也越来越成熟，他们现在会花上好几个小时在超过 10 家不同的网店浏览对比，直到找到称心如意的货品。

信息好像是蹒跚学步的小孩，它到处晃悠，东倒西歪，但你没法完全掌控它。我们当初应该早一点把这个比喻告诉瑞帝优上（RadioShack）公司的前 CEO 戴维・埃德蒙森（David Edmondson）。对消费者来说，零售商的信息高度透明化是一种优势，但对于埃德蒙森这种有秘密需要掩藏的商界人物，透明化意味着垮台。

> 1994 年加入瑞帝优上时，埃德蒙森在他的简历里编造了几行内容，声称他曾取得过加州太平洋沿岸浸会圣经学院神学与心理学学士学位。2006 年 2 月，在他的职业生涯达到顶峰的 8 个月后，他被迫离职了。尽管他提到的学校已搬到了俄克拉何马州，并改了名字，来自《明星电讯报》（*Fort Worth Star-Telegram*）的一名记者还是设法揭开了真相。埃德蒙森的职业生涯是构筑在谎言之上的，但也是因为谎言而被击得粉碎。

像埃德蒙森这样的例子不少。近几年的新闻报道里充满了成功人士伪造简历的丑闻。

> 硅谷的电子存储设备商 Veritas 前财政总监和执行副总裁肯尼斯・隆查（Kenneth Lonchar）在 2002 年被曝捏造斯坦福大学工商管理硕士学位（讽刺的是，Veritas 这个词的拉丁意思就是“真实”）；
>
> 圣母大学橄榄球队前总教练乔治・欧列瑞（George O' Leary）也因为被揭露捏造在其母校打球的经历以及一个硕士学位而被迫辞职；
>
> 在线职介公司 Monster.com 的发起人杰夫・泰勒（Jeff Taylor）还曾经在自己的网站上给自己冠以假冒的哈佛大学工商管理硕士头衔。

我们如今正生活在一个透明化的时代里。1994 年，这样的鬼把戏也许很容易蒙混过关，但是，当大量的个人记录从档案柜里搬进数据库之后，互联网的力量使得几乎一切谎言都面临被揭穿的高度风险。《新编牛津大辞典》把“Google”列为动词条目的举动就是这一事实的真实写照，正如该词条的例句所说：“你和某人搭讪，交换了电话，约定了下次见面的日子，然后在1 346 966 000 个网页里搜索出关于这个人的一切。”最近《匹兹堡邮政宪报》（*The Pittsburgh Post-Gazette*）上刊登了哈利斯互动（Harris Interactive）调研公司的一项调查，结果显示，23% 的人在与生意伙伴见面之前都会习惯性地上网搜索对方相关的资料。有一家名叫“不要和他约会”（DontDateHimGirl.com）的网站甚至让受骗的女性把那些欺骗过她们的家伙的姓名和照片放在网络上。正如这家网站的创建者塔莎·C. 约瑟夫（Tasha C. Joseph）告诉《纽约时报》记者时所说：“这就像一份为女性设立的约会信用记录报告。”现在，任何人只要有一台数码摄像机，就可以把自己最糟糕的时刻记录下来，放到YouTube.com 上与全世界分享。它的出现给政治、娱乐、执法、音乐，以至无数人的私生活等都带来了革命性的改变。在如今这个透明化的年代里，民意测验专家可以通过比较你的年纪、收入，你注册参加的政治团体，你开的汽车，你向哪些慈善机构捐款，以及其他一些轻易就能收集到的个人资料十分精确地判断出你的投票意向。

以上这些事实给商业经营带来了巨大影响。在过去透明度还没有达到让你看穿生态系统的树墙时，外界观察者所能总结出的形象不过是一片雨林的轮廓，不会多想森林内部是什么样子。当时，企业可以建立合资子公司，以此作为高风险经营时的自我保护措施，就算子公司真的遇上了麻烦，母公司的声誉也不会因此受到损害。以前企业只需要对中层管理者进行职业行为准则培训就足以预防公司形象受损，因为基层的生产线装配工跟外界联系很少，没机会给公司惹上什么麻烦。现在每位员工都可能在聊天室或博客里谈论自己的企业，第二天这些评论就会在德拉吉报道（www.DrudgeReport.com，建于 1994 年，最初是一个电子邮件通信社区，现在是美国影响力最大的在线政治媒体之一，主要报道源于网络新闻，曾因率先报道克林顿丑闻而闻名。——译者注）或者烟枪网（www.thesmokinggun.com，建于 1997 年，是美国一家专门披露政府档案、法庭记录和名人丑闻的网站。——译者注）

出现。人们甚至给员工的网上记录和公布自己企业不当行为的现象取了一个专门的名字，叫做“告密博客”。**信息越来越透明让你再也无法藏身于雨林系统中的低矮灌木里了，建立子公司或者雇佣代理人的做法都不再奏效。人们可以轻易地从雨林中找出你藏身的那棵树。**

信息化社会很容易变为一个窥视狂的社会。在这样的社会里，人们变得越来越好奇，热衷于“探究”更多真相。人们迷恋于窥探行为，因为窥探秘密变得越来越简单，成本越来越低。比如打听到某样商品或服务的最低价格所带来的物质上的实惠；刺破别人负面隐私的猎奇快感。世界各地的电视观众最近都迷上了“真人秀”——专门展现普通人私生活的节目 [在美国，现在专门有一个频道全天播放这类节目，而在英国，著名的真人秀节目《名人老大哥》（*Celebrity Big Brother*）差点引发一场外交风波]。我们对邻居家发生的事总是饶有兴趣，而现在我们突然可以真正窥透墙壁，就像在显微镜下观察一滴水一样。当你把一滴水滴到载玻片上时，它显得那么清亮洁净，然而透过显微镜，你却能从中看到一个隐藏的世界，倍数每增大一点，你就会发现一大堆之前没机会亲眼目睹的悬浮物，第一眼看上去显得那么干净透明的水滴，突然之间变得杂乱无章。显微技术的发展使你得以窥探水滴，带着由此激发的好奇心，你不由自主地对其他类似物体内部世界的秘密产生了猎奇心理。

人们正在窥探更多事物，因为窥探这一行为比以往任何时候都更容易实现，窥探发现的内情也比以往任何时候都多。

让我们回顾一下《明星电讯报》记者希瑟·兰迪发现戴维·埃德蒙森伪造应聘瑞帝优上公司简历的故事吧。她展开对埃德蒙森的调查的起因是“这位总裁在转型当职业经理人之前曾经开办过两座教堂，但因为屡次醉酒驾车，面临着第三次出庭受审的命运”。企业丑闻、名人离婚案、政治腐败案……每天的新闻（通过电视、广播、手机、RSS 聚合式新闻订阅器、“黑莓”电子邮件主动转发服务等各式媒体）把当前各类偶像人物的越轨行为即时披露给大众。大众窥视变得如此热门，究竟是因为媒体掌握了太多的传播空间，需要靠这类节目来消耗，还是我们本身变得习惯近距离接触他人的私密空间呢？不管出于何种原因，在如今这个信息时代，一旦抓到了丑闻的影子，我们就会无休止地挖下去。

一封普通邮件断送了他在金融界的前程

当保罗·张按下“发送”按钮，把一封电子邮件发送给朋友时，他没想到这一举动会葬送了他在银行投资界的美好前程。当时，凯雷集团刚刚聘用了这名毕业于普林斯顿大学的24岁的年轻人，并把他安排到了首尔韩国总部，短短3天，他便通过网络向他在纽约的朋友吹嘘自己花天酒地的新生活。“我知道，在纽约时我就算得上是一匹种马了，”他在邮件里这么写道，“可是现在，我每天晚上能要到5～8个女孩的电话号码。每次我出门，都至少有3个辣妹愿意跟我回家”。

接着，他还自夸如何利用公司安排给他的公寓，把其中一间卧室当做“闺房”，而另外一间则用来从事性活动。惊愕的收件人把邮件转发了上千份到华尔街，其中一份理所当然地被他的顶头上司看见。保罗失去了工作，在银行投资界也声誉扫地。这一丑闻发生在2001年，5年后，人们还在谈论它。我专门上谷歌搜索了关于“保罗·张、凯雷”的内容，我想保罗未来的老板和同事也会这么做，然后发现他的种马故事在搜索结果的第一页里出现了5次。毫无疑问，这个污点将伴随他一生。

大脑通过建立神经元网络来构成和保存记忆，每一段网络都被烙上一些形象具体的烙印，而成千上万个这样的烙印便构成了我们的记忆。互联网系统保存信息的原理跟我们的大脑完全相同。数量庞大的网络终端相互连线的数据库系统的集体寿命比人类个体的自然寿命要长得多。就算某个网站被关闭，数据被清空，它仍然永存于一个被称为“网站时光机”的站点里，这一站点至今已经备份了1996年以来的550多亿个网页。而所有这些长驻于网络的集体记忆让那些曾经失足的人很难再有改过自新的机会。在信息革命以前，庸医可以搬到其他城市去行诊，不用担心被揭穿。但现在，很多国家都建立起了全国范围的行医记录数据库，任何人都可以访问这些数据库，检索每一次医疗事故记录。这种记录机制对企业、商店以至易趣卖家都一样具有约束力。

现在，带来麻烦的不光是保罗·张那种事实确凿的自白式电子邮件。随着信息传递的民主化，任何人都可以不分时间、地点、场合在网络上发表自己的想法，而且不用为言论真实性担心。信息保真度的标准大大降低了。1980 ~ 1990 年间的大众传媒高峰期，大型传媒企业仍然扮演着公众信息的守门人的角色，它们雇佣了一批专业记者和编辑来审核信息的真实性，然后再把它发出去。为此，这些记者和编辑专门开发出一套独立检证机制来确保信息真实，或至少确保自己能收到一笔可观的报酬来让信息躲过这套机制的检测。快速发展的信息技术从这批专业人士手中夺过了审核权，把它交给键盘前的每位网民。恬不知耻者惯于从诬告中谋取利益,在电子媒介普及之前，就有思想家预言到了这一局面。

如今，每位能接触到键盘的人都有能力给你本来十分牢固的个人信用抹黑。那些尚未经过调查核实的指控可以像经过事实检验的真理一样迅速地传播，这些指控一旦传开，就算后来被证明是诬告，也需要花费可观的资源来消除影响。**技术的发展使得如今每一个人在作出商业决定之前都会仔细地调查对方的信用。信用因此变得脆弱，但它的价值却越来越高，它已经成为一种重要的资产，但也是一种负债。**

顺流直上，寻找未来出口

不管其影响是好还是坏，信息的自由流动已经让人们的相互关系发生了不可逆转的改变。皮尤研究中心一项最新的调查结果显示，在 1 100 万上班时间使用即时在线聊天工具的员工中，40% 的人认为这些工具增进了团队合作感，32% 的参与调查者则认为使用这些工具的人更倾向于在工作时间闲聊，29% 的人认为它使人注意力不集中，11% 的人认为它给他们的日常生活造成了压力。毫无疑问，通信技术的发展已经为数个世纪以来逐渐形成的那套传统交流机制划上了句号，也改变了建立在那套机制之上的很多文化习惯。最后，它也改变了企业运营的模式，以及处理企业个体之间关系的运行模式。

我们已无法回头。我们无法让人际交流的规模退步，也无法让人际空间的透明度降低。信息这个精灵已经逃出了长久以来禁锢它的油灯，不再理会任何人许下的愿望。在灰暗生锈的铜灯里的隐居生活早已使它感到厌烦，它已经用透光的、可以轻易窥透的墙壁为自己盖起了新房。在前边这两个章节里，我们已经讨论了这座房屋的主体结构：壁垒制度的消亡，世界的平面化，企业生态系统模型的建立，电子媒介的不完备性，不受控制的透明度，流言的破坏力，以及信用的重要性。所有这些发生在我们日常生活、工作和交流中的重大变化都在向我们提出问题：在这样的时代背景下，我们应该用何种方式取得成功？我们应当如何把时代的挑战转化为动力？在接下来的章节中，我们将一一解答这些问题。在此之前，还有一些重要的因素需要考虑：在科技激变的大背景下，我们的社会凝聚力、社会信任度，以及社会价值取向将发生怎样的演变呢？

第3章

通过内部创新打造坚实企业

> 重要的不是你要做什么，而是你应该怎么做。
> （约翰·伍登，名人堂篮球教练）

信息为王，这是我们必须正视的现实：超高速连结让信息向普罗大众开放，一切从此变得透明。我们已经见识了促使我们适应这些现实的各种外围动力。同时，发生在企业内部的一些变化有力地影响了个人、企业以及个体参与的任何组织。随之产生的新概念、新需求也对未来企业的成功模式产生了深远的影响。为了充分理解商业领域的地理变迁，必须首先了解这些动力是如何开拓了成功的全新疆域。

想做就做，远远不够

人们在20世纪末就已认识到，只要将鼠标轻轻一点，便可以揭开所有事情的面纱——好的、坏的以及不好不坏的。从个人兴趣爱好到银行账户，从身份证号码到详细的消费和信用记录。一些连朋友之间都不便谈起的私密话题经常会被公开讨论，谁都无力阻挡这一切。在许多人还没来得及反思时，这些过多的社会曝光已经给我们带来了不断的焦虑和伤害。随着“看到”的可能性越来越大，我们也开始更多地窥探到各种东西。当我们开始质疑如今的世界是否还在按照我们珍视多年的价值运转时，变化就开始了。

在价值观上栽跟头，谁之过？

1996年，导演兼作家卡梅伦·克罗（Cameron Crowe）拍摄了电影《甜心先生》（*Jerry Maguire*）。它深刻地揭示了20世纪90年代美国社会“风急火燎”的生活方式（指20世纪90年代的美国人相信生命短促，必须不断前行，不然就会落伍的价值观。——译者注）。在剧中，由汤姆·克鲁斯扮演的杰里·马奎尔是一位不道德的体育经纪人。

某天夜里，从梦中惊醒的他顿悟到自己在商场中的堕落。于是，他熬夜起草了一份自白《不言而喻的事》（*The Things We Think But Do Not Say*）。杰里写到，未来商业的成功秘诀在于减少客户的数量，同时用更有意义、更人性化的方法去对待他们。然后，他兴奋地把打印好的稿件，连夜分发到每个办公室。第二天早上，同事们全都被这份激情洋溢的自白所打动，纷纷起立为他鼓掌。然而，在接下来的镜头中，一个人悄悄地对他身边的同事说：“你再给他多少时间？”“我想……一个星期吧。”果然，一个星期后，杰里所有的客户都被别人挖去了，事业也毁了。

《甜心先生》讲的是个人试图与社会的非人性化倾向进行抗争的故事。这个故事迎合了人们对一味走捷径的社会风气的厌倦心理，上映后雄踞票房榜首。当时的社会处在一个“想做就做”的时代：世界正在加速前进。“Just Do It（想做就做）”这句著名的耐克广告词，准确地反映了当时奉行以自我为中心的时代思潮。市场正在急剧扩张，大批新兴投资阶层休验着迅速致富的兴奋，大量的投机泡沫也由此产生。人们争先恐后地投身市场，唯恐错过每次下注的机会。数百万人通过401（K）账户（指美国1978年《国内税收法》第401条K项的规定。该条款适用于私人公司，它为雇主和雇员的养老金存款提供税收方面的优惠。——译者注）和退休保险发了财。持续增长的经济数据更助长了人们的这类投机活动，人人都想在这场投机潮中成为佼佼者。

互联网的出现给那个时代平添了无数的可能性，商业领域也从中受到启发。为了寻求捷径以适应强势的资本市场的短期需求，企业决策者们制定了许多只注重短期收益经营模式，而忽视了企业发展的长期目标。高效、高速、注重盈亏这些工业时代的商业精神成为企业作出决策时优先考虑的因素。管理层传递给下属的信息十分明确：在法律允许的范围内，不论采取哪种方式，只管去做，老板只问结果。

于是，下属们很多时候根本无暇顾及方式。这与工业资本主义的快速发展给社会带来的新兴意识如出一辙，比如囤积。

20世纪90年代，生产关系的进步鼓励的则是天才创意和聪明取巧。人们可以借此迈着轻盈的舞步，绕开时代高速变化过程中可能随时遇到的阻碍。成功者总是那些舞姿最优美的天才，其他人更是不甘落后、快速起舞。

当时的商业经营模式大都强调主动管理和任务管理，并且依赖于甘特图（一种图形化地概述项目活动及其他相关系统进度情况的水平方向的条状图。——译者注）与项目评审技术（最早由美国海军在计划和控制北极星导弹的研制时提出来，它是一种利用网络分析制定计划以及对计划予以评价的技术。——译者注）。人力资源的管理显得非常单调。那个时代的关键词是“绩效”，人力资源部门普遍进行“绩效管理”。“面带微笑”“在电话铃响第三声时拿起听筒”这些使得员工按照规定的行为来工作成为了考核重点，因为管理层相信这有助于经营目标的实现。

然而，在此过程中，我们失去了领导力的价值。要扮演管理者角色，就要身先士卒。人们现在已经能够看清你在整个企业内所起的作用。“想做就做”变得远远不够。

正如《甜心先生》中展示的：20世纪90年代末，公众意识发生了改变，人们开始更关注企业经营的方式：对待员工与顾客的方式以及达成经营目标的方式。

最重要的是，这种改变开始触动企业的底线。1997年，由于开设在世界各地的工厂内部的恶劣环境，一些企业遭到曝光，“想做就做”的耐克引发了一场全球性的公关危机。

现在，企业的经营方式已不再是秘密，人们可以轻易获取和传播这类信息。变革已经开始，而迅猛的时代潮流让这种变革变得异常迫切。世纪之交，繁荣与萧条自然交替的经济循环宣告了一个全新时代的到来，“想做就做”宣告过时。

缩短“变数带”，找准立足点

每个人心中都有一个理想国，它是一幅和谐的、恒定不变的景象，一种我们希望过上的完美生活。我们永远无法达到这种理想状态，因为现实世界充满了变数和不安定的因素。这表明我们的理想国度与现实生活之间存在这一个真空地带，我把它叫做变数带（Certainty Gap）。它的存在对我们获取成功的能力有深远的影响。变数带永远不会消失，只会随着外部环境的变迁而改变宽度。当变数带较窄时，人们几乎无法察觉它的存在，而我们会充满勇气，感到自己能轻易克服面前的一切挑战。

然而，当它逐渐变宽时，我们便不得不团结起来，抵御变数带来的威胁。但不管威胁有多大，我们也不会停止对理想国度的追求（因为就算流年不利，生活与工作上都面临难关，我们仍然需要继续生活、壮大企业，追求个人目标），只是需要借助更多的外力援助才能实现。

就像三角凳的三个支脚：健康的身体、丰富的物质和健全的情感让生命变得完整。而生命就像这只三角凳，只有当三个支脚都完好无损时，才能稳稳当当；如果三个支脚中的任何一个出了问题，我们的生命就会变得摇摇晃晃、缺乏保障。21世纪初，通信技术的迅猛发展和随之而来的透明和互联让世界发生了翻天覆地的变化。

互联网经济泡沫的破灭。大批网络公司的倒闭引发了持续的经济衰退和严重的失业问题，这对此后的商业经营和金融市场产生了持久的影响。虽然经济总是经历着繁荣与衰退的交替，但大多数倒闭的工厂直到今天也没有重新开张。

经济全球化促使发达国家将生产线转移到生产成本更加低廉的发展中国家。发展中国家也由此经历了经济的快速发展和财富的迅速累积，不过，经济的发展也时常挑战着这些维持国家社会稳定和持续发展的传统价值观念。我们多少意识到：世界经济的运行轨道已经发生了根本性的变化，和以往都不一样，经济兴衰的钟摆可能再也不会荡回以前的位置了。

一系列被曝光的企业丑闻。只要回顾一下这些名字，就足以回想起那一系列事件的全貌：安然能源、世通公司、帕玛拉特乳业、霍林格国际报业集团。当时，哈里斯互动与纽约声誉研究所的一次联合调查显示：企业已经沦为了最不可信的一种社会组织。我们开始密切关注企业的一举一动，同时，由于与日俱增的社会透明度，我们可以更全面、更深入地了解它们的运作方式。

2003 年，LRN 和威林国际分析顾问公司（LRN/Wirthlin Worldwide）联合进行的另一次调查显示：尽管事实上被报道有越轨行为的企业相对数量并不多，但是，当被问及有多少企业的经营手段公正且诚实时，有 71% 的美国人选择“一家也没有”“极少”或者“只有一部分”。

技术对文化的穿透力。刹那间，社会生活的各个领域都被剥去外衣，隐藏其下的瑕疵暴露于人前，如惊暴性丑闻的天主教堂，篡改学历的橄榄球教练，服用兴奋剂的运动员，编造新闻的《纽约时报》记者，各个社会领域的偶像们树立起来的积极形象突然变得不堪一击。这些曾受到敬仰并被当做社会成功典范的组织和个人辜负了我们的信任。当他们取得成功的背景故事被一一曝光后，我们发现其中充斥着大量“想做就做”的权宜手段和短期的价值取向。这些曾经为我们演绎出励志乐章的社会精英，如今却让我们丧失信心，让我们不禁质疑自己所信仰的价值体系。我们曾经相信，长期的成功并不能建立在贪污腐败的基础上，但在这样一个世界，要想成功，你还能依靠什么呢？

世贸双塔轰然倒塌，全球范围内一系列针对平民的恐怖袭击由此开始。马德里、伦敦、巴厘岛等地方以及全球各地不断发生的局部战争，让这个世界变得越来越不安全，似乎连我们的基本人身安全都无法得到完全的保障。

这不是我们的三角凳第一次遭受到冲击：“二战”“越战”“水门事件”以及 20 世纪 70 年代的中东冲突与石油危机（这些只是 50 年来发生的世界大事的一部分），都带来了相同的震荡和不安。

其实经济兴衰、社会腐败和信用丑闻并非新鲜事，然而这次与以往最大的区别在于：我们第一次能够实时地、近距离地观察这些事件。现在，发生在世界各地的许多大事都会出现在我们的日常生活中。这些未经消化和过滤的信息洪流无时无刻不在轰炸着我们，让我们无暇找到自己的立足点。

当三角凳开始倾斜，变数带就会随之扩张。此时，为了填充这一变数带，人们会四处寻求安全感，会四处寻找那些能让我们感到稳定并重拾生活信心的事物。

规则日渐式微，方式日渐凸显

想要实现梦想，取得成功，首先需要一个稳定的、整体一致的、可预知的客观环境；正如想要跳得更高，首先需要一个坚实的地面做基础一样。篮球运动员总是比沙滩排球运动员跳得更高，是因为他们在坚实的木制地板上比赛。如果你的脚下是片柔软的沙地，跳跃就困难许多。

变数带不仅描述了个体与事物确定性之间的关系，同时也描述了我们与社会之间的关系。在民主社会，我们通过法律寻求规则，并从中获得所需的确定性、持续性和可预知性。在壁垒资本主义时代，我们擅长确定规则，但随着新世纪的到来，我们开始觉察到：规则在拖我们的后腿。

首先，制定规则本身就注定它在指导人类行为时缺乏效率。规则并非无中生有，立法机关和组织是为了禁止某种不当行为而设立规则，但这都是对已发事件的反应：交通事故率过高，就限制时速；发生了几起犬只伤人事件，就限制养狗；发现有人购买新款 iPod 后马上退货并套现信用卡，就对这些人实施消费监控。规则的出台总是出于某个原因，但是，大多数人都缺乏追问这一原因的精神。由于从不了解立法史，他们对规则始终抱着肤浅的、表面的认识。出于这个原因，总会有人想要钻空子，打规则的擦边球。

> 阿拉斯加邮政局的员工史蒂夫·亚当斯（Steve Adams）总想在上班的时候展示一下自己的个性，于是就打着印有《活宝 3 人组》（*Three Stooges*）和《华纳巨星总动员》（*Tunes Characters*）剧中人物的领带去上班。
>
> 老板对这些花里胡哨的领带自然不会坐视不管。相互争执了几个月后，老板命令他必须依照行为守则上关于衣着的规定着装，史蒂夫只能遵命。但是，仔细阅读守则后他发现，上面并没有关于吊带裤的规定。现在，他骄傲地穿着吊带裤上下班，而吊带上赫然印着华纳动画的经典形象："大嘴怪"。

规则之所以失败，就在于你不能制定一个能够指导所有人类行为的规范。**规则总是存在灰色地带，在适当的外力驱使下，总会有人利用这些灰色地带**

绕过规则。而我们惯用的办法便是在原有规则之上增加更多的新规则。这样，规则自身开始成为麻烦的一部分。

规则总是跟弱点与短处打交道。企业不会制定规则来规定所有员工在一切场合都必须呼吸，因为人们自然就会这么做，而且呼吸行为本身并不会影响企业的发展。但企业会制定出勤的规则，因为如果没有这样的规则，员工上下班时间就会随心所欲，从而让企业的管理面临困难。规则就像可供起跳的坚实地面，它规定好一系列的规范举止，禁止另外一些不规范的举止（如果人们遵守规则的话）。

人们总是违反规则，我们只能出台更多的规则制止违规行为；可是由于天生的局限性，人们总可以逾越这些新增的规则，而且受到太多规则束缚的人会感到不被信任。一旦失去对规则以及规则制定者的忠诚，他们便会像史蒂夫・亚当斯一样竭力摆脱规则的羁绊。这是一个恶性循环，它会持久地损害构成社会基础的诚信体系。规则每失败一次，我们对它的信任便减少一分。由于破坏了制定者和被约束者之间的信任，这一昔日人类用来约束自我的基本武器，正在失去力量。

规则的性质注定了它无法在行为的某些领域发挥效力。比如说，怎样为公平制定规则？什么样的语言才能为公平赋予法律执行力？你可以在规则中把所有的不公平行为列出来，但随之而来的矛盾、偏颇和漏洞却永远无法避免。举例来说，在商业领域，怎样在合同中规定取悦客户？永远不能。你只能在合同里限定最小发货量，制定方便客户执行的日程安排，甚至注明违约赔偿金额。但是你永远无法在合同里规定这些优惠客户的条款必须让你长期成功地取悦客户，为行为充当坚实地板的规则，不经意间也成了阻碍我们高飞的天花板。

在“想做就做”的时代，只要大致上遵守规则，就不在乎获取成功的方式；只要没有陷入规则编织的地面，就算我们过关。社会公众看重的是最后呈现给他们的数据，也就是说，他们只在乎你做了什么，而非你做的方式。然而，当世界越来越透明化时，人们对于企业的要求已不再是遵纪守法那么简单。或者说，由于如今每个人都可以对你实现目标的手段和方法了如指掌，所以，运作方式变得和运营目标同样重要起来。突然之间，单纯地遵守规则已经不够了，因为我们不仅能够看见，而且能够理解规则与被约束者之间的关系。

在互相连接、高度透明化的方式时代，你再也不能想做就做，而应该想做且用最恰当的方式去做。

创造差异化竞争优势的杀手锏

无论世界如何发展，变数带如何变化，总有一些人类特征不会改变。比如，我们都希望自己独一无二，希望得到他人的肯定和赞扬，还希望能为自己、为家人、为群体、为整个社会作出贡献。而且，我们始终在尽可能地寻找各种途径来实现这些愿望和目标。作为人类志向和成就感的具体表现，我们的商业活动也包含以上目的。盖洛普公司的一次民意测验显示，实际上，人们从工作中获得的幸福感并不一定与所得薪水相关，而是与认同、赞扬以及每天能够施展所长的机会有关。在《财富》评出的“100家最适合工作的公司”中，每一家上榜企业都是这一点的真实写照，从它们的日常经营行为和员工的精神面貌上就能轻易地发现这一点。

世界的联系变得越来越紧密，取得成功的难度也在增加。过去，有一张来自重点大学的本科文凭就能找到一份好工作，而现在，连星巴克一般店员的最低学历要求都是硕士甚至博士学位。过去，工程学专业非常热门，而现在，由于中国和印度培养了大量的工程师人才，工程师的文凭已不再是通往成功的敲门砖。过去，靠近顾客的区位优势非常重要，企业能以更低的成本为顾客提供产品或服务，而现在，你会发现来自世界各地供货商在同你竞争，想要在对手如林的全球化市场中取胜，就必须找到一种体现差异化的持久途径。但是，竞争对手的不断增加导致差异化变得越来越小，渴望获取成功的所有人都面临一个新的问题：新的时代到底需要具备怎样的素质？

做了什么是20世纪资本主义企业家体现差异化优势的途径。过去，我们非常善于发明创造，有人通过发明并申请专利取得成功，而发明不出的人则通过山寨版生存。我把它叫做“物质型创新”（Innovating in What）。当时的市场鼓励并且保护“物质型创新”，它是整个社会的宠儿，公众瞩目的焦点，政策保护的对象。而那些物质型创新者（发明家）的照片总会登上《福布斯》或者《财富》的封面上。

物质创新的曾经辉煌

我们曾为那些最擅长于物质创新的人热切地欢呼，比如切斯特·卡尔森（Chester F. Carlson）。20 世纪 30 年代末，卡尔森在纽约皇后区的 Aristori，其岳母的美容店的后院搭建了一个简陋的实验室。在这里，他发现：带负电荷的石松子粉（相当于现在复印机用的碳粉）和带正电荷的金属薄板能使文字显示到蜡光纸上。申请专利之后，为了完善这项技术，他先后联系了 20 多家美国大公司，但都遭到了拒绝。

直到 1947 年，哈罗依德公司是一家位于纽约罗彻斯特的小型摄影器材生产商，用了年收入的 1/4（当时这家公司的年营业额 670 万美元，而利润只有 10.1 万美元）着手开发这项发明。1959 年，哈罗依德公司改名为施乐公司，并推出了首款商用办公复印机：著名的施乐 914。2 年之后，这家公司的营业额超过了 6 000 万美元，4 年之后，施乐的市值涨到了 5 亿美元。

另一个成功者的例子是挪亚·迈克维克尔（Noah McVicker）与约瑟夫·迈克维克尔（Joseph McVicker）兄弟。他们在 1956 年发明了一种可塑性很好的橡胶物，用来清洁墙纸。有一天，他们在幼儿园工作的姐姐拿它给孩子们上模型课，却发现这种橡胶比平常的黏土更受欢迎。于是，他们成立了 Rainbow Crafts 公司，专门生产这种橡皮泥玩具。迄今为止，孩之宝（Hasbro）（最终购买了 Rainbow Crafts 的公司）已经售出了 20 亿盒“培乐多”。这种玩具的独特香味被誉为世界上最吸引人的 5 种香气之一，而产品本身则跻身有史以来最成功的玩具类商品之列。

物质型创新为整个 20 世纪资本主义生产力的发展提供了动力。但是，资本主义时代已成过去。如果迈克维克尔兄弟在今天发明培乐多，总会有人花 1 个星期做逆向工程破解，然后用相当于原售价零头的低廉价格卖到全世界，而施乐复印机多半也会在几个月时间内遭到相同的命运。在商品化的世界里，要发明出更好的产品越来越难，这就是我们要面对的现实。

当星巴克刚刚采用一种加工咖啡的新技术，路边的每家小店里就都开始供应拿铁咖啡；

戴尔刚开始销售面向经济型的个人电脑，惠普就推出了相似配置的系列产品；

强生公司刚找到一种新办法保护泰诺胶囊，几乎同时，全世界的药厂就都为其镇痛药换上了防重复使用的新型药瓶。

现在，想实现物质型创新变得越来越困难：你不仅需要大笔的投资，还必须非常地幸运；而且就算你最终发明成功，还是会有人用 6 个月将你 6 年的辛勤劳动用逆向工程法全部破解。这些都大大地打击了人们投身于物质型创新的热情。

1999 年，ReplayTV 与 TiVo 同时推出了第一代数字视频录像机（DVR），并革命性地改变了观众收看电视节目的方式。当时，这项新技术所蕴含的巨大潜能，让人们确信它足以颠覆整个传媒业的传统商业模式。

7 年过去了，ReplayTV 早已淡出人们的视野，TiVo 还是小小市场中的一家挣扎在赤字线上的中等企业，而 DVR 已经成为了全球各地每一家家电企业都在生产的普通商品。另外，作为 DVR 的创始人，TiVo 不再强调其硬件 [物质型产品 (its What)]，而是更多地定位在其软件带来的消费体验 (How you use it)。

许多企业不愿投身物质型创新的唯一原因就是它的成本太高。他们都这样说："等别人发明出来了我们再仿制。"通用电气前首席执行官杰克·韦尔奇曾多次指出，如今的商业博弈缺少奖励发明的机制，同时也很难为物质型新发明建立通路保护。目前，全世界有不少人以侵犯版权为生，有许多国家对财产所有权和知识产权并不重视。在很多文化的文字中根本就没有"知识产权"这个概念；他们无从想象点子可以为某个人所拥有。韦尔奇一直主张对物质型产权的保护是没有意义的。所以，他连续数年在公司年报上详细地披露了通用所采取的各种商业模型和竞争策略，这样做等于将通用的产品资料与数据公之于众。"我们质询杰克为什么把通用的商业机密透露出去，"在华尔街高盛集团总部附近的一次午餐上，我的朋友、通用电气的前首席学习官（CLO）兼领导力培训中心副组长史蒂夫·克尔告诉我，"韦尔奇说'通用电气的机密在于方式而不是物质型产品。虽然他们知道了我们的商业模型，但却无法模仿我们的方式。'" 顺便一提，科尔还曾是高盛的首席学习官，并与他人合著了《通用电气"群策群力"》(*The GE Work-Out*，McGrawHill于2002年出版）一书，这本书详细记述了他负责的位于纽约罗顿维尔的通用教育培训中心时发展出来的那一套广受好评的领导力培养方法。他长期以来一直被认为是商业管理界的思想领袖之一。

韦尔奇说得对。早在20世纪80年代初，美国企业界就开始了方式的创新（Innovate in How）。当时他们还只着重于流程管理（Process Management），我称之为物质型的方式创新。如今，我们生活在成功与方式息息相关的时代。全面质量管理（TQM）、六西格玛管理（Six Sigma）、准时生产法（JIT）、持续改善法（Kaizen）、企业资源规划（ERP）、客户关系管理（CRM）、人力资源信息管理系统（HRIS）、业务流程重组（Process Reengineering）、零缺陷管理（ZD）、供应链管理（SCM）、客户服务（CS）、安全管理（SM）、业务流程外包（BPO）——流程管理文化在商业实践中占据主导地位，通过提高产品生产过程中每个步骤的效率实现利润最大化。这些企业完全清楚韦尔奇的观点：100个人中可能会出现一个天才，他可以聪明到发明出一种治愈癌症的药品，但剩下的99个人都将靠方式取得成功。对于他们来说，盈利的"旅途"开始变得和盈利这个"目的地"本身一样重要，而流程管理就是旅途中的那条"路"(Way)。

但有趣的是，每个人都对走上那条"路"的方法很在行。每个企业都能最大限度地改善流程管理，并最终达到了同一个水平高度：几乎所有人都能将产品质量缺陷最小化；在采取防护措施后，几乎没人会因工丧命，每个人都在电话铃响第二声时接起电话，所有人都在用相同的防伪药盖，每个地方都能喝到拿铁咖啡。和以往许多没有出路的商业行为一样，我们的流程与绩效管理也最终达到商品同质化（Commoditized）的地步。[沃顿商学院教授玛丽·本纳（Mary J. Benner）提出了一个很有说服力的见解。根据20多年来所做的相关研究，她认为，流行一时的流程管理热会抑制创新，流程管理所鼓励的短期剥削会阻碍大胆的发明创新。]

不过，确实还有另外一个存在巨大变数和差异化空间的领域。目前，我们还没有对这一领域进行过分析、量化或是系统化和商品化，或者说这是一个根本不能够被商品化或同质化的领域。这就是人类行为方式的领域。在这一领域，如果跟合作者保持更牢固的联系，进行更密切的协作，你就能成功；如果你能够通过全球网络的覆盖影响到更多人，你的生产效率就能显著上升；在这一领域，当竞争对手的诚信度只能达到80%，而你却在99%的时间里都遵守承诺，你就能获得极大的市场优势；而如果你能通过互动交流促成更有意义的客户体验，一批品牌忠诚客户便会由此产生。方式的领域就是这样一个存在着巨大变数的世界，同时这也意味着一个重大的机遇。方式这幅绚丽多姿的人类组织行为的织锦图带给我们的是宝贵的机遇。

看看过去几年发生在商业领域的一些行为案例：

> 谁能想到大型职介网站Monster.com的创始人会在自己的简历上弄虚作假？
>
> 谁又能想到泰科（Tyco）公司的管理层会把一家公开经营公司变成为自己买的一瓶包装华丽的伏特加付账的私人金库？
>
> 而UPS的司机安杰尔·扎莫拉不仅将一个重要包裹送达给我，更让我有了一次很愉悦的客户体验；
>
> 西南航空的飞行员们，居然在检票口协助地面工作人员清检客票，飞机降落后，走在我前面的一名副驾驶员正在为一位带小孩儿的母亲推婴儿车。

这真是不同寻常！飞行员的职责并不包括为乘客检票，而如果聘用合同中含有诸如副机长须为乘客推婴儿车之类条款的话，我相信西南航空飞行员的工会代表们一定不会妥协。没有哪家企业会规定：“不协助检票或推婴儿车的话就收拾东西走人吧！”但是，的确有一种比职责描述或书面规定更有效的东西在规范西南航空雇员们的行为。

当然，你仍然需要优良的产品和优秀的商业模式。有了好的物质型产品，你才能生存、发展、出人头地。但是，过去那些让你足够优秀的物质型产品，如今只能让你不被淘汰出局而已；想要发展壮大，你需要更多东西。“任何东西乘以零的结果还是零，”史蒂夫·克尔说，“现在，我们开始强调方式，是因为它曾是等式中被人轻视的那一部分。它能使我们的事业发展达到一个完全不同的高度。" 史蒂夫是在告诉我，他并不认为方式比物质型产品更重要。

被庞大的信息网所武装的世界正在通过全新的途径将我们互相联系、互相展示，虽然这一点我们刚刚才有所领悟，但有一个非常清楚的事实：如今，差异化的关键不再是物质型的产品或服务，而是处理产品和提供服务的方式。不是每一个团队都能获得成功；也不是每位员工都能成为总裁。有些人坚持着；有些人已经退出；还有些人最终能够超越他人。如今，正在兴起的趋势不再是开发更好的产品，而是带来更优质的客户体验。方式在激烈的竞争中创造差异化的机遇，这就是这本书以及我毕生工作的核心所在。这个现在已经广泛应用于企业－顾客－供货商，以及老板－员工－项目组的关系链中的理念，就是我所说的通过方式进行创新，通过方式取得成功。

以新的方式获取如鱼得水的能力

不论是在日常生活中，还是在追求人生理想的过程中，人类的行为方式一直都非常重要，但毫无疑问，它正在发挥一些新的作用。2005 年，韦氏辞典在线辞典检索系统中查询频率最高的词条是"整合"(Integrity)。全新的人际网络为我们提供了巨大的创新空间，但这个空间只向那些能够理解这一网络、知道如何利用这一网络制造人浪的人开放。框架变化，范例更改，就像其他方面的社会生活一样，商业经营的框架和范式也随时都有可能被彻底打破。这些变化有时会带来新的世界秩序；有时，这些变化的到来仅仅是由于我们更加深邃的目光，看到了早就潜伏于传统规则之下的全新世界。如果世界发生了变化，那么，引领我们行为的方式也应该变化。

在这一部分，我们认识了促使新世界框架形成的几股合力，这是 21 世纪的商业活动所要面临的新现实。我们回顾了从土地到资本再到信息的时代变迁，以及形成于变迁过程中却依然存在于今天的旧习，诸如囤蓄、分治、征服、命令与控制。过去自上而下垂直的企业沟通如今变得越来越扁平化：我们有越来越多的机会和来自全球的团队平等地联系；跨时区、跨文化背景的协作越来越频繁，我们甚至无暇建立一套理论以充分理解并高效运用这一协作模式；迅猛发展的通信科技也侵入我们的人际空间。我们见识了各式各样的社会透明度，以及它们如何让我们的信用体系发生“通涨”，又是如何让我们在自由流动而又未经证实的海量信息面前变得不堪一击。我们见证了“想做就做”时代的终结：那个时代的人们无比在意数字盈亏和交易得失；也就是那个时代，让我们意识到了规则的局限性。看来，我们已经深刻地认识到：这些改变已经促使我们应该将重点从目的转移到方式了。

这些力量和动力为我们描绘一场不再是左右摇摆，而是彻底的、一往无前的变革。这一变革的重心在于人类行事的方式，人类的行为成为了充满价值的新焦点。我们无路可退：社会透明度将不可能再次减弱，信息流动量不可能再次降低，我们的人际沟通方式也不可能再退化。不论我们从事什么行业：销售、市场、制造、财政、行政、管理，要想在 21 世纪取得商业成功，就必须具备一种最透明化、最多样化、最大范围的人际交流中如鱼得水的能力。如今的我们并不是生活在玻璃屋子里（屋子总有墙壁），而是生活在显微镜的载玻片上，平面、透明、触手可及。

在这个新的世界观中：信息过量存在，信息自由流动，你无法在不惊动他人的前提下与系统博弈。你需要的不是围绕他人起舞，而是跳起让所有人都能追随的舞步。不论是企业还是个人，长期的、可持续的成功取决于你在尽可能大的人际网络内发起人浪的能力：一种尽你所能地与他人沟通，鼓动他们更努力的能力。如今，要取得商业成功需要新技能、新习惯、新眼光、新意识。在接下来的章节中我们将解释如何得到这种能力。

第二部分

价值本位的思考方式
引领未来管理新趋势

贪婪不仅无益，而且有悖于人类本性。利己，利他，孰轻孰重？

世纪之交，美国国会推出新法案应对接踵而至的企业丑闻，企业界却反其道而行之，愉快地发挥着他们破坏规则的创造力，规则、法案效力几何？

两家医疗公司（耶南药厂和UMHS）对待患者采取南辕北辙的举措，是“可以”规则与“应该”价值的激烈碰撞吗？

我们也许不信仰规则，但我们应该信仰自己的价值观。顶着价值观思考，才能在本质上激励他人，激活组织人浪。

迈向从 WHAT 到 HOW 的双峰之旅

读法律硕士时，我在由阿兰·德肖维兹（Alan Dershowitz）、史蒂芬·古德（Stephen J. Gould）以及罗伯特·诺吉克（Robert Nozick）等学者任教的“反思思想”（Thinking about Thinking）这门课中担任助教。这是一门面向哈佛大学本科生的高度抽象的跨学科课程，它涉及自然科学、哲学和法律，主要讨论当前的热点话题，如毒品、堕胎、安乐死、持枪权等。学期末，我注意到在给学生打分时出现一个有趣的现象：究竟哪些学生该得 B 和 B⁺，哪些学生该得 A，哪些学生该得 C。我和同事讨论了这个问题，认识到我们在获取深层知识时所要面对的两难局面。

那些得 B 和 B⁺ 的学生通常能很好地掌握学习材料。他们从学期初便开始了智力之旅，并达到了理解的顶峰。他们通常很勤奋，完成要求阅读的所有课外读物，并且在期末测验中清晰地展示了自己的学识所得。他们勤勉地攀爬，稳步地迈向知识的重点，不出现大失误，并且能够清楚地在测验中展示所学知识，这种掌握基础知识的积极表现应该得到 B 或 B⁺。

那些得 A 的学生灵活地掌握知识，并将它们融会贯通。他们对课程内容有更深层的思考，可以提出自己的论点，将论点与教材结合，并能应用到实际当中去。他们不仅掌握了大纲要求掌握的内容，更能对这些内容提出疑问，并能据此提出新的创新思想，而不受教科书的局限。简言之，他们从课程中获得实用的力量。他们不仅学习课程，还积极参与教学过程。我认为这部分学生应该得到高分 A。

真正引起我注意的是那些得 C 的学生。你也许会想当然地认为，那些得 C 的学生并不用功，他们只是为了及格而学习。但令我吃惊的是，他们中有很大一部分竟然和那些得 A 的人一样刻苦。他们也读过

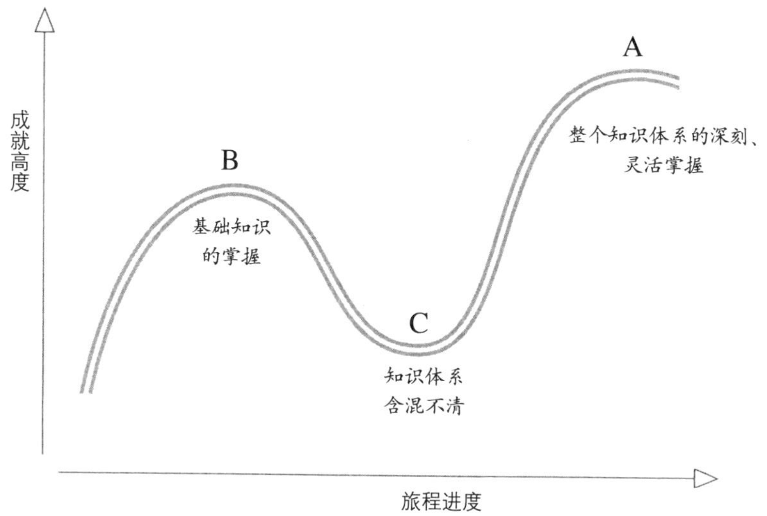

图 2-1　掌握知识体系的双峰悖论

并且深刻地理解了所有规定的课外阅读书目。和那些得 A 的好学生相似，他们也不时地迸发出睿智的光芒，试图将自己的思想提升到一个新的高度。

但是，当需要把这些思想整合起来并在测验中表现出来时，他们便在知识的深谷迷路，无法攀上更高的顶峰。为了获取更多的知识，他们学得更刻苦，但总是跌倒，而且不停地后退，无法用清晰的、有说服力的语言在测验中反映出自己的实际所学。图 2-1 表示这种情况。

我们面对的两难境地：那些得 C 的学生其实比得 B 的学生更投入，已经越过了掌握基础知识的山峰。他们暂时没有获得 A 所对应的那种力量，但却比得 B 的学生更接近这种力量。然而，对于这些得 C 的学生来说，坏消息是，在学期末，由于他们对知识的认识混乱，我不得不给他们 C 的低分。但这些学生为我们展示了一个非常有说服力的知识之旅的图示。要停留在顶峰 B 并不难，因为你觉得已经攀登了一段距离，能俯瞰脚底的土地，是时候停下来休息了。在这座知识的第一个顶峰上，你不会感到不安。毕竟你已经付出努力，取得了进展，并且这段旅程并没有给你的知识体系带来多大风险。

但B并非一个好成绩。如果你一直停留在B，而其他人勇于向A发起冲击，你便落后了。B象征止步不前，而我们知道，成功在于不断地进步。要获取真正深刻的知识，我们必须先在深谷C中奋力前行，不然永远无法到达更高的顶峰A。

你可以草草翻阅一下本书，然后得到一系列表面的结论，比如：好的商业模式鼓励对方式进行创新，可持续成功的关键因素在于行为方式，但是这些始终只是基础的结论和浅薄的概念。俗话说，知识不长翅膀，我们无法从一座顶峰直接飞到另一座顶峰。想要真正理解方式的世界，你就得做好准备，面对各种前所未见的不确定性和复杂情况，以及处理事物的新方法。

在知识之旅中保持前进需要勇气，而敢于置身山谷，则需要更多的勇气。我们都曾有意无意经历过这一过程，身处深谷C中，却无法得知是什么导致我们混乱不堪。一些人继续奋斗，一些人却丧失了信心，就此放弃。

阅读本书，你也许会再经历一次从顶峰B到顶峰A的旅程，你需要的不仅仅是规范与指导，你需要勇气、坚韧与情商，勇于投身到知识体系混乱的状态之中。这样，当清晰的条理再度回到你身边时，你便得到了深刻的知识。禅宗佛学家铃木大拙（Daisetz T. Suzuki）说过："如果一个人想真正地掌握一门艺术，技巧性的知识并不足够。人必须从技巧中得到升华，艺术就在无意识中达到大巧不工的境界。"

方式世界的力量之源不是对事物的驾驭能力，而是与事物的共生能力，它的原理就像是一个网络，或一个突触，或一条电路，这是一种连通的力量，而非支配的力量。

我想带你到达顶峰A，但正如老子所说："千里之行，始于足下。"你个人知识体系的变化、进步与发展，要求你参与到旅途之中。我在本书中多次使用"旅途"这个词，投身于旅程之中象征着我们注重How而非What，注重过程而非结果。旅途总是曲折的，它会经过高山也会经过低谷。现在，我将使用双峰模式图阐释我们的旅途，从传统到新型的知识结构之旅，从见识到掌握之旅，从理论到实践之旅。图2-2来表示这些观点。

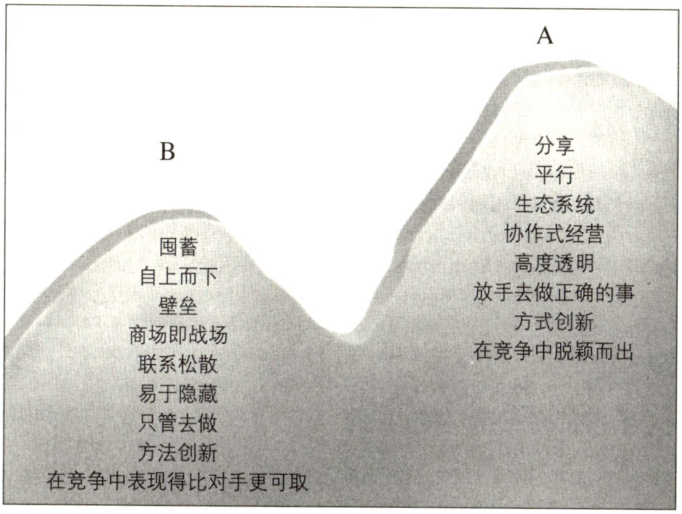

图 2-2　从 What 到 How 的双峰之旅

让我们总结一下本书的前 3 个章节，把那些广为人知的传统知识与行为模式放到顶峰 B，而把书中主张的新概念放到顶峰 A。

我们的商业领域以及整个社会在过去 10 年中发生了许多巨变，由“囤蓄”到“分享”，由“壁垒”到“生态系统”，由“松散”和“易于相互隐藏”到“高度互联”和“高度透明”，这就要求我们更加注重人的行为方式，注重弥补人际突触的方式。

在第二部分里，我们开始去理解和掌握这些方式的力量，并最终在自己的方式之旅中实践它。我们首先考察人类自身处理信息与思想的过程，这些过程将决定我们的决策方式，并对周围其他人产生影响。这一部分的题目就叫“我们思考的方式”，它会涉及生物学、社会学、语言学的浅层知识，以及一点高尔夫运动知识。从这一部分开始，我们将逐步建立起理解现实世界中 How 力量的理论框架。

第 4 章

发现本能：从“利己”到“共赢”

> 不能用产生问题时的思维方式来解决问题。
> （阿尔伯特·爱因斯坦）

在电影《荒岛余生》（*Cast Away*）中，演员汤姆·汉克斯饰演了联邦快递员查克·诺兰德（Chuck Noland）这一角色。在一次送快递途中，他搭乘的飞机掉进了大海，不得不在荒岛上生活长达 4 年之久。在这 4 年里，他靠岛上的有限资源和被冲上岸的少量物品活了下来，挽救他生命的是他自己的智慧。

如果要问观众们的观后感，得到的答案多半是“影片表达了人类为了生存而进行的英勇不屈的斗争”或“影片表达了爱情克服一切障碍的崇高力量”。然而，影片的两幕场景向我传递了不同的信息，我对此十分好奇，于是给影片的编剧小威廉·布罗勒斯（William Broyles Jr.）发了一封电子邮件，向他询问他们设计这些场景的原因。

第一幕场景是诺兰德在残骸里找出了一个半瘪的足球，然后和它成为了朋友，并为它取了个名字叫威尔逊（Wilson）。布罗勒斯告诉我，构思影片时，他曾独自到科特兹湾的海滩上呆过一段时间，他在那里发现了一个被冲上岸边的排球。“我们是这样一种社会动物，”布罗勒斯在回信中这么写道，“我们需要跟他人建立精神联系的愿望是如此强烈，以至于我情不自禁地把这个排球人格化了，一个人想要完全独处是非常困难的事。”独处于荒岛上，你没了道德与价值取向的束缚，没有人对你作出任何回应，你的生存完全取决于你自己。当布罗勒斯创造出这位想象中的朋友时，他想要传达出的信息是：人内心深处的某种力量可以让人超越自我，让人变得更伟大。

第二幕场景出现在影片最末处。诺兰德结束了4年的荒岛生涯后，把一个迟到4年的包裹送到了收信人手里，并附了一张纸条：“这个包裹救了我。”布罗勒斯解释道：“这是他存在价值的很重要的一部分。诺兰德的工作职责是在世界范围内建立联系，遵照承诺把包裹从一个人那里运送到另一个人那里。这样一个为联系而存在的角色，却与外界断绝联系长达4年之久。正是因为这个送达包裹的承诺，才得以维持他在这个世界中的存在感。”要经受这么长时间的严峻考验，诺兰德需要一个目标。他意识到，自己存在的意义不仅仅是运送包裹，更重要的是兑现承诺。在我看来，《荒岛余生》反映的就是信守承诺、人类内心渴望与他人沟通互动、出于本能而回归集体的主旨。我不禁产生疑问，渴望沟通与排斥孤单，这是不是人类在进化中获得的经验？是不是有某种生物学意义的基础？我们是否生来便注定与他人建立联系？

当我们谈到体育馆或全球供销协作链中的人际空间突触时，我们其实借助了一种生物学意义上的网络作为比喻。我们的大脑随时随地都在处理着数量庞大的信息。从吸进一口空气，到晚上亲吻身边爱人的脸颊，我们的一举一动都由大脑操纵。

大脑是迄今为止我们所知的最为复杂的生物学网络。实验科学家与理论学者已经开始进行联合研究，对大脑在处理政治、经济和社会学等方面问题时的生理活动进行行为学分析。研究的目的在于找出在特定的行为中，人脑是否会作出某些生物学意义上的偏向性选择：选择发展人类能力与提高生产效率。研究表明，作为生物网络的大脑与作为人际网络的商业操作之间有很多以前并未发现的共性。

我们先接触一部分这类开创性的研究，尝试从中得出结论。也许你的第一反应是，在一本讨论通信时代商业方式的书里过分深入地介绍神经学与人类进化学的内容会显得不伦不类，但我认为，清楚认识大脑的工作模式对理解我们的思考与行动方式起着关键性的作用。大多数人都认为，把精力花费在提高已经做得不错的方面，不如把精力放在改进仍然存在不足的方面。因此，清楚大脑的生物学癖性，有助于找出一条自我提高的新途径。实际上，相关科学研究已经表明，正确地认识自己的行为方式或许能帮助你在商业竞争中发挥优势。

人类“利他性本能”

你正在一家超市购物，推着手推车，想着应该买哪个牌子的汤罐头。这时，你与一位小个子擦肩而过，他努力想从对面货架的最上面一格取东西，但不小心把架上的浓菜汤罐头碰到了地上。他一只手试图抓住罐头，另一只手稳住货架上的其他物品。下意识地，你冲过去帮他扶住货架上松动的罐头，然后拣起掉落的那些罐头，这位陌生人反复地向你道谢。在此之前，你并没经过刻意的权衡便对他伸出了援助之手。

人类习惯于互相帮助，就算提供帮助的人看不到任何回报的前景，我们不仅帮助朋友，也帮助陌生人。我们把这种行为称之为“利他性帮助”，一种从本质上区别人类与其他动物的特点。提供利他性帮助需要经历一个十分复杂的认知过程：你必须首先看到他人的行为，理解他的意图以及完成这一意图所需的努力，其次是评估他是否有能力达成此项意图，以及权衡他是否愿意接受帮助，最后忽视你无法得到即时的物质回报这个事实，决定出手相助。在很长一段时间里，精神分析学家们认为，利他性帮助是一种建立在社会性之上的现象，一种长期以来通过父母教养与耳濡目染的方式建立起来的现象。这一信念源自一个事实，即达成利他性帮助所需的认知行为有赖于复杂的大脑功能：推理、措辞分析、移情作用以及决策技巧。这些功能需要从幼年时期就开始进行社会训练。

最近，马克斯·普朗克协会（Max Planck Institute）进化人类学研究所的费力克斯·沃内肯（Felix Warneken）与迈克尔·托玛塞罗（Michael Tomasello）所作的一项革命性的研究表明，仅仅 18 个月大的婴儿便已经会在多种不同的环境下帮助陌生的成年人完成一系列的行为。更令人惊奇的是，他们甚至能对实验对象是否真正需要帮助作出综合判断。

这些婴儿会帮助陌生人拿他们够不着的物体，会帮助陌生人堆起书本，会帮忙打开壁橱门，但如果他们先把手中的东西放下空出双手的话，这样的帮助就不会发生；最后，他们会从盒子里帮陌生人找出目标物体，但如果他们发现这些物体是被故意放进盒子的话，就不会再这么做了。这些才刚刚开始建立语言能力的婴儿已经能够分清哪些目标真的需要帮助，哪些目标是有意表现出需要帮助的。

从这个研究中，费力克斯·沃内肯与迈克尔·托玛塞罗得出如下结论："即便是很小的幼儿，都表现出一种愿意帮助他人解决问题的自然倾向，不管帮助对象是不是陌生人，或者帮助的行为能否带来利益回报。"这一结论跟一个流行的错误概念直接抵触，即：人类如果不经受必要的社会性调节的话，便会倾向于遵从个人利益来行事。**研究结果表明：贪婪作为一种只顾自己不顾他人的行事原则，不仅无益，还有悖于人类本性。**

第一印象对建立信任关系非常重要

另一个我们需要探讨的话题是信任。平时，我们总是极力避免以貌取人。但是，现实似乎总是事与愿违。

该信任谁，尼克松还是肯尼迪？

1960年9月26日，7 000万人观看了理查德·尼克松与约翰·肯尼迪之间的总统选举辩论。这是后来被称作"大论战"的4场选举辩论中的第一场并首次进行电视转播。有史以来，美国民众第一次可以看到两位候选人展开对话。除了通过电视，很多人还通过收音机收听了辩论的全过程。

尼克松出现在演播室时（由于膝部手术，他之前整个月都呆在医院里），面色苍白，衣冠不整，化妆师曾建议为他稍微整理一下仪容，遮住不合时宜的胡碴，但他拒绝了。与此形成鲜明对比的是，之前一直在加利福尼亚州拉选票的马萨诸塞州议员肯尼迪身材匀称，衣着得体，皮肤呈现出健康的棕褐色。辩论之后的民意调查显示：收音机听众认为尼克松明显赢得了辩论，但电视观众的意见却截然相反。肯尼迪的外表魅力与泰然自若的神情给电视观众留下了深刻的印象。民众认为，肯尼迪的活力让当时的副总统尼克松感到不安。

> 实际上，根据当时的《纽约先驱论坛报》(*New York Herald-Tribune*) 华盛顿分部主任尼尔·玛佐 (Earl Mazzo) 的调查结果，在尼克松获胜的西部，有 90% 的成年人在收音机旁收听了辩论，然而在他失利的东部，收听辩论的人只有 2%。

要向陌生人提供帮助，或者投票给政客，你都必须首先克服一种本能的恐惧反应。换句话说，你选择了信任对方。

我们知道，婴儿出生后不久就与母亲呆在一起，但他们如何才能对陌生人产生足够的信任，以至于能向他们提供帮助呢？这是不是另外一组复杂认知行为在起作用？

来自贾斯特斯 - 利比希大学精神病学与精神分析中心认知神经学课题组的彼得·基尔希 (Peter Kirsch)、克里斯汀·埃斯林格 (Christine Esslinger) 以及其他一些学者做了以下实验：他们向一个成年测试组的测试对象出示了一些男性白种人的面部照片，照片中的人都表情简单；同时，在测试对象观看照片时，测试者为他们做了脑部功能性核磁共振成像 (fMRI)。学者们要求目标组按照“可信任”与“不可信任”的标准将照片上的人物分类。

扫描结果显示，大脑中某一部分我们称之为“杏仁核”的影像在测试对象认为照片上人物不可信任时会出现高亮。杏仁核是位于大脑内侧颞叶深处的一组神经元，作为大脑边缘系的一部分，这组神经元的功能涉及情绪、动机以及情绪与记忆的关系，杏仁核会带来恐惧感。(如果你岳父突然登门拜访，并与你一起吃晚餐，你的杏仁核便向你的脑干发出恐惧的信号。这个主管觉醒与动机功能的组织就会让你想起，办公室里还有一些工作得赶紧去完成)。

之后研究员又要求同一组测试对象对他们所见照片上人物的各种特征做出评判，那些被认为不可信的人物得到的评价远远低于那些被认为可信的。

新生儿最先注意到的便是他人的脸。上述研究表明：对脸的注意力源自生存进化。第一印象看起来确实非常重要。人类的本能注定我们在是否信任他人的问题上总是会作出轻率的决定，就像那 7 000 万观看尼克松与肯尼迪电视辩论的观众一样。看来我们的确倾向于以貌取人。

信任扩大合作与互利

如果信任并非来自于高层次的、理性的认知功能，那它到底是什么呢？

信任可以说是一种名叫后叶催产素的分泌物。这种又被称作“结合荷尔蒙”的物质是一种脑垂体分泌的由 9 个氨基酸构成的多肽键（纳米肽）。后叶催产素会填充突触之间的缝隙，使人产生一种幸福感。这种短暂的欢愉（3 ～ 5 分钟）能克服恐惧。基尔希和埃斯林格演示了这一效应。他们给两个测试组的人提供了同样的一组照片，照片的内容是恐怖的脸部表情或其他恐怖场景。他们用 fMRI 扫描了实验对象的大脑，并对其中一组测试对象使用了后叶催产素鼻腔喷雾剂，而另外一组没有，面对恐怖照片时，没有接受药物干预的一组明显更加害怕。

后叶催产素产生之后并不会充盈到整个脑部，它只在大脑中的特定部位起作用，如分管记忆和一些无意识功能区域，如呼吸、消化与心率等。令人吃惊的是，大脑的这些区域与另外一个与注意力相关并能认知环境中错误讯息的区域关系十分密切，这个区域反过来又直接给起决策功能的区域发送信息。简单地说，后叶催产素会严重影响我们的决策，而我们自己却不能有意识地察觉到这一点。

我们能从中得到哪些结论呢？我们对这个竞争高度激烈的全球化市场所作的很多决策都建立在这样的前提之上：利润最大化与个人成功源自对自我利益的不懈追求。常言道：商场即战场，弱肉强食。我们通常假设，当处于汤姆·汉克斯在《荒岛余生》中那样的情况时，人们会变得一切都先为自己着想，这是出于生理的本能，我们只是在社会环境需要的时候才与他人沟通交流，这个假设也许并不正确。现在看起来，人类从心智发展的早期阶段开始，便在生理上形成了与他人沟通、帮助他人的能力与欲望，尽管这样做会带来一定的生存风险，并且不会得到明显的回报。为了做到这一点，我们的身体得到了一份令人惊异的礼物，它使我们有能力克服与生俱来的对未知事物的恐惧心理。

这些以生物学为基础的关于信任与利他性帮助行为的革命性认识激励了保罗·扎克（Paul Zak）。作为克莱尔蒙研究生大学经济学系主任兼洛玛连达大学（Loma Linda University）医学院神经学副教授，扎克做了一次实验来研究利益的最大化是否像人们多年来所认为的那样，与优先追求自身利益的行为直接相关。扎克是神经经济学分支的创始人和理论领袖之一，这门学科旨在更清晰地理解经济领域的决策形成过程。它有机结合了经济学与心智研究，并受到神经病学、内分泌学、心理学、古典经济学和实验经济学理论的直接影响。扎克的实验模型是“诚信博弈”模型的改进升级版。

诚信博弈：纳什忽视了什么？

1995 年，乔伊斯·伯格（Joyce Berg）、约翰·迪克霍特（John Dikhaut）和凯文·迈克卡比（Kevin McCabe）最先将这种博弈模型应用到实验当中，并在有关自身利益的心理学研究中取得了巨大的成就。

基本的诚信博弈规则是：测试对象被随机分为两人一组，然后分别被安排在不同的房间里，每个参与者都能得到 10 美元。第一批作出决定者（DM1）被告知，他们可以自己决定将这 10 美元的一部分或全部交给他的搭档（DM2），但 DM2 得到的是 DM1 交出的钱的 3 倍。例如，DM1 交出 4 美元，DM2 将得到 12 美元。而 DM2 被告知，他们可以自己决定将所得美元的全部或者任意一部分返还给 DM1，或者不返还。DM1 所交出的钱其实就代表了信任，而 DM2 所返还的钱则代表了可信度。

那么，每个人应该怎样进行诚信博弈才能得到最大的利润呢？当时盛行的经济学观点来源于约翰·纳什（John Nash）所做的研究工作。罗素·克劳（Russell Crowe）曾把这位数学家的形象搬上银屏，后来这部电影《美丽心灵》[*A Beautiful Mind*，根据西尔维娅·娜萨（Sylvia Nasar）为纳什所写的传记改编]还获得了奥斯卡金像奖。著名的纳什均衡描述了在理想的自我利益优先模型下取得博弈最大利益所采取的数学步骤。

对于扎克的博弈，纳什均衡推论出的结果是：如果测试对象中有人是按照理想的自我利益优先模式行动的话，那么测试组的两位成员都不应该给对方任何金钱；DM1 不应该交出钱，因为他没有理由相信陌生的 DM2，交出金钱意味着牺牲利益并且无法保证得到回报；DM2 也不应该返还金钱，因为这么做不会带给自己任何收益。

扎克在美国及其他很多发展中国家多次重复了这一实验，向测试对象提供的金额也并不相同，结果出人意料。一般来说，75%以上的 DM1 选择交给 DM2 一部分钱，而 DM2 的返还率更高。我向扎克请教了这一看似反常的结果背后有何意义。“诚信博弈建立在社交的基础之上，”他告诉我，“纳什均衡并没有考虑到这一因素。”按照扎克所说，纳什曾深受精神分裂症的折磨，而这种神经系统失调病症的症状之一便是对社交活动退避三舍。扎克相信，在一定程度上，纳什的经济学理论受到了疾病的影响。“价格并不是消费者在选择甲乙两种商品时考虑的唯一因素，”扎克说，“它们总会涉及一些社会或人本因素，但纳什从来没把这些因素纳入到他的等式中。”

按照扎克的理论，我们选择信任他人时，就会激起一种社会依恋机制。信任感的产生并非源自对利益得失有意识的评估，而是源自一种直觉，你觉得你应该去信任。为了更好地解释这一假说，扎克对参加诚信博弈的测试对象都进行了血液解析，结果是 DM2 从 DM1 那里得到的金钱越多，其血液中后叶催产素的浓度就越高，相应地返还给 DM1 的金钱就越多。或者说，当你选择信任某人时，他的大脑中便会产生催产素，这会使他也以同样的信任做出回应。于是互惠成为了一种生理功能，信任唤起信任。

另外，后叶催产素作用的区域与记忆功能有直接联系。当你的信任感增加时，脑中相对应区域不仅会分泌带来欢愉感的化学物质，同时还对这种欢愉感产生了记忆。这促使扎克得到一个结论：信任感能在较长的一个时间段内相互影响并逐渐增强，即在生理层面上，人们可以长期建立信任感。

应当怎样从市场经济的角度来解读这一发现呢？如果信任真的如扎克解释的那样，是一种“有意将资源与他人分享的可重复行为”，那么行为双方就可以凭借信任扩大合作，获取潜在的共同收益。我们通过信任他人而获得让我们自我感觉良好的荷尔蒙，而对方也从互惠性的信任中获得同样的好处，然后我们有意无意地对返还的信任产生与对方相似的生理反应，于是恐惧感被驱散了，合作也得到保证，这是一种呈螺旋上升图式的自增强现象。

从某种程度上说，人类在生理上就注定了要通过信任感与他人建立联系，再通过这种源自本能的联系获取更大的个体收益。

协作联结信任与价值观

我们一直对进化论里适者生存的观念深信不疑，但当把这一观念应用于人类社会时，我们应当如何定义“适者”呢？是否强者就是适者？我们的远祖穿着兽皮住在岩洞里的时候，是否由个子最大的人来统治相对弱小的同伴呢？体型能给他带来更多食物或者交配权吗？尽管这些情况符合一般情况下的假设，但前沿的社会人类学思想与此并不相同。现代人类的最大特点不是靠蛮力而是利用工具，在我们漫长的进化历程中，我们为什么会形成这样的特点呢？人类所拥有的最强大的力量，显然不是来自我们并不发达的肌肉，而是来自我们对于相互联系与相互协作的偏爱，这种偏爱使志同道合的人走到一起，组成自己的社群。我们已经认识到，人类从生理结构上就具备了相互合作的先天条件，这也是后天学习的结果。

想一想是什么力量让人们联合起来的吧。人类社会或组织用以填补成员之间突触的最基本道具便是共同的信仰或价值观。这种信仰可能简单到诸如“如果我们一起打猎，就能得到更多食物”的形式；也可能原始到“我们永远都要相互照顾”；还可能涉及复杂的心理结构，比如“我们共同的宗教信仰预示着我们将按照某种共同的方式相互影响”。

与信任感相似，价值观的建立也或多或少与生理因素有关。它是信任感作用于大脑负责注意力、记忆与错误认知等功能的区域所产生的神经逻辑学产物。但比起自动分泌的后叶催产素及其副产物，价值观就显得更主观、更有弹性，与自身意识和社会学习等因素有紧密联系。我们学习价值观的过程就像积累词汇的过程，是从身边的人那里学来的，他们的一举一动为集体行为树立了榜样。

文化背景对价值观的形成也起了关键作用，在某一文化里理所当然的举止，放到另外一个文化里也许就是禁忌，但对于第三种文化来说，又可能无关紧要。所以价值观的内容在很大程度上是由文化背景决定。每个社会都拥有一套独特的价值观，各个社会对事物重要性的看法也大相径庭。第 2 章那个关于车祸的研究显示：在对待法律和友情的态度上，美国文化与韩国文化差别很大。所以在某个特定文化背景下长大的孩子会受到一些特定的道德束缚，这些束缚对其他文化来说可能根本没有意义。

深入研究社会规范这一范畴，我们会发现有一些社会道德标准跨越了文化的界限。在历史上，文化价值观极大地影响了文明的兴衰。例如人类学家约瑟夫·谢佛（Joseph Shepher）研究了在以色列农业人民公社（以色列一种乌托邦式的农业集体聚居点。——译者注）里被集体抚养长大的小孩。这些小孩在成长过程中每天都有很长时间与同组的孩子集体相处。谢佛发现，这些观察对象长大成人后竭力避免与同组的其他人有两性关系，尽管他们并非血缘近亲。长期的集体生活经验干扰了求偶的生理本能需要。这一发现也验证了19世纪人类学家爱德华·威斯特马克（Edward Westermarck）的假说：这是一种避免乱伦倾向的机制。在最早期的人类社会里，一个与你从小一起长大的同龄人很有可能就是你的表亲，而表亲不是生物学意义上最理想的繁殖伙伴。所以文化上的乱伦禁忌很有可能源自于我们的生理本能。

文化与价值观并不完全靠后天学习，它们或多或少地受到生物进化的影响。澳洲国立大学的理查德·乔伊斯（Richard Joyce）博士在他的著作《道德进化论》（*The Evolution of Morality*）中，把这一现象称作“社会习性的适者生存”。每位与乔伊斯博士交流过的人都认为，他是一位非凡的思想家。他将人类进化学与道德哲学的研究结合起来，为人类如何在网络组织中发挥功用提供了一个全新的、富有远见的理论模型。“道德思考力（一种用价值观评估社会行为的能力）可以在人类历史长河的每一种文化中找到踪影，甚至早在《吉尔伽美什史诗》（*Epic of Gilgamesb*）和古埃及文字记载中已有它的存在。”乔伊斯博士说。他相信道德思考力的普世存在向人们提出了一个重要的问题：“人类的价值思考力是否存在先天因素？或是我们作为理性的社会生物发明了社会道德这个观念，并将它作为融入社会的一种方法？”

换句话说，如果我们想要在商业竞争中发挥优势的话，我们最应该施展哪一种才能呢？对此，理查德·乔伊斯的结论是：道德思考力的历史可以追溯到人类进化的最早期，并且在长期的自然选择过程中已经成为我们生物本能的一部分。乔伊斯解释说，关于人类的价值本位行为模式和它的进化过程带给我们的利益有两种不同的解读思想：“集体受益论”和“个体受益论”。

在集体受益理论里，虚构的穴居人祖先［暂且称他为乌克（Ook）］以及他的部落成员设法建立起了一个相互协作的、利他价值本位的社会，这使得他们的集体运作（包括狩猎、耕作和抵御外敌等）比其他部落更有效率。总之，这是一种有助于部落发展壮大的社会体系。离他们几个山头远的邻近部落缺乏价值观，于是内部缺乏秩序，也没法合作、分享与相互信任。最终，饥饿、寒冷或其他因素淘汰了那些无法形成功能性社会体系的部落。这种群体意义上的适者生存图景在现代社会中仍然有迹可寻，比如企业的生存与淘汰。然而，这种解读有其局限：如果人类并非生来就是道德思考家的话，他们最初又是如何建立价值本位社会的呢？

"个体能从道德思考与道德规范的行为中获益。"乔伊斯博士解释道。这就是说，乌克具有自我奉献和利他主义的精神——分享、合作、帮助他人，这些精神唤起了他人的信任感，根据扎克教授的实验得知，信任感可以使乌克的部落同伴得到互惠。乌克可以从分享食物、分享居住洞穴等行为以及分享对象那里最终得到好处，这些好处甚至包括在觅偶和生育后代方面相对于其他部落成员的优势。信任感较强的乌克能繁殖更多的后代，并借此将他的基因沿着文化的存续推广开来，这意味着会出现更多的道德思考者。乔伊斯博士认为，这种个体受益论的解读思维更能解释为什么我们具有价值本位的思考和行为能力。

生物进化并不是导致乌克式价值取向扩散的唯一因素。作为部落领袖，乌克理所当然地会影响他的跟随者。乌克的朋友，比如说努克（Nook）和图克（Took），目睹乌克过上令人羡慕的日子：他有充足的食物、温暖的洞穴和很多交配的机会。如果这些朋友足够聪明，懂得观察和模仿乌克的行为模式，他们就会照着乌克的方式去做。所以努克和图克以及他们的子孙最后也建立了道德思考力。他们的部落逐渐壮大，不是因为他们比邻近部落更有蛮力，而是因为他们能更好地协作。乔伊斯博士并不清楚人类具体于何时学会了价值本位思考，但他相信，正是这种价值思考带来的交配权上的选择优势使它最终能存在和发展到今天。

有趣的是，这一理论看似与进化论不吻合，但却包含了适者生存的理念。乌克也许不是澳洲大陆最强壮或速度最快的原始穴居人，但与他人展开合作的能力，以及激励他人一起参与合作的能力使他变得很受欢迎，而受欢迎的穴居人总能得到异性的青睐。乌克繁殖的后代越多，这些后代把他的价值本位思考基因传播开来的机会就越大。于是在人类进化的漫长时期里，好人，即基因意义上的好人获得了胜利。

让我们来一点跳跃性的思维：这种从生理本能角度解释价值本位思考的假说与亚当·斯密的理想资本主义市场（一个出于互利目的、公平自由的市场体系）有直接联系。

听起来很牵强吗？思考一下。

从亚当·斯密的《国富论》诞生那天开始，许多人就误解了他的理论，用他的理论错误地阐释各种版本的“商场即战场”式的放任型资本主义。这些人所忽视的一个关键点就是互利的概念。这一概念在亚当·斯密的理论中贯穿始终：所有的市场体系之所以成立，是因为货物、金钱与劳动力可以互换，而且交易双方都能从中获利。如果没有道德价值体系的话，这一切都不成立。为了达成交易，双方必须首先有一个共识，即一方不能只拿走对方的货品而不付出等价物。

比方说，乌克或他的部落有一根猛犸象牙，而邻近部落的萨满祭师纳托（Natto）看上了这根象牙。他可能不经过乌克同意便直接拿走象牙，也可能掏出自己的一些玉米来交换。把某样东西视作自己（他人）的所属物，这本身就是一种价值本位的思考，它暗示了我们对权利的认识。也就是说，如果我们制作或创造出了某种东西，他人就必须尊重我们的物权。物权带来权利、义务与禁忌。**要建立一个市场，交易双方首先必须都具有价值本位的思考力，这样才能从物品交换的过程中看到自己和对方的收益。如果没有协作化的价值本位的思考方式，市场本位的经济制度也许就不会出现。**

顶着信仰思考

关于大脑，我们还有最后一部分没有提及：信仰。信仰在人类的心智系统中占据了很特殊的位置，它能独立于甚至有悖于客观证据而存在。每个人都有自己的一套信仰体系。在宗教教义、源自古老文化的神话，甚至口述的历史故事中，都存在缺乏事实根据的信仰。有些人甚至会依赖这些信仰，比如说，那些相信“地球是平的”这一理论的人，可以通过学习了解到地球是圆的，但他们依旧相信地球是平的。尽管很多家长从来没坐过圣诞老人的飞行雪橇，却让自己的孩子相信圣诞老人的存在。

在掌握客观知识的同时却相信某些与之相抵触的信仰，这一能力是人性的重要组成部分。拿圣诞老人来说，有人甚至相信他的力量来源正是得益于我们的信仰。而信仰的过错是，它常常使我们忽略事实。我们得知某些事实，却拒绝相信它，为了确保自己信仰体系的完整性，而把这些与信仰相悖的事实当成是谬误。有些人相信妖魔鬼怪，不管它的是非对错，为了维护这一信仰，他们无视很多与之矛盾的经验证据。在这里，我并不是想质疑或驳斥读者的个人信仰，只是想说明这对我们接下来的讨论非常重要，那就是"相信"与"知道"是两个不同的概念，并且依靠大脑中不同的区域来发挥作用。

信仰对我们思考与处理信息的方式有强劲的、不受控制的影响。对此最深刻的描述便是安慰剂效应。在加州大学洛杉矶分校开展的一次实验里，研究员告诉两组不同的实验对象他们将服用一些抗抑郁药物，其中一组真的服用了药物，而另一组则只是服用了安慰剂。实验结果显示，服用安慰剂的实验组产生了与服用真正药品的实验组相似的生理反应。药品和安慰剂都能对大脑的特定部位产生作用，但药品的作用直接得多，而安慰剂的效用只是由信仰所激发。

信仰使大脑像真的服用过抗抑郁药一样行动。在密歇根大学进行的另外一次实验里，科学家在一组健康的男青年的下巴里注射了一定量的盐水，盐水的压力使他们感到疼痛，同时实验者利用正电子断层扫描仪记录下受验者大脑的即时变化。在其中的一次扫描中，科学家告诉受验者他们将服用一些镇痛药，但实际上服用的却只是安慰剂。镇痛类药物产生疗效的典型过程是模仿大脑内啡肽的作用，或是刺激内啡肽分泌，以达到隔断疼痛感觉的目的。然而在这次实验里，受验者大脑内主管分泌内啡肽的无意识部位，却仿佛真的受到镇痛药刺激一样分泌出大量内啡肽，他们感觉好多了。

这些发现向以前的一些研究成果发起了挑战。以前的研究成果认为，期待作用在安慰剂效应中扮演了重要角色。但一般来说，期待作用要求对当前体验和未来体验产生实质性联想，即我们的期待可能影响我们的体验；信仰可以篡改我们对信息的认知，有时还会无意识地证实自己，而这个证实过程存在于我们有意识的思考过程之外。如果孩子们撞见父母在圣诞前夜躲到起居室里为他们准备本该由圣诞老人送来的礼物，他们便会虚构一番解释，来保证自己所见的事实与对圣诞老人的信仰不相冲突。这种行为对他们来说并不奇怪，也不违背逻辑。相似地，那些深信每个人都是靠自身利益驱动的愤世嫉俗者，会给他们所见到的任何事情都刨出些自身利益的根源，哪怕是明显的利他行为。他们这么做的时候，并没有觉察到信仰对他们思路的影响。

上面的第一个例子无伤大雅，最多会对孩子们的神话美梦造成些影响，而第二个例子则会妨碍你取得成功。你可以吸收新的信息，并以此修正你的信仰；你也可以修正你的信仰，并因此接受更多新的信息。

让我们再回顾一遍保罗·扎克的诚信博弈实验，实验还得到了颇有意思的结果：信任他人的人得到了更丰厚的回报。平均起来，那些选择交出部分金钱的 DM1 最终得到了 14 美元，那些选择返还部分金钱的 DM2 最终得到了 17 美元，而那些既不交出又不返还金钱的测试组得到的只是最初的 10 美元。获得更大回报的唯一途径就是承担预先投资的风险。在扎克的博弈里，金钱暗喻了信任感，而最终的结果是让我们用双峰图来代表信任感：如果相信他人的本质是善的，并且信任他们，对方也会对你产生类似的感觉，因为正如基尔希和埃斯林格所证明的那样，人类倾向于互相信任，别人认识到你是可信任的，然后以更多的信任感来报答你。对信任感的信仰为信任感的存在提供了条件，同时也使它能够带来收益。

信仰充满能量和鼓舞力，但它可能会阻碍我们的视线。信仰与认知功能有某种内在联系。要想通过方式的旅程到达顶峰 A，你就必须正视信仰对我们思考方式的巨大影响力，不管是正面的还是负面的。

漫长的进化历程使我们的大脑结构变得异常复杂，它通过内部各种肽和荷尔蒙的相互作用来确保人类的生存和延续。但在今天，人类已经不再像数万年之前那样靠恐惧感来确保自身生存了。我们无需再为对未知环境的恐惧而感到脸红、反胃或者心跳加速。现在，大脑更多地被用来体会美好的感觉。利他性帮助、信任、信仰、互惠以及价值本位的思考方式，这些有利于增强人际突触的行为，似乎在某种程度上已经被预先输入我们的 DNA。

所以，将注意力集中在这些行为上，你便可以借助生物本能的力量发挥优势。某位理论家把这种途径称作“顺其自然”，正如语前幼童懂得帮助陌生人一样，我们也在自然地、本能地、下意识地为他人的利益而努力。对这

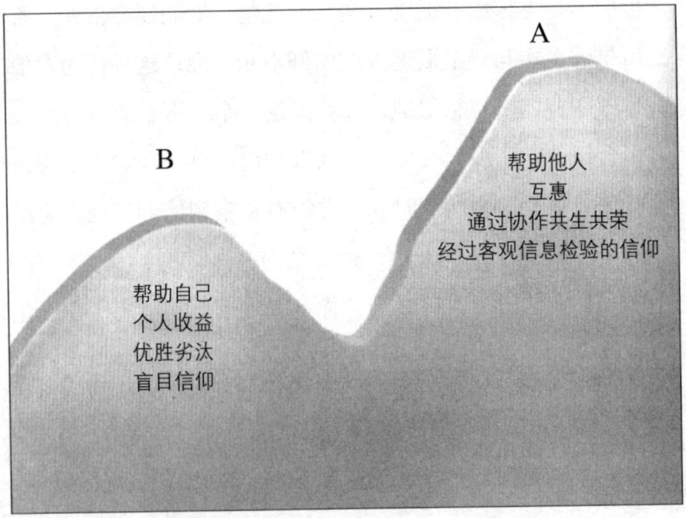

图 2-3　从“利己”到“共赢”

一自然癖性的理解自然地将我们引导到探索方式世界的道路上。

这就是《荒岛余生》如此打动我的原因。尽管在影片中始终形单影只，汤姆・汉克斯扮演的角色却始终在努力为他人着想、保持对他人的承诺。我们天生就知道，为他人着想与保持对他人的承诺使我们的人生富有意义，一种大多数人毕生追求的生活意义。正因为如此，从文化与本能两方面来说，通过适当的行为方式在生活环境中建立起坚韧的人际突触，这对我们长远的成功至关重要。我们当今生活的世界环境比以往更加互联互通，那我们有什么理由不使用更成熟的人际沟通手段来适应这一新环境呢？

第5章

转变观念：从“规则”到“价值观”

> 你有权利做的事不一定就是你应该做的事。
> （波特·斯图尔特，美国最高法院大法官）

每个人都爱结税期（美国每年从年初到4月15日的一段时间。这段时间内纳税人自行整理、上报和上缴所得税。——译者注）。每年的这段时间，我们都会和家人一起，细数自己上一年为社会所作的财政贡献。全国各地的民众都举行盛大的纳税庆典来庆祝自己对这个公平、公正、高尚的社会所贡献的力量。我们载歌载舞、开怀痛饮，为社会的繁荣富足而自豪。

但这些可能都是表面现象。

我在美国纳税，所以对这里的税收制度最熟悉。据美国国税局（IRS）估算，平均每项个人纳税项目大约要花费纳税人45个小时填写相关的表格，填表可不是件轻松的差事。尽管这样，还是让我们来简单回顾一下我们的结税期吧。你要权衡每一张收据，这一项应该被扣除吗？这一项我们应该申报吗？这一项能不能省略掉？可不可以在数字上做点对自己有利的小手脚呢？

在梳理这些数字的时候，你是否感觉到自己正在默默地和贪念角力，尽量不在账面上动手脚？如果你担心因为做手脚而被发现，这种担心会不会给你带来负担？就算你不用亲自填写那些表格，你是否仍然会感到压力？你为结税投入了多少心力劳动？你是否因为结税细节与配偶或生意合伙人发生过争执？你是否因为花掉了准备上缴的税款而感到不安？你花了多少时间试图逃脱结税这个恼人的过程？在你进行其他活动时，它是否仍然在你的脑海中挥之不去？就算你想逃避它，你是否依然随身揣着结税单？

现在我们来讨论一下所谓的单一税率制。如果有这么一套税制，不管你年收入是多少，只需要交纳固定比例的税款，比如说总收入的20%。没有免税条款，也没有逃税漏洞。你只需要一次性付给政府一笔固定金额的款项，便可以了结一年之中应尽的公民义务。这种税制下的结税过程是多么节省脑力、精力与时间啊！如果让我猜这种结税方法会耗费多长时间，我想大概不会超过半个小时。节省出来的时间能使全国范围内的生产力得到多大程度的提高呢？上亿美元！这正是大多数单一税率制拥护者所持的论点，它不仅能节省大量的时间，似乎还有助于平息关于纳税数目引发的很多社会争议，这些争议同样浪费了我们大量的时间与注意力。

当然，单一税率制度看起来实在有些简单，但其背后的理念却并不简单。税收法规这类规则代表了我们社会的整体愿望，它把我们社会文化的标准与价值粗略量化出来，然后通过一系列明确的手段在整个社会范围内实现。

在这样的背景下，累进税率制，即收入越多纳税比例越高的制度，试图实现平衡化的社会财富再分配、富裕阶层与低收入阶层公平分担社会责任的愿景。或者说，累进税率制致力于体现一种社会公平。如果我们的税务制度只是为了达到财政平衡和追求规则自身的简洁与整体性，那么，单一税率制便是唯一可行的选择，但如果考虑到税制背后所代表的种种社会文化涵义，问题就变得复杂得多。

世界上绝大多数国家的人口比例都过于多样化，对他们来说，制定一套“放之四海而皆准”的价值观，比如公平与尊重的观念，就显得有些困难。然而，公平本身是一个有力的概念，绝大多数人都认为它对社会有利。所以，我们的立法制度创造出一套缺乏效率的复杂规则，并认为这套规则足以代表大多数人对于公平的主流看法，但矛盾随之而来，几乎每个人都觉得税务制度存在或多或少的不公平。或许你会觉得，针对营业机构的某些税务漏洞可能会让那些大公司占便宜；或许你又觉得住房贷款减免条款过于偏向中产阶级，而忽视了工薪阶级的利益；或者低收入津贴偏向了穷人而忽视了小型企业。

税收规则里的每一行对特定团体公平的条文，在另外某些团体眼里都显得不公平。比如，某条关于小企业购买小型卡车或运动型越野车的税收减免条款，便无意中惠及了那些购买油耗极大的悍马作私用的富有阶层。

规则就是规则。与人际沟通欲望还有价值本位思考力不同的是，我们的大脑在生理结构上与规则无关。规则只是一种社会现象。

我们都在一个充满规则的世界里长大，“不要碰炉子”或者“不要在大街上乱跑”，诸如此类由父母决定并执行的规则最终都被孩子所接受。长大之后，我们便能将规则和自己的想象游戏（想象游戏泛指幼儿的幻想游戏，如扮家家酒、医生与病人等，幼儿园和小学生经常玩这种游戏。——译者注）结合起来。

最开始的规则总是赤裸裸地为自我利益服务，“好吧，现在的规则是你不许碰我！”我们制定规则，同样遵守规则，把它们当成别人强加给我们的限制，换句话说，那是爸爸妈妈的需要。

我们很快了解到，其他小朋友和自己一样也不喜欢强加给他们的规则。于是，大家为了融洽相处，规则变得更为中立，我们学会了“规规矩矩”。随着年纪的增大，大多数小孩都能遵从规则游戏，并从中体验到快乐与挑战。下棋开始变成受欢迎的游戏，因为受到规则限制，每枚棋子只能在规定的时间内做规定的动作。桥牌游戏比棋类游戏更有趣，因为它的规则更复杂。

另外，各种运动的规则也使我们的体育活动变得有章可循。长大后，我们与规则建立的关系更是深深地受到早年了解到的规则信息与集体活动经验的影响。

当成年人面对群居压力而适应一套更为复杂的规则系统时，其所在的文明也朝着规则化的方向发展。我们的人际关系随着社群的扩展而越来越复杂。

于是，我们发明了规则来互相指导、互相管理，甚至互相控制。我们以法律的形式将规则代码化，比如税法。社会领袖设计出规则系统，并以此作为文明社会的结构基础。

迄今为止，规则正在以各种各样的形式填充人际空间，并在社会各个领域为我们服务。但是，当需要深入思考如何在方式时代获取成功时，我们便不得不从深层次考察自身与规则的关系，反思它给我们带来的利弊。

规则“有效，但未必有价”

为什么我们要拿规则当代理？因为规则似乎具有高效性，而现代社会以及整个工业时代的资本主义社会都是建立在高效率的基础之上的。比如，绝大多数的民主国家都把年龄作为划分公民投票权的标尺。在美国，18 周岁可以获得投票权，在日本是 20 周岁，其他一些国家可能是 21 周岁。然而，年龄并不一定如实反映个人的心智发展、思想成熟度，或是社会责任感，而这些素质是可以更准确地衡量选举人资格的标准。

如果你想进行一次社会回报效应最理想的选举，并使这个选举给更多人带来利益，你可能只让那些成熟的、有公民责任感的人参与投票。但事实上，我们只选择了年龄作为心智成熟度与社会参与感的客观量化标准，希望靠这个清晰的界限把更多的合格选民包含进去，选出一个可以代表民意的新政府。可很多人到 25 岁时都搞不懂什么才算是合格的政府，而有的人从 15 岁开始便具有了极强的公民责任感。由于采用年龄，而非主观价值作为选民资格评判的标准，很多本来不够资格参与投票的公民投了票，许多理应参与投票的公民却被排除在外。从这种意义上说，法定选举年龄等类似规则的范围总是显得既过于宽泛又过于狭窄。

如果只允许素质合格的选民投票的话，这无疑是一次理想的选举。但在实际操作中，我们很难做到这一点。相反，如果选举规则只限定于年满 18 周岁便可投票的话，那么执行起来会简易许多。你在选民注册时便可以轻易地确定他们的年龄和公民权；到时候他们带着注册证明就可以直接参与投票，这样全国大选时间就可以控制在一天之内。但是如果想调查清楚选民的心理成熟度或公民责任感之类的素质，就必须花费大量的时间和精力，而最终调查结果可能只是主观结论。因此，在一个基于规则的社会体系里，在效率与价值的对比中我们通常会选择前者。基于规则的社会统治体系一般可以公平地代表大众的价值，而这一体系所推崇的效率中却隐藏着一个深层的缺陷：**我们深信不疑的规则体系在很多时候并非是达成特定目标的最有效或效率最高的方案。认识到这一缺陷，对于在方式时代取得成功来说非常重要。**

规则往往缺乏一个有效率的、系统化的制定机制。规则有的由民选政府制定，但政府往往被手持票仓的政治利益集团控制；有的由掌控政治或军事权力的野心家制定；还有的由企业主或大公司董事会制定，这些人本身可都是按照精英的标准被挑选出来的。威廉·F. 巴克利（William F. Buckley）曾经开玩笑说，他宁愿接受波士顿电话号码簿里开头 2 000 名陌生人的管理，也不愿意呆在哈佛校董会那些看似聪明的人手里。

尽管人们总是出于善意来制定规则，但最终出台的规则却总免不了要针对种种消极的社会行为。这时我们就不得不反复修订规则，以堵住各种随着社会环境变化而出现的漏洞。让我们通过一些例子了解这种情况。

规则博弈：上有政策，下有对策，奈何？

1991 年，为了促进企业良性行为，国会通过了《联邦判决准则》。在准则出台的过程中，国会进行了许多调查，堵住企业在面临法律问题时用来规避惩罚的法律漏洞。这是一个由基于规则的社会机构，即美国政府制定的基于规则的方案系统。作为回应，企业界必须花费巨资去适应它（可真是良性企业行为价值标准的代理）。它们花大价钱建立专门的应对机构，以便预防将来碰上麻烦时因为这套准则而面临的新风险。

这套胡萝卜加大棒式的做法显然没能解决实际问题。企业的确面临着更大的规则压力，当它们被逮到犯错时会受到更严厉的处罚，表现良好时会得到更多的政策鼓励，但它们并没有因此变得更遵纪守法。尽管政府与企业都为这套规则投入了巨额成本，从 1991 年开始，美国企业界的弊案丑闻还是频频发生。到了 2003 年，《联邦判决准则》的一个特别顾问委员会公开总结说："这套旨在促进企业守法的方案并没能有效地达到预期目的。"

到了世纪之交，接踵而至的企业丑闻让美国国会不得不赶紧推出一套新的萨班斯 - 奥克斯利法案 [Sarbanes-Oxle，或简称索克斯法案（SOX）] 来约束公司的经营，并且重新修订了《联邦判决准则》来对付新型的企业不当行为。这次，企业界的反应和几年前如出一辙，他们立即投入了上亿美元来寻找如何应对这套新规则的办法。

让我们再看一个更加个性化的例子。

一位经理在公司食堂的墙壁上贴出一张公告："用完微波炉后请清理干净"，然后贴出第二张"不要把脚放到餐桌上"，接着贴出第三张"不要抢他人的食物"等。所有这些规则以及这位神经质的经理在食堂墙壁上贴出的所有条条款款，都试图将同一个价值标准代码化：尊重。

但是，大多数规则制定者宁愿花时间用僵硬的条款去跟违规者灵活的创造力搏斗，也不愿意直接宣布出条款背后的共同价值标准，比如说"请尊重公共空间"。违规者可以一面沿着规则的边界顺利前行，一边愉快地发挥他们破坏规则的创造力。

贴出公告的这位经理，以及制定新法案的美国国会议员都不约而同地向我们展示了一个关于规则的令人吃惊的事实：规则无法完全规范人为行为。**规则无法指导行为，只能被动回应行为；规则无法规范人类的行为进程，只能规范已经发生的事件。要取得成功，我们必须学会与规则共舞。**

与规则共舞：在规则范围内驾驭价值观

我信任规则，也信任法律，并坚信我们需要它们。很多法律都起到了应有的作用，特别是在规范那些能够轻易量化的行为方面，如环境保护、安全生产、童工问题等。在这些领域，人们都因为法律的坚实而受益。因为有了法律，我购买饮料的标准就不是看哪一种毒死的受害者最少，我购买汽车的标准也不是看哪一款最不容易发生自燃。如果有一种可信的自然科学可以定量地明确房屋抵御地震和风暴的标准，那么把相关的科学发现归纳到法律条款当中，便能造福全社会；如果我们清楚地知道只有一种建筑标准可行的话，我们的法律就不会给建筑业者 4 种选择。

但是请记住，本书不是一本关于犯罪与反社会行为的记录报告，也不是旨在批驳或轻视现行社会价值，这本书的主题是如何通过心理与行为方式，在这个高度连线、高度透明化的信息时代取得长期、可持续的成功。说到规则，我指的是那些普遍被人接受的、规范社会主流行为的规则。所以，我坚信我们首先得学会如何在既有规则的范围之内正常生活。掌握既有规则就可以登上顶峰 B，这一状态非常安全、稳固，也非常基础。与所有其他处于第一顶峰的基础知识一样，这是我们向真正的理解前进的必经之路，但是现在有太多人在顶峰 B 上停滞不前。

我们生活在一个法律规范化的社会，由于在我们的个人成长经验里，规则会变得越来越公平，所以我们并不会因规则的存在而感觉不适。

事实上，正是我们对规则的高度依赖导致了我们对法律的过度依赖。如果法律说可以这么做，我们便毫不犹豫地照做。我们对于“可以”和“不可以”拿捏得比较准确。

在这一方面，我们的思维习惯已经非常僵化。这种思维就像健美选手那样，肌肉虽然发达但却僵硬到无法站着用手摸到自己的脚趾。如果我们过分重视规则，那么，它将会把我们带入死胡同，使我们惯于用法律衡量一切人为行为。对规则的信任让我们觉得，只要不越过法律的界限，我们便可以为所欲为。我们就会变得像 20 世纪 90 年代的微软一样，自信到只要法律条文允许，就可以随意打压任何竞争对手。

但正如大法官波特・斯图尔特所说，我们在这里混淆了“法律容许性”与“行为适当性”。与规则共舞往往使我们丧失对长远问题的判断力。毕竟规则制定的本身便常常向政治因素倾斜，它并非总是可以提供取得长期成功所需的稳固基石，特别是当周遭形势本来就混乱不堪的时候。微软从来就没有因为垄断而遇到麻烦，而事实上，美国也并没有法律明文禁止垄断行为。没有人因为微软庞大的规模而反感，其实我们在某种程度上更喜欢大企业，但所有人都看不惯微软强势。当微软凭借自己的垄断地位在市场上随意与竞争对手开战时，美国司法部和欧盟委员会对它下手了。微软栽跟头的原因并不是“What”而是“How”。

尽管我在这里历数了规则的种种局限，但我并非要鼓励读者去违反它。“规则就是为了犯规而设”，它反映的是一种靠捷径取胜的企业经营态度。正如传奇棒球教练利奥・迪罗谢（Leo Durocher）所说：“我信任规则，但我也相信我有权试一下规则的弹性到底有多大。”当我们充分利用规则的弹性时，仿佛有一种不被束缚的感觉，但是，这是一种危险的错觉。

个人与规则体系的冲突源于人类与规则的关系本质：规则是外在的。所以我们要花大量的时间和精力与它角力，试图寻找绕过规则界限的新手段，或在其内部与其融洽相处的新方式。没人会把税收法规当做身体的一部分，就算那些借此谋生的会计也不会。人类天生就是解决问题的好手，并以挑战谜题为乐，所以我们总能发现新规则的漏洞，不可能有一套一劳永逸的规则。

与规则共舞使我们更有力量，更加敏锐、灵活、富有创造性，但是，这些都只是“想做就做”式的力量，而“想做就做”的时代已经不复存在了。

与规则共舞使你变成了法律条文专家，一刻不停地寻找法律漏洞。有些人甚至把寻觅漏洞、规避规则的行为称之为“创造性思维”，但是，事实恰好相反。与规则背道而驰的行为跟恪守规则的行为只是互为补集而已。规则范围之外的思维跟局限于规则范围之内的思维其实都受到同样程度的局限。在规则漏洞上花费过多时间，只会妨碍我们把精力用于真正的创造性思维上。

如今，地位过高的规则体系削弱了我们独立的是非感，所以我们习惯于依赖规则条例来确定自己的行为是否得当。在那些规则尚未成型的领域里，比如那些我们每天所必须面对的灰色领域，我们有时感觉自己可以为所欲为。“如果不能这么干的话，”那么我们就会想，“他们肯定早就已经制定出一套规则来明文制止这些行为了。”对规则的过度依赖使人们乐于沿着规则的边缘行动。我们不停地问自己：“还差多少到规则极限？”我们专注于把握规则的边线，小心翼翼地沿着这条边线挪动，但不越界。但是，当大环境的方向变化时，规则也会随之变动。所以我们不时地会发现自己越过了雷区，并为此付出了沉重代价。

掉入规则陷阱的惠普

惠普董事会主席帕特里夏·邓恩（Patricia Dunn）曾下令雇佣私人公司对其他董事会成员展开调查，这些调查涉嫌使用了窃听手段，事发后，邓恩不得不引咎辞职。《洛杉矶时报》对此引述道：“她当时并没有想到会牵涉非法手段，因为惠普的律师监督了整个调查过程。”

事实上，惠普的高级顾问兼职业道德官员凯文·亨塞克（Kevin Hunsaker）与负责监督调查过程的惠普安全经理安东尼·根蒂卢奇（Anthony Gentilucci）有过这样的电子邮件：

发件人：凯文·亨塞克

收件人：安东尼·根蒂卢奇

嗨，托尼，罗恩是怎么搞到那些手机和家庭电话记录的？这东西能见光吗？

发件人：安东尼·根蒂卢奇

收件人：凯文·亨塞克

他们用了社会工程学手段。调查者给程控操作员打了电话，用点小诡计骗到了这些记录。那个操作员本来不应该告诉他们的，所以他也许会有点小麻烦。我觉得他们在打擦边球，但应该能见光吧。

发件人：凯文·亨塞克

收件人：安东尼·根蒂卢奇

看来我不该问你的。

企业领导者必须对事实真相一丝不苟，在这一点上，邓恩和她的同事都没错。但是，他们都过分执著于“可以”和“不可以”的二分法当中，以至于忘记了什么事情应该做，什么事情不应该做；他们忘记了《惠普之路》（The HP Way，出版于1996年，是一本介绍惠普公司成功经验的畅销书。——译者注）中介绍的那种使公司发展壮大到今天这种规模的独特价值体系。

人类的行为模式远比法律语言所能包容的更为复杂，由于与生俱来的多样性与创新空间，法律语言那种还原主义式的简化过程并不适用于它。

人们的主观意愿和与他人的相互交流都会在很大程度上左右人的行为。我们的人际突触就像是一条双向通行的大马路，其间的人际交流总是动态双向的。

因为规则总是针对已然发生过的行为而制定，所以它很难与生活中人们交流的无穷变化和语言的不同含义保持同步。

表 2-1　规则遭遇的“理想与现实”困境

规则是外在的	由他人制定，意味着待解的谜题、待发现的漏洞
我们对规则抱有矛盾的态度	我们知道自己需要某些规则，并且希望他人也遵导这些规则，“规则就是为了犯规而设”。
规则只知被动回应	只能回应过去的事件
规则的范围既过于宽泛又过于狭隘	因为它只是社会价值的代理，无法做到精确
规则系统的扩张损失了系统的整体效率	没有人能记清楚所有规则，当我们不得不停下手中的工作去查阅规则条例时，我们便损失了生产力
规则即是禁令	它只能告诉你可以或不可以，我们把它看作限制和束缚
规则需要执行力	松散的执行力度使它失去可信度和效率，严格的执行力度要求高昂的经济和人力成本
规则总是谈到基础与界限，却总是在边界上出疏忽	所以擦边前行是一种冒险
敬重规则的唯一方式就是严格按照它的规范行事	但规则的语言总是强制性的，我们需要从别的地方得到借以获取成功的激励
过多的规则产生过度的依赖	于是我们觉得，“如果这事不能做，总有人会制定规则明文禁止”。

表 2-1 代表了我们对规则体系的疑问：在这个高速进化的世界里，是否有一种系统可以包容日新月异的社会变化，同时又支配人类行为呢？

大家都知道温斯顿·丘吉尔的名言：“民主是糟糕的政治制度，只不过比其他制度稍好一点而已。”我们也都同意民主不失为一种有效的制度，但这种制度生效的方式类似于一份社会契约，因为民主并非建立在一系列规则之上，而是建立在共同的价值观——宪法之上。

《宪法》是一份强有力的文书，因为它充满其有效范围内所有人群共同拥有的价值观，如言论自由、自由意志、公民选举权、公平公正、追求幸福生活的权利，以及法律的效力。

这些核心的、基础的价值观适用于不同的时代。在这个意义上，文件的影响力越深远，它就越能经得起世代变迁的考验。**长期的、可持续的成功秘诀并不在于打破所有束缚性的规则，而是从规则中升华，在规则范围内驾驭价值观的力量。**

思考的差距：我可以做什么 VS 我应该做什么

为了让我们彻底明白对规则的过分依赖，我们先来看看规则是怎样影响我们的思维的。为了达到这个目的，我们必须同时考虑到语言系统的作用过程。你将自己和某种规则联系起来时，你也与这种规则所使用的语言建立起了联系，而语言对我们的思维模式会产生深刻影响。

很多人都相信思维先于语言，你脑袋里出现一个念头，然后你组织语言，把这个念头表达出来。但研究证明，现实情况刚好相反：语言先于思维。我们掌握一门语言的词汇量越大、句型越多，我们在此语言情境下所表现出的认知功能就越成熟。如果关于物体表面坚硬程度的词汇你只知道两个单词，"硬"或"软"，那么介于这两种程度之间的其他所有状态，以及可以用来表达这两个概念的其他说法，比如说"坚固的""僵硬的""硬邦邦的""有支撑力的""海绵状的""轻柔的""柔和的""光滑柔软的"等，对你来说都没有意义。

你之所以知道以上词汇的意义，是因为你认识这些字眼，或者更准确地，按照语言学家的说法，你所使用的语言的特征决定了你思维和言语的过程。尽管印度哲学家婆利睹梨诃利（Bhartrihari）在公元 5 世纪时第一次提出了这个观点，但现在语言学界一般还是把它称作"萨丕尔 - 沃尔夫假设"（Sapir-Whorf hapothesis），这一观点源自语言学家、人类学家爱德华·萨丕尔（Edward Sapir）以及他的学生兼同事本杰明·沃尔夫（Benjamin Whorf）的作品。他们认为，人们的世界观及其对应的行为模式都与他所使用的语言的语法结构分类有直接联系。正如萨丕尔所说："我们之所以能像现在这样看到、听到、感受到外界环境，是因为我们从自己所处的语言团体那里学到的语言习惯预先影响了我们解读整个世界的方式。"

通过下面两个例子中语言因素的作用，我们可以得知它是如何影响我们解决问题的能力的。

主动认错为这家公司节省了千万美元

在 20 世纪七八十年代，前民主德国运动员在连续几届奥运会中都获得了大量金牌，金牌数与人口的比例远远超过了世界上任何国家。后来，全世界都在怀疑的问题很快被证明是事实——前民主德国运动员们被强迫有组织地服用了一种功能增强型药物，也就是大家熟知的同化性雄性类固醇。

这些药物后来对被迫服用过的运动员造成了严重的生理影响。到 2005 年，一部分前民主德国奥运冠军站出来，通过法律途径解决自己日益恶化的身体状况和医药支出。由于罪魁祸首前民主德国政府已不复存在，运动员们转而把生产这些药物的耶南药厂（JVE Jenapharm）告上法庭，提出了总计 410 万美元的赔偿要求。耶南药厂从 19 世纪一家落后的家庭作坊式小企业发展起来，现在已经成为医药业巨头拜耳先灵医药集团（Bayer Schering Pharma AG）的一家下属企业，专业从事生产避孕工具、口服式避孕药以及绝经期荷尔蒙调节药物。

耶南药厂立刻对诉讼作出了明确答复。这家公司申辩道，在当时的计划经济体制下，政府强迫他们生产兴奋剂，并且在未提出警告的情况下交给运动员使用。如果当初接近 1 万名服用过这种药物的运动员都向它索赔，公司无疑将面临破产的压力。于是，耶南药厂最终不得不作出强硬的回答："这不是我们的错，我们法庭上见。"根据国际以及德国国内的已有案例，耶南胜诉的机会并不小，所以法律途径对他们而言的确是一种选择。于是他们对自己说，我们可以这么做。

与此同时，在地球的另一边，美国密歇根大学医疗与健康系统（UMHS）在安娜堡市拥有 3 家医院、1 所医学院以及其他一些医疗机构。2001 年，由于医疗环境的逐步透明化，越来越多投机主义的患者和律师想通过敲诈从大公司赚到好处，UMHS 和其他许多医疗企业一样，开始被足以使自己破产的医疗法律纠纷缠身。UMHS 意识到，尽管他们已经采取一切措施减少事故率，仍然无法避免一小部分的医疗诉讼。那一年，他们花费了大量时间在法庭上打官司，另外还用了 1 800 万美元为 260 例医疗事故做庭外和解。

当公司管理层决定着手减少潜在的医疗事故责任时发现，他们没办法降低那些导致患者死亡或截肢的事故的几率和赔偿数额。于是，他们把注意力转移到那些后果不那么严重的诉讼上面。比如，某位医生忘了在手术后对有癫痫病史的患者采取必需的防痉挛措施，然后患者在洗澡过程中抽筋摔倒，碰破了头，不得不缝针，这位患者便很快就会把医院告上法庭。在这样的案例里，UMHS 的管理层反问自己，他们应该做点什么？

继续跟患者在法庭里搏斗是一个可行的选择，但 UMHS 的做法却截然相反，他们鼓励医生们勇于向病人认错。利用已有的医生—患者互动教育项目，他们进行场景培训，帮助医生们了解，在类似这种轻微医疗事故出现时，他们应该用怎样的方式迅速站出来，主动承认自己的失误。现在，当医生偶尔再犯忽视病人癫痫病史这类错误时，他们当场就会承认错误。当 UMHS 宣布这个与耶南药厂做法南辕北辙的举措时，所有人都觉得可笑，认为他们放弃法律途径的做法是自暴自弃。

根据上述的一系列事实，你对这两家公司产生了怎样的印象？你是否认为耶南药厂是用理性的、慎重的、在法律上有根有据的手段来避免公司破产的风险，而 UMHS 一定是毫无法律头脑，在事故刚发生时便先承认了自己失职的蠢货？你是否认为耶南药厂采取了非人性化的法律手段，逼迫消费者遇到可能的医药纠纷时也不得不诉诸法律，而 UMHS 拥有高尚的价值观，把患者的利益摆在第一位，潜在的诉讼损失摆在第二位？

下面就是市场对两家公司的检验结果：

2006 年年底，耶南药厂同意付给 184 名受害运动员每人 9 250 欧元（约 1.2 万美元），并捐献 17 万欧元（约 22.4 万美元）给相关公益机构，以杜绝类似的兴奋剂事件。但耶南药厂的 CEO 伊莎贝尔·罗思（Isabel Rothe）拒绝就此事向运动员道歉，并发表声明说："庭外和解是为了避免在诉讼纠纷中拖延太长时间。"这一事件对耶南药厂的声誉以及市场关系有何长期影响，现在还不得而知。有趣的是，在耶南药厂发表声明的前一周，德国联邦政府与奥委会也宣布给 167 位受害者支付相同数目的赔偿，但奥委会主席托马斯·巴赫（Thomas Bach）的发言却与耶南药厂的声明形成鲜明对比，他说："我们愿为此事承担道义责任，并保证类似事件绝不再发生。"另外，在 UMHS 采用道歉策略 3 年之后，公司的事故诉讼率与平均每起诉讼的花费都降低了 50%，仅此一点，就为 UMHS 节省了上千万美元。我们看到，一家公司为了保护自己，拒绝了一切道义挑战；而另一家公司勇于接受道义挑战，用这种方式保护自己。

在当时那种道歉即等于自杀的大商业环境下，UMHS 是如何想到采取这么一种不符合常规的方案的呢？他们惯于通过价值思考达成经营目标，尊重、激情、信任、团结，以及领导才能，所有这些价值观都被灌输到他们对待患者和对待自身的一言一行当中。基于这些价值观，他们建立了一套被称作"7 项战略原则"（Seven Strategic Principles）的管理方式。作为一个将价值思想引入经营核心的企业，面对不断增加的诉讼时，UMHS 询问自己的问题不是"我可以为此做些什么？"而是"基于我们的价值观，我们应该做些什么？"这种思考问题的角度使他们意识到，医疗服务归根结底是医生与患者之间的互动，这与其他大多数商业模型相符。接下来，他们思考了那些提起诉讼的患者到底在什么地方蒙受了损失。思考的结果是，绝大多数患者能原谅这类错误，毕竟医生也是人，但那些拒绝对此承担责任的医生却背叛了他们的信任，让他们感到愤怒不已。在此事件中，真正需要修补的是医生和患者之间的人际突触。因此，当他们认识到，在不可避免的小事故里，信任的缺失才是导致双方对抗式诉讼的根源，UMHS 便开始着手治疗这种医患关系上的功能障碍，毕竟治疗本身就是他们最拿手的事。不久他们就意识到，新举措为他们带来了其他意想不到的积极结果。由于道歉可以消除医患对立，现在偶然出现小错误时，医生再也不必躲躲闪闪地遮掩负疚感了。他们有了更多的机会去反思犯错的经历，并以此为鉴，找到不少开创性的方法降低将来再次犯错的风险。结果，公司上下的开明风气使得医院事故率直线下降，医疗质量也因此得到了提升。

在当前这个联系空前紧密的世界里，当所有人都能在一瞬间得知你的所作所为时，他们不会用 What 作为衡量你的标准，而是 How。他们不会静静地坐在一旁看你打官司，而是会注意到你打官司时的一举一动。如果耶南药厂和 UMHS 是两个人，你的同事或者生意合作伙伴，你对他们的看法当然会影响到你与他们打交道的方式。

所有人类社会组织都需要一种管理模式（不管是社会、企业还是家庭），而绝大多数的管理机制都包括能从中获益的管理规则。之前提到过公司与体育馆的比喻，在这个例子里，我们至少需要有以下规则作为前提：每个人都得持票入场，对号入座，球赛在晚上 9 点准时开始。必要规则的缺失会给无政府主义带来活动空间。球迷们会不买票就蜂拥入场，随意占座。对公司来说，员工们可以不顾日程表而随意上下班。游戏绝对不能这样玩。大多数人类社会组织把它们的管理体系细化为行为准则的条款，一组期望人人都能照做的规则，就像税收法规一样规范了各种行为，比如“每天下班时清理自己的垃圾桶”，“上班必须穿蓝色西裤”。这些条款看起来颇有效率，能为整个公司的人为行为模式提供样板。另外的条款也许更类似宪法，充满了企业引以为骄傲的价值和原则。服装生产商列维·斯特劳斯（Levi Strauss）的规则条款就包括：“我们须诚实可信，许下的承诺一定要兑现。诚信的内容包括愿意不顾个人、行业、社会或经济的压力，努力为我们的员工、品牌、公司，乃至整个社会作出贡献。”这些概括性的语言给人的第一印象显得模棱两可，无法为员工每天必须作出的决定提供可靠的参考。但不要忘了，一个社会组织所选择使用的语言特征对它的行为模式会起到不可忽略的实质性影响。

规则和法律的语言是对与错、“可以”与“不可以”的语言。这是一种二元语言，无法表达出涵义的细微区别。这也正是它无法描述多样化的人类行为模式的原因之一。作为人类，我们的行为远远超越了像对或错这样的简单概念。所以，如果你试图用规则的语言，比如说法律的容许性和禁止性（或者说“可以”和“不可以”）来阐释整个人类社会活动，你注定会遇到阻碍。你可以用这样的语言去讨论某件官司是否有把握：“我们能在法庭里取得胜利吗？”而用价值观来讨论这个问题就是另一回事了：“按照我们的信仰，我们应该打这场官司吗？”第一种说法让人想到的是规则和法规，第二种却会让人想到影响组织或个人的核心价值观和长期成功的重要因素。这两者的差别为我们在方式时代通往最终成功奠定了格外重要的基础。

用“可以”与“不可以”的语言考虑问题时，你会受到这种语言的局限，只能从某个狭隘的角度去迎接和回应挑战。而如果用基于价值的语言：“应该”与“不应该”的语言来思考与交流的话，你便得到了更广阔的思维空间，代表丰富多彩的人类行为背景的空间，它与黑白分明的规则系统形成了鲜明对比。正是由于这广阔的思维空间，你才能在面对挑战时获得真正具有创造性的真知灼见。

“应该”才能在本质上激发组织人浪

我之所以在书中分别提到了耶南药厂与UMHS面对的法律挑战，是因为这两家公司截然不同的应对措施深刻地体现了基于“可以”的思维方式与基于“应该”的思维方式的区别。尽管这两家公司面临的法律压力看起来要比我们在日常生活中面临的来自规则体系的压力沉重得多，但它们的应对方式对我们来说值得借鉴。每一天我们都得竭尽所能并尽可能灵活地避开或对抗规则压力。

例如，老板因为你项目组中某位下属的工作成果而奖励了你。你明知这个奖励应归功于下属，但你会提醒老板，让他把奖励直接颁给应得的人吗？你当然可以一言不发，默认了上司的肯定。没有规则规定你必须把奖励谦让给下属。事实上，企业的潜规则似乎是，在这种情况下，你可以占有下属的功劳。于是，你心安理得地得到了这份奖励。这便是基于规则的思考模式最阴暗的表现形式之一。

我猜大多数人都会觉得冒领不属于自己的奖励是不对的，我们不应该做这种事，它与我们的价值观不相符。但是，我冒昧地猜想，在某个类似的场合里，由于缺乏监管规则，或者规则条款模棱两可，你也许就会沿着规则的边线放任自己的行为，而不会苛求自己对照自身价值体系的标准作出应该的选择。

只有超越充满规则陷阱的“可以”的语言，使用价值观的“应该”的语言，我们才有可能像UMHS一样，发现一条真正有创新意义的道路，一条更简单的道路，例如在上面的例子里，明智地选择与下属分享荣誉。如同UMHS最终成功地大幅度降低了诉讼支出，你如果真心地与下属分享成果，最终也会赢得他的信任与支持，在下一次需要共同努力达到某一目标时，他便会乐意牺牲自己的周末时间陪你加班。要在方式时代获取成功，你需要平衡地发展自己的规则适应能力，一方面避免冒犯规则，另一方面在规则的基础上用“应该”的语言去待人处事。

规则不具有激励他人的力量。按照它的定义，你只能遵守它，对规则表达敬重的唯一方式便是严格遵循规则行动，别无他法。规则催生了一种默许的文化，在这种文化里，人人都满足于在字面上遵守规则，然后默许自己在规则内部苟且偷生，或者迂回到规则界限以外，换句话说，生活在规则的正面或负面空间里。在这种情况下，“打破所有规则”对人们来说无疑是个糟糕透顶的建议，但那种老掉牙的“让规则条文指导你”的建议也好不到哪去。这样的文化使人的生活受到外在枷锁的束缚，最终让人变得唯命是从。

要制造人浪，你就需要一种比规则更具激励性的组织能力。你不能制定一条规则说，人浪必须在每个周二的午饭过后出现，然后人浪便自己出现。就算到那时有人浪出现，它会是你想要的那种吗？只有使用“应该”的语言的交流方式，即基于价值思维的交流方式，才能在本质上具有激励他人的力量。价值观的前景广袤无垠，有足够的自由创造空间，你可以在其中看到达成目标的新方法。价值观对我们、对他人都非常重要，它以一种有意义的方式填满了我们和他人之间的人际突触。价值观是基础，也是进步的推动力，它指引我们将有限的精力投入到对自己真正有意义的事情上去。价值观有自己的基本结构——公正、公平、求真、诚实、团结、谦逊、为他人服务。这些价值观的语言激励我们，因为它们从本质上就是催人奋进的。我们也许不信仰规则，但我们都信仰自己的价值观，它是我们人性的核心。价值观的确会加重我们的责任，敦促我们做出更多的努力。偏离自己的价值体系即是自我背叛。价值观为我们的行为奠定基础而不会带来羁绊。

每个人都有自己的核心价值观，在长时间内通过受他人影响，如父母、老师、朋友等，或者通过个人生活经验而形成。它与规则不同，规则只是我们珍视的价值观的代理，就如同法定选举年龄是心智成熟度和社会参与感的代理一样。价值观不是一种将事物的重要程度量化评分的机制，它直接把我们和那些重要的事物联系在一起，并尽到人类的本职。所以，类似地，用价值观考察我们的所作所为，也能赋予这些行为更深刻的意义。如果两名建筑工人拿同样的工钱做同样的劳动，谁的收获会更丰厚？那名砌砖匠，还是那名参与到一座宏大教堂建设工程中的建设者？

无数的理由使我们相信，我们现在比以往任何时候都需要反思自己与规则体系的关系。21 世纪的商业环境为越来越多新兴的创造与革新提供了摇篮，而将自己从规则条款的束缚中解放出来，使你找到更多通往创造与革新的道路。

更重要的是，在这个透明化的世界里，我们最终达成的目标和我们达成目标时采用的方式同等重要，而方式就是让我们在无处不在的竞争中超越潜在对手的秘诀。

现在很少再有什么生意能不受“杂货店综合征”（一种慢性眩晕和平衡障碍疾病。患者在杂货店购物，看到从天花板到地面都堆满了东西时，就会引发眩晕、身体失衡。这里指市场选择面超过消费者接受容量的供大于求的现象。——译者注）的影响。所有的杂货店都标着具有竞争力的低廉价格，在价格因素之后，消费者将凭自己的消费体验来决定到底光顾哪一家店，而人为交流的质量高低便可以在这一环节产生影响：我们都愿意光顾那些看起来使人愉快，商品摆放醒目、拿取方便，同时营业员服务态度热情的店铺。为了在事业中达到类似的高度，我们需要找出一种方式来在竞争中脱颖而出，需要通过最能激励自己“应该”的语言来进行思考。

从“可以”到“应该”，水到渠成

用价值观的语言来思考问题能为你打开更广阔的发挥能力的空间，乍一看，有些人会觉得其中充满风险。对企业高层管理者来说，从规则本位思维到价值本位思维的转变也许会危及他们的管理力度和领导权，让他们担心会出现失控状态。规则本位思维并不要求下放多少权力到底层，因此企业高层管理者有理由相信他们能控制下属的一举一动，这也是当年封建主义和壁垒资本主义遗留下来的旧习。而价值本位的管理模式提倡分权分责，将决策的权力和责任交到各级执行者手里。价值观并不是黑白分明的，也不能被直接量化，它和信任感有着相似之处，两者都能促使他人要么全心地信服你，要么一心与你决裂。两者都能为前途带来不可估量的可能性和随之而来的解读空间。

高层管理者没想到的是，价值本位思维给他们带来了巨大收益。随着技术的发展，当今企业的组成单位散布于世界各地，这些相隔遥远的单位之间越来越倾向于以一种平等的态度交流协作。

于是，自上而下的管理模型变得越来越没有效率。这样，21 世纪商业管理领域的平行化潮流就为分权式管理带来了成长空间。虽然刚开始时有一定风险，但价值本位的思维方式最终会让企业内新兴的分权式管理模式变得更有活力，因为方式时代高度需要这样的思维方式，它能让员工自主地选择为企业的整体利益主动行动。

让我们看一看波音公司的例子。

波音前 CEO 为公司声誉买单

在波音公司董事会发现波音公司前 CEO 哈里·斯通塞弗(Harry C. Stonecipher）与某位下属有婚外情之后，哈里被勒令提前退休。公司这时本来有机会修改规章，一劳永逸地明文禁止这类事情再度发生，但他们选择了另外的做法，为此提出并推广一种价值观。

他们的这一做法让我很感兴趣，于是我找到了他们的前任总设计师兼主席刘易斯·普莱特（Lewis Platt)，他告诉我说："董事会得出的结论是：这件丑闻说明哈里·斯通塞弗缺乏应有的判断力，这让我们觉得他没有能力再继续领导公司……身为总裁，必须在道德规范和个人修养两方面为公司的价值标准作出榜样，于是董事会勒令他退休是当时解决问题的最好方式。为了维护自身声誉，公司不惜付出代价。每个人最好都清楚，我们将对发现的一切操行不检的行为采取实质性措施。"

波音公司的举动传递出一个信息：员工的行为并不是对规则负责，而是对一个更强有力的标准负责——公司声誉。这一简单的概念,便使员工明白：为公司赢得声誉是工作的一部分，而且这个概念拥有如此核心的地位，以至于公司不惜牺牲的高层领导人来维护它。波音公司选择了推行一种价值观，而非出台另一项规则，这使它的员工更紧密地团结起来。每名员工都必须将这一价值观内化——在深谷 C 里不断权衡它，然后才能通过它将自己的个人目标与公司的整体发展方向更和谐地统一起来。这样看来，推行价值观虽然不如出台规则来得直接，但却能收到更好的效果。

就算是对于快餐业巨头麦当劳手下那些受教育程度更低的员工来说，价值观也一样能帮助他们把个人目标和公司发展方向结合起来。

麦当劳如何在30秒内赢得顾客

有一次，我们在伊利诺斯州橡树溪（Oak Brook）的公司总部见面时，CEO吉姆·斯金纳（Jim Skinner）对我说道："顾客对麦当劳的全部体验都来自于在收银台前与我们交流的那30秒钟里的真实感受，在这短短的时间内发展我们与消费者之间的关系，也许就是公司最艰巨的任务。"

斯金纳对这一点一定深有感受，因为，他就是从一名分店经理爬升到现在这个职位的。"我们有成千上万的员工在119个国家里跟上千万的消费者打交道，他们一定得具有某些共同的价值观。正是这些价值观让麦当劳分布于世界各地的各个部分能形成一个整体，也正是它们让麦当劳品牌下的每位员工都懂得如何在那30秒里赢得顾客。"

用"可以"与"不可以"的思路来思考在某种特定情况下该如何行动，这实际上是在浪费宝贵的时间，这种思路所导致的最终结果就是被动应对式的人际关系。在这一套路的影响下，你相信只要自己能遵守各种规则、合同和行规，便可以为所欲为。但如果你用方式的语言来思考，你会发现在所有环境下，你都必须做到自觉遵守价值规范。这种规范驱使你将注意力集中在正确行事的方式上，并最终使你可以掀起人浪，影响身边的所有其他人。在信息经济时代，进步的能量更多地存在于集体网络之中，How的人浪可以更好地借用这种力量。所以方式便成为了取得长远成功的关键因素。

从"可以"到"应该"，从"规则"到"价值观"。这些不仅是言语表达的改变，同时也是思维、决策、行为等方面的彻底革命。刚开始，新的言语表达也许会显得别扭，这种感觉就仿佛第一次尝试用外语进行交谈一样。但

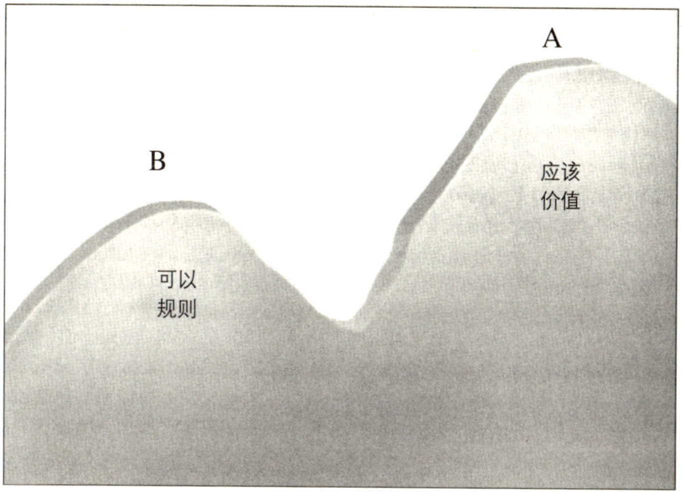

图 2-4　从“可以”到“应该”

是，正如学第二外语的人通常比以那种语言为母语的人更精通其语法一样，因为他们是出于一种有意识的意愿去学习这种语言的。只要你能掌握规则和价值观的运作规律，并将自己从“可以与不可以”的桎梏中解脱出来，你便朝着掌握方式时代“语法”的方向迈出了关键的一步。

第6章

调整认知：从“认知失调”到“认知和谐”

> 在现实中保持荣誉的最简单可靠的办法是以自己的真面目生活。（苏格拉底）

每年夏天在英国举行的冠军公开赛是职业高尔夫球运动里历史最悠久、最有分量的赛事之一。2005年，这项赛事在高尔夫球运动发源地苏格兰的圣安德鲁斯皇家古典高尔夫球俱乐部举办。在那个赛季，前职业高尔夫球手协会（PGA）总冠军戴维·汤姆斯（David Toms）共取得了1次分站冠军和6次排名前10的好成绩。他是公开赛冠军的热门人选，但这次的经历对他来说不同寻常。

在第二轮比赛开始前的那个早晨，汤姆斯走进了比赛官员所在的帐篷，向诧异的官员们（后来向媒体）解释了昨天发生的事故，因为他自己也不清楚该不该为此被扣分。在球场著名的第十七杆洞（果岭杆洞）附近，他打丢了一杆短打球，接着他走到球洞附近补了杆，但他无法确定补杆时球是否因为风力还在微微颤动。高尔夫球规则认为，击打处于运动状态的球是犯规行为，正因为无法确定自己是否触犯了这一条规则，戴维·汤姆斯后来放弃了参赛资格。

在大型体育赛事中途放弃自己的参赛资格，这需要格外崇高的竞技精神。但为了一次可算可不算，而且没有目击者的轻微犯规而这么做，则更值得关注。汤姆斯一直被认为是PGA巡回赛里循规蹈矩的好球员，他设立的慈善基金为全国范围内受虐待、被遗弃，或者权利得不到保证的儿童提供帮助，他自己曾在2005年亲赴飓风卡特里娜的重灾区支援受害者。他心直口快，很容易相处，大家都觉得他很不错。

当我得知他这个充满竞技精神的举动时，我觉得他一定是作出了什么重大决定，一个可能帮助他取得最高的自身成就的决定。于是在他回国的途中，我拨通了他的手机。我直截了当地问道："当时你是怎么想的？"然后便有了以下的对话：

戴维·汤姆斯：那天下午，完成第一轮比赛回到旅馆后，我的头脑稍微变得清晰了一点。于是，我开始回想17杆时的情形。我想到，如果我击球入洞时球还在动，那我就得受罚，但实在难以分清球到底有没有晃动。我没法问其他人，而且我已经在击球记录上签了字。所以我清楚，如果球当时确实在动的话，我就得被取消参赛资格。

第二天一醒来，我就去了裁判的帐篷里，告诉主裁判昨天发生的事情。他重新看了一遍比赛录像，但是上边什么也看不清楚。最后他让我自己作出决定：到底是承认自己犯规，还是继续第二轮比赛。如果我继续比赛的话，他也不会介意。但是，接着他私下问我："如果最后拿到了冠军，你会有什么感受？"他想知道我真实的感受，我告诉他，我会感到一种失落。如果我就这么拿到了冠军，那么在今后的很长一段时间里，不管我怎么做，都会有那种感觉。如果我靠钻空子得到了冠军，这不仅对其他选手不公平，对我自己也不公平，因为那样的话，我就不得不一辈子为此背负内心的压力。

多弗·塞德曼：所以你觉得无法继续比赛了？

戴维·汤姆斯：对。

多弗·塞德曼：为什么？

戴维·汤姆斯：因为我还想继续打高尔夫球，但那一杆的感受不会自己消失。如果再碰到这种情况，我该怎么办？我会感觉不好受，特别是在我打开庆祝胜利的葡萄酒时。所以，我说服了自己。

高尔夫运动不该是那样的，我也不该是那样的，赛事的主办者也不愿意看到那样的事情发生。不过当时只有我自己能作决定，所以……

多弗·塞德曼：所以你就自己作出了决定？

戴维·汤姆斯：是的。有些东西只有我们高尔夫球员才能感受到。不管那一杆球到底有没有犯规，我都不想以后生活在疑问之中。所以我决定取消自己的资格，飞回家。我觉得这是正确的选择。

多弗·塞德曼：你觉得这次事情发生后的感受会影响你今后的运动生涯吗？

戴维·汤姆斯：当然。这件事不仅会影响我，还会影响在场比赛的所有人，这跟其他行业一样。

多弗·塞德曼：明白了。但他们是你的竞争对手，你的工作就是打败他们。

戴维·汤姆斯：（笑）在高尔夫球运动里，这种类型的“犯规”都是靠选手自己承认的，因为裁判也没法判断当时的情况，就跟篮球比赛一样。比赛的出发点可不是为了犯规。我并不是说在其他运动里就没有体育道德，但在高尔夫球运动里，大家更重视职业道德。我就是在这样的环境下长大的，高尔夫球运动教会了我这些。

我到家之后，很多媒体都赶来采访我，但当一切都过去之后，我的心平静了下来，感觉就像忏悔自己的罪过一样。把一切都说出来，把该做的事做了之后，整个人都感觉好多了。

多弗·塞德曼：你是否觉得清醒的头脑会影响你的比赛？或者最好应该这么问：你是否认为矛盾情绪会影响你的比赛？

戴维·汤姆斯：如果不能保证头脑清醒和良心无愧，你很难发挥出色。你必须在精神和身体上都做好比赛的准备。

多弗·塞德曼：为什么？

戴维·汤姆斯：我觉得这就是意识的力量。当太多其他事情占据你的意识时，你便无法集中注意力。这个道理同样适用于其他情况，但在我们这项运动里，这点尤其重要。在比赛中，集中注意力就是全部，你必须时刻保持清醒的头脑。我觉得高尔夫球运动里的救球数据最能反映这一状态，比如说打出柏忌球之后立刻又能打出小鸟球（柏忌球指的是比标准杆多用一杆完成杆洞；小鸟球指的是比标准杆少用一杆完成杆洞。——译者注）来挽救整个局势。这能很好地体现选手的身心状态。

多弗・塞德曼：有人曾告诉我，高尔夫球是精神压力最大的体育运动，因为在其他运动里，你都是在和运动着的球进行较量，球飞过来时把它打回去，掉下来时把它接住等。但高尔夫球总是在草地里静静地躺着，直到世界末日，或者直到你下定决心把它打出去。

戴维・汤姆斯：（笑）是的。

多弗・塞德曼：所以我觉得，这项运动的精彩之处，或者说它之所以能展现选手的个性，就在于你将自己融入到这项运动中的方式甚至比你打球时的具体战术更重要。

戴维・汤姆斯：是的，你说得太对了。的确是头脑里的东西更加重要。你让我想起了鲍伯・罗特拉（Bob Rotella），那位体育精神分析家，在我跟他唯一的一次交谈里，他这么告诉我："我们知道，你可以说服自己打出臭球，那你为什么不能说服自己打出好球呢？"

我并不是很清楚其中的奥妙，但是我知道那些真正成功的人士，不管来自高尔夫球场或是其他领域，都拥有某种特殊的东西，一种不管在什么场合都能让他们保持平和心境的东西。你可以靠外在训练学到技巧，但真正把天才和平凡人区分开的是另外一些内在的东西。如果我能找到这样东西，我就能赚大钱（笑）。

多弗・塞德曼：那诚信在你这个理论中占什么地位？

戴维・汤姆斯：就像我刚才所说，我需要明确自己在做正确的事，这使我做事时心情轻松愉快。帮助他人使我得到了许多快乐，所以我情愿通过自己的努力使别人也获得平等发展的机会。这种努力让我感到自己回报了社会，这对我很重要。回报的形式可以是通过参与慈善活动，可以是为他人作出正面榜样，还可以是通过我的诚信。我没法代表所有人，但至少对我自己而言，目睹自己的社会贡献时让我有成就感。

多弗·塞德曼：那你从圣安德鲁斯俱乐部离开时有成就感吗？

戴维·汤姆斯：离开那里时，我觉得自己作出了正确的选择。可以对自己说“你作出了正确的选择”，这对我以后的每一次挥杆来说都非常有意义。它象征着我不会再因当时的事情而分心，还象征着我为社会作出了正确的示范。如果有位年轻的选手正在某家俱乐部练球，但他老是无法全心投入到击球之中，我想听到他说：“看看汤姆斯是怎么做的，我也许应该让自己头脑更清晰。”

多弗·塞德曼：戴维，我觉得你这样的人并不多见。高尔夫球是一项个人运动，但你总把自己和比赛里的所有人、你的群体、你的球迷，还有所有关注你的人联系起来。你做其他事情的时候是否也有类似的责任感？

戴维·汤姆斯：人们在关注你，关注你的行为、言语，甚至你行为和言语背后的东西，但他们并不是每一次都能正确地解读，并不是你不想把自己的想法和意见坦率地说出来。别人随时都在衡量你的一举一动以及它们对他人的影响。你要顾及他人会如何看待你，这对你在赛场内外的表现都有影响。如果你有志为他人树立榜样，你就得随时随地注意到这一点，表现得让他人都能以你为荣。

这种压力每天都伴随着你。从这种意义上来说，其实我们每天都在失败。你总是差一点就能达到自己的期望值。就算某次我只用61杆就完成了一轮，回顾比赛时，我仍然会惋惜道：“为什么没能用59杆？”假以时日，这种对完美的追求便在头脑里根深蒂固。“你看，这就是我的生活态度，我每天24小时都这样。为了我的朋友，我的家庭，以及所有支持我的人，我必须这样做。”

如果你的真实性格与你在球场上或镜头前表现出来的截然相

反，那么你就会刻意地留意别人对你的看法。但对我来说，球场内外都一样，所以不觉得这样做有多难。

像戴维·汤姆斯这样到达了事业巅峰，夺得过各类大奖，在所处的行业中常年排名前10，年收入长期处于领先地位的人，总是懂得在竞争中保持自己的独立意识。

也许一次“心不在焉”就能将你淘汰出局

尽管我们绝大多数人都不是精神分裂症患者，但我们的大脑中还是经常出现不同的声音。每种声音都代表了一部分人的人格或经历，如诚实、危机感、怜悯心、对强权的抵抗或顺从等。在不同的场合里，不同的声音会占上风并影响我们的行为。比如，某次老板用轻描淡写的口吻让我们去做一件简单的事，但由于他的腔调让我们回想起小学六年级时被老师训话的情景，我们在心里也开始像六年级时那样嘟囔着自己的不满情绪。尽管我们现在早已长大成人，但那个记恨老师的声音参与了头脑内的对话。

有些声音的音量总是比其他声音大，而另一些声音则生来就很安静，或者我们根本不会理会它们。通常，声音之间会互相合作，这样能使我们保持头脑冷静，大脑里的思绪转换也如同朋友间的对话一样井然有序。这时我们的观察力就会变得敏锐，注意力变得集中，全身都处于最佳状态。但有时候，对于大多数人而言，会出现某种不和谐的声音，试图压倒其他声音。这种情况就像兄弟姐妹之间在饭桌上发生的争执，它使我们分心，降低我们的效率，拖累工作进程，最后把母亲准备好的一桌子晚饭弄翻在地。心不在焉是普通人日常生活中很常见的现象。

心不在焉的原因可能在我们自身，也可能根本就没有特定的原因。有时，我们甚至无法注意到它的出现。让我们做一个测验来说明这个现象。注意，请按顺序读下去，不要跳到后面去偷看答案。

你能猜到2005年谷歌搜索频率最高的关键词是什么吗？

2005年是充满头条新闻的一年。那年，飓风卡特里娜席卷了整个墨西哥湾海岸，并最终吞没了新奥尔良，一场大海啸夺去了亚洲上百万人的生命，恐怖分子袭击了伦敦的地铁站，还有其他许多事情发生。其中许多都给我们留下了深刻的印象。但是这些都不是我们想要的答案。

给你一个提示：你还记得是哪两支队伍参加了2004年的美国国家橄榄球联赛超级杯决赛吗？那是超级杯历史上赛况最激烈、最激动人心的比赛之一，直到最后数秒，才由一个3分球分出胜负。你是否看过那场比赛？你还记得是哪支队伍最终获胜吗？

除非你是铁杆球迷，否则我猜你一时半会也回忆不起比赛的内容。但我打赌你一定记起了当时半场休息时发生的事。

2005年，谷歌搜索频率最高的关键词是“珍妮特·杰克逊”。到了2005年，这位明星在2004年1月份犯下的失误仍然停留在大家的记忆里。数年后，很少有人会记得比赛的胜负，但那场比赛里出现的新词“服装故障”（指珍妮特·杰克逊在那场比赛中场休息演唱时不慎走光。——译者注）仍然在世界范围内流传。上百位运动员在整个赛季里全心全意地投入比赛，最后在季末为观众们奉献出了两支顶级强队即新英格兰爱国者队（New England Patriots）与卡罗来纳黑豹队（Carolina Panthers）之间的激烈碰撞。超级杯历来是美国收视率最高的体育比赛，而且全世界的橄榄球爱好者也都在关注这场较量。可是，现在我们能记得的只有珍妮特·杰克逊那2秒钟的尴尬走光。珍妮特·杰克逊的小失误遮盖了这场伟大比赛应有的光芒（最终结果是，爱国者队倒数第四秒在距球门41码外得了一个3分球，以32∶29战胜了黑豹队）。为什么我们记住的是中场休息时的一次小意外，而不是两支球队全力奉献的整场精彩比赛呢？

你偷看答案了吗？让我们回到测验上，这与珍妮特·杰克逊无关。在刚刚读过戴维·汤姆斯在英国公开赛上的励志故事之后，你对我提出的不要直接偷看答案的要求有什么看法？在你继续往下读的时候，它的声音出现在你脑海里了吗？你是否因为我假设你可能偷看而感到不满？你的阅读习惯是否本来就很跳跃？对某部分内容失去兴趣了就漫不经心地跳到另外一个部分？或者你因此读得更加小心，确保自己逐字逐句地向下移，生怕不小心瞄到答案？人们对偷看这一类行为非常敏感。就算你很随意地叫某人不要偷看，也会立刻激起信任恐慌："那个人怎么看我？以为我会偷看？"听到那句话之后，这样的声音便在你的脑海里被激活。于是不知不觉间，你便已经心不在焉了。

珍妮特·杰克逊的服装故障让美国联邦通讯委员会（FCC）收到了大约50万份观众投诉，而FCC也因此向电视转播商开出了他们有史以来最大数额的罚单。不管你如何评判珍妮特·杰克逊的行为，无心之错也好，不合时宜也好，冒犯他人也好，你和其他人在酒吧或通过电子邮件、即时聊天、博客等媒介谈论这一话题所浪费的时间也许就相当于上千万美元的间接生产力损失。

任何个人行为都可能给公司造成巨大的损失，并影响到许多人的命运。宏观经营不当或许会导致公司业务下滑，甚至带来上百万美元的罚单、诉讼费以及业务损失。但我认为那些数以百万计的小事更需要引起我们的密切注意与防备，正如那句关于偷看的话一样，这些小事在每天的日常工作中都会发生，它们激起了我们的内部声音，最终可能把我们的意识从比赛中拖出来，导致我们被淘汰出局。

警惕微观失衡，宏观崩盘

比赛并不会因为你被淘汰出局而停止，没有你，比赛照样进行。如果你具有克拉茨·乔治的非凡激情与诚恳态度，也许你就可以发动起积极正面的人浪，带领人们取得进步并获得成功。但商业领域的珍妮特·杰克逊们只能引发消极负面的人浪，让人心不在焉，丧失目标。正面与负面的人浪都从我们的人际交流沟通中获得力量。方式上的一点小失误很可能对我们造成巨大伤害。

商业顾问史蒂芬·杨（Stephen Young）为这些小失误取了一个时髦的名字，叫做微观失衡（Microinequities）。会议中无礼的肢体语言，讨论问题时轻浮的语气，在不合时宜的场合开不合时宜的玩笑等，所有这些人际空间中不时浮现的小失误都可能为组织带来潜在的生产力流失。与同事谈话时查看短信，这是在浪费对方的时间，更是在贬低对方的价值；在台上有人做报告时看手表，则是在漠视演讲者的努力；你批复绩效总结时的措辞可能让那些表现稍差的下属受到鼓励，力争下次做到更好，但也可能让他们垂头丧气，准备递交辞呈。这一类的微观失衡给人际空间染上了恐惧与疑虑，进而在宏观范围上使我们心不在焉。**恐惧与疑虑会削弱自己与他人之间的信任感，让那些本应花在手头任务上或长远共同目标上的精力在内部斗争中虚耗。**心不在焉的个人或集体最后几乎都会面临失败。

上两个星期里你打开新邮件时，有多少次出现了以下反应？

- 这不是我们达成的一致意见。
- 这让我倒胃口。
- 为什么还把这转发给了老板？
- 你是故意惹我不高兴吗？
- 我被冒犯了。
- 我觉得这一点也不好笑。
- 为什么你总是往我的收件箱里塞这种东西？

你会把这样的邮件转发给他人吗？或者打电话给你的朋友或家人说："嗨，亲爱的，今天过得怎么样？我跟你说说我刚收到的一封邮件。"或者你会在下一次看到发件人的时候还想起那该死的邮件，然后不愿跟他打交道吗？这样的事情在我们的工作环境里每天都在上演，它让我们感觉糟糕，然后这些感觉会堆积起来，最后让我们付出代价。在商业领域，人为小失误引起的心不在焉会让每个人都失去注意力，然后影响大家的办事效率。在竞争激烈的全球化市场里，想要取得成功已经不容易，如果我们还不能集中精力的话，无疑会失去一切机会。

一封不合时宜的邮件，或是一个扰乱心神的电话，都会让人没法着手眼前的工作，而这类干扰随时都在发生。午餐时间某位员工对同事工作不谨慎的评判，说不定能在传播过程中升级为性骚扰指控，于是整个项目组和他们的经理便不得不从手上的事情暂时分出神来进行调查，而且同事之间轻快愉快的工作关系也会变得沉重而僵硬，严重降低生产效率。

有很多方法可以用来衡量心神干扰带来的损失，有些只是估计，比如我们可以轻松想象出服装故障事件后全国范围内的生产力损失，而有些则有严格的科学依据。研究显示，开车时使用移动电话的分神效果会严重影响驾驶能力，这种影响比酒后驾车更严重。有些实验对象甚至主动声称，喝得醉醺醺时的驾驶感觉比边打手机边开车要轻松得多。这一研究证明，在同时完成两个目标时，大脑需要费大量精力在专心状态与分神因素之间达到平衡。

在第5章里，我们提到了耶南药厂与UMHS在应对法律挑战时采取的不同手段。在法律纠纷中投入时间、金钱以及组织的整体注意力，这些都是被分神的表现。人们从事商业活动的目的是为了制造产品、提供服务、解决实际问题、提高整体效率，乃至推动人类进步。没人为了打官司而做生意。一位朋友给我讲过一个故事：

> 有个主管为了自己创业，放弃了原本向各大公司推销集团软件的高薪差事，同妻子和兄弟在洛杉矶某个住宅区里开了一家意式冷饮店，专售各种美味的特色冰激凌。他的店立刻取得了成功，营业额超过周围的店铺3倍。
>
> 但当我朋友问到他第一个月的销售成绩时，他回答说，几乎第一个月的所有收入都花到了跟邻居打官司上，因为隔壁面包店那位老板很敏感，老是纠缠于他们卖的一种夹了火腿和奶酪的小点心在技术上到底应该算是三明治还是糕饼，而这牵涉到他们是否违反了租用店面时签订的关于不得经营面包类产品的条款。

在宏观层面上，大型企业也面临着像这位冰激凌店主一样的困扰，即便是那些最琐碎的法律纠纷，也会花掉这些企业上百万的资金。更致命的是，它们还会对无数员工造成心神干扰，因此浪费掉不计其数的时间与生产力。

当心认知失调与犬儒主义毁掉公司

你为了买一个肉卷而走进一家面包店，柜台后边正对着的是三明治制作区，你能看见那里放了一把大大的面包刀。你点了肉卷，收银员为你包好，递到你手中。你问她是否可以帮你切成两半，再抹上黄油。对方带着甜甜的笑容，有礼貌地回答你："对不起，我们不提供肉卷切割服务。"你同样有礼貌地提醒她，在她的正后方就摆着一把面包刀，可以用来干这事。对方再一次拒绝了你的要求，并告诉你店里的规则是不许用切面包的刀来切肉卷。然后把塑料叉子和黄油递到你手里。对此你有何感想？

一家准备了面包刀且兼售三明治的面包店，找不到任何理由不帮顾客切肉卷。它的营业项目代表了一种价值——提供小麦烘制品服务，但它同时也制定了一条规则，明目张胆地与这种价值相冲突。也许这家店的经理会为这条看起来毫无用处的规则找个好理由，比如某位员工曾在切肉卷时不小心弄伤了自己，或者某位顾客可能会利用这把塑料材质的刀绑架人质，洗劫店铺，再或者这位经理对烘焙食品有特殊的艺术情怀，他认为肉卷只应该用手撕着吃而不该用刀切。但是，以上所有理由都无法改变现场发生的不和谐场面。于是，你的反应是：生气，或者感觉上了当，又或者觉得丢了面子。你也许会因此对着店员大吵大闹，要不然就一边低声抱怨，一边坐到角落里啃你的肉卷。这种反应被称作"失调"，更精确地说，应称作认知失调（Cognitive Dissonance）。当你的意识接触到与现有知识明显冲突的新观念时，这类失调就会出现。

尽管这个面包店的故事听起来很傻，但它的确是我一位同事的亲身经历，而它也很形象地阐明了认知失调对人的思考方式带来的影响。尽管我们都不希望面对这样的场景，可有时我们无法避免地会遭遇一些讯息，我们的意识与这些讯息之间的冲突会制造出紧张气氛，并使我们产生情绪化的对抗。我们头脑里的声音在发狂，这并不仅仅是一种心理学效应，它实质性地改变了大脑突触的作用方式。研究表明，当遇到类似情况时，大脑中主管理性思考的区域（通常负责有效决策和声音分辨等功能）会罢工，而主管情绪性思维的区域则会变得活跃。认知失调会实质性地损害我们清晰思考、理性行动，以及明智决策的能力。

商业领域里总是充满相互抵触的讯息。无视这些讯息引起的认知失调，会给我们带来严重的负面影响。有多少管理者碰到过以下经历：

他们一边饶有兴趣地鼓励下属们做有建设性的报告，一边连续

3次打断对方去接听电话，甚至其中一个电话还是某位高尔夫球友打来的。对下属来说，这会是怎样的感受？

如果你坐在貌似有安全感的上司办公室里，相信自己深思熟虑过的报告会得到上司的青睐，但上司却不断发出相抵触的信号，你是否会因此思维脱节、语言踌躇，甚至干脆就此打住，下次你又有新点子时，是否还会再拿出来分享？

有多少家公司在空谈信任与员工自主时，却要求手下凭老板亲笔签名才能报账或者添购必需的物品？

当你为了报销10美元的公餐而不得不先填一张表格，再找老板签字，最后还要经过财务部门审核时，你会有什么感受？你会不会因此满腹牢骚、消极怠工，甚至开始愤恨把你逼向极端的公司制度？你是否会因此想方设法补偿你经历过的麻烦，比如说钻空子报销一两张私人用途的发票？

如果有家商店，在你购物时，他们堆满微笑，结账时也只需你潇洒地刷一刷信用卡，但当你要退货时，却不得不先排10分钟长队，再填一堆表格，还要交出个人资料，最后再经过他们主管批准后才能成功。你会对他们有什么印象？还会觉得他们的笑容和蔼可亲吗？这样的经历是否对你下次选择购物目的地构成影响？

在上面所有的例子中，管理层传递给基层员工的信息都明显失调："你为公司赚钱时，我们信任你，你要公司掏腰包时就不是这么回事了。"也许管理层会解释说，组织比个人更需要高层次的账务审查制度，以应付潜在的贪污挪用的风险。

但我们也知道，信任唤起信任。那些真正受到信任的员工反而更不容易背叛这种信任，因为他们知道自己是努力工作的直接受益人。但那些感到自己受到管理层怀疑或轻视的员工则倾向于选择一些狡猾的方式报复公司，比如在报账单上做手脚，甚至私吞营业收入，他们要为自己背负的不公正的压力寻求补偿。

失调的反义词是和谐（Consonance），一种事物融洽相处的状态。**和谐的讯息会激励那些志同道合的人为了共同的目标更紧密地团结在一起，这样**

就会制造出更强壮的突触和更有影响力的人浪。从长远利益上看，与报账手续繁多，暗示员工你谁也不信任的公司相比，那些在员工申请报销时发出信任信号的公司会得到更大的收益。

另外，公司还可以使用随机抽样的手段来复查报销凭证，然后对背叛信任那一小撮人作出更严厉的惩罚，当人们受到毫无意义的失调讯息的影响时，就像在那家拒绝切肉卷的面包店里一样，他们便会感觉跟发送这些失调讯息的人断绝了联系渠道，然后在精神上或行动上按照自己的喜好胡来。他们要么对你的人浪抱着怀疑观望的态度，要么毫无激情地、慢手慢脚地跟风，要么干脆彻底离开体育馆。

而更严重的还是认知失调对人们学习与接受新信息能力带来的消极影响。法国心理学家让·皮亚杰（Jean Piaget）为这种能力取了一个专门的名字“顺化”（Accommodation）——调和旧有知识体系以容纳新信息，而这一能力比“同化”（Assimilation）——全盘接受新信息更加难得。换句话说，如果要求某人学习与以往知识直接抵触的全新信息，特别是当他们对已有知识深信不疑时，他们会倾向于抵制这些新信息。进一步的研究结果更加让人吃惊：人们的大脑不仅会抛弃那些令人失调的讯息，并且在这一过程中还会产生欢愉感，它会奖励我们抛弃失调讯息的行为。

埃默里大学心理学教授德鲁·威斯顿（Drew Westen）为我们展示了这一现象的原理。他把一群来自对立政党的实验对象分为两组，分别戴上脑部扫描仪，然后让他们找出一系列双方党派总统候选人公开发言中的负面信息。

两组实验对象都很快地找出候选人发言里前后矛盾或是虚伪的地方，但被挑出毛病的候选人总是来自对立阵营。当威斯顿向两组实验对象展示他们所支持的候选人的不利信息时，仪器显示，他们脑部主管理性思维的部位罢了工，而主管强烈情绪反应的部位开始活跃。这些大脑组织的极端情绪化反应使实验对象可以轻易地拒绝接受他们认为失调的讯息。然后，戏剧化的一幕发生了：他们的大脑分泌出了内啡肽，随后陷入了一连串的温暖与幸福感中。也就是说，实验对象因为成功抵御失调讯息，维持自身信仰而奖励了自己。

在互联网时代，商业经营的节奏变得越来越快，而市场大环境也催生了一种机制，鼓励那些最有能力接受新形势的企业和他们的员工队伍。然而某些公司的员工却受够了公司内相互抵触的讯息，捉摸不定的企业章程，以及自相矛盾的行事方针。尽管这些公司也热切地期望自己的手下能敏锐地把握和接受环境转变，却发现员工早已被禁锢在原地，拒绝接受任何变化。直到事情完全失控，你才意识到一个卡夫卡式的恐怖事实——公司变成了不会切肉卷的面包店。

关于认知失调的其他研究显示，学习新事物的过程越困难、越令人不快、越让人自卑，人们就越不容易抛弃那些没用、无意义、无价值的旧有观念，因为越是在这种情况下，接受新事物的过程就越让他们产生一种曾经被愚弄的感觉。所以，不管你花了多长时间用多大的嗓门对她解释，那位面包店的收银员都只会带着甜美而真诚的微笑向你重复店里的规则是不得用面包刀切肉卷。因为要她承认你的逻辑、承认规则的荒唐，就等于要她承认自己是个蠢货，她当然会发自内心地抵制这种说法。

尽管企业总是迫切希望员工能在竞争中脱颖而出，却多半没为员工们创造一个可以如此发展的便利空间。塞洛塔调查公司（Sirota Survey Intelligence）曾对《财富》全球 1 000 强企业的 120 万名员工做了为期 3 年的调查，结果表明：尽管大多数员工在刚入职时表现出饱满的工作热情，但半年内，85% 的员工会的热情会大幅下降，并且在之后的数年内持续这一趋势。塞洛塔调查公司认为，造成这一结果的罪魁祸首是公司管理层，因为他们没有满足大多数入职者希望从工作中得到满足的 3 大目标：

- **公平**（Equity）：受到尊重，并在工资、福利和工作稳定性等方面有平等的待遇；
- **成就感**（Achievement）：为自己从事的事业、取得的成就和效力的公司感到骄傲；
- **同事之间的关爱**（Camaradrie）：与其他员工建立健康的、有创造力的相互关系。

这些统计数据也映射出失调的最终后果——犬儒主义（Cynicism）蔓延。**如果一家公司背叛了信任，辜负了自己承载的价值，新员工们的满腔热情就会很快被吞噬一空，直到剩下犬儒主义者的枯骨。**犬儒主义者相信，人类行为的动机是纯粹的自身利益，而非其他更崇高、更无私的原因。他们在自己与外界之间建立了一层怀疑的空间，一道永远无法填满的变数带，并且习惯性地质问一切行为的意义。虽然对事物抱有疑问并不一定是坏事（在某些情况下，怀疑主义正是一种健康的处事态度），但如果提出质疑的起因并非诚恳的思考，而是出于无意识的习惯，出于条件反射，那么你将永远无法贴近真实世界中不断出现的新兴事件。

犬儒主义者不仅对人们互相交流的方式造成无形的伤害，它还会直接损害公司的效益。研究表明,那些高度怀疑主义的员工更容易对公司提出投诉，更不容易投入到工作之中，同时也更难接受有效管理会带来有效业绩的观点。这一点对那些奉行胡萝卜加大棒式管理模式的公司影响更大。当胡萝卜的诱惑力完全消逝之后，大棒便成为管理层保持企业前进的唯一手段。犬儒主义者消耗员工激情的程度就如同运动型汽车消耗汽油一样猛烈。你不可能在坐满犬儒主义者的体育馆里掀起人浪。

不管你的言语如何坦率而有激情，也不管你的动机多么真诚，犬儒主义者都只会把自己的双手紧紧地压在身体下边，把你帮助主队获胜的热忱当做赤裸裸的自我夸大。就算你用尽浑身解数去说服他们，直到声嘶力竭，犬儒主义者的腐蚀剂都会让你最终颓然承认失败。“犬儒主义者会毁掉整个公司”。俄亥俄州立大学哥伦布校区的管理学教授约翰·瓦勒斯（John Wanous）如此总结道。他在对 1 000 多名公司员工做了长达 3 年的研究后得出结论：“犬儒主义者会四处传染，并且遮蔽员工的双眼，让他们看不到公司与工作的前景。”

掌握应对认知失调的策略

你不一定要被动地成为认知失调的牺牲品，你可以掌握一些新的思维方式。这些方式使你能预先看到失调的到来，并帮你找出策略，有意识地降低它对你意识的冲击。第一步显然是认识到认知失调对意识与情绪的影响，这一点我们已经清楚；第二步则是干预我们的情绪反应，然后通过下面数种方案之一来解决信息冲突问题。

最常用的方案是主动改变旧有观念。例如，你以前觉得供货商总是不值得信任，应该对他们时刻严加提防。突然，你意识到有一部分供货商最近开始主动帮你找出订单错误，不但不利用这些错误牟利，反而把错误告诉你，让你及时更正。这时，为了减少你对形势的错误判断造成的尴尬，你可以选择用新的视角去看待供销合同里的监管条款。这样，你便可以把消极情绪变为得到了改善的决策手段。

另一种手段是大力支持新观念，让它在与旧有观念搏斗时占据更有利的位置。有一个实验详细阐释了这一方案：

研究员们首先给实验对象讲了一个带大男子主义色彩的笑话，当所有人都被逗得大笑之后，再为他们指出笑话的性别歧视论本质。紧接着，研究员让实验对象完成一套测试，以便衡量他们对待女权主义的态度。他们对另外一组实验对象也做了同样的测试，但没有向他们提起那个大男子主义笑话及其中包含的性别歧视论观点。

通过对比两组实验结果可以发现，听过笑话的那组实验对象更倾向于选择那些同情女性、体现两性平等的答案。由于提前刻意强调过新观念，实验目标便更容易在旧有的大男子主义的信仰与新出现的两性平等观念之间找到平衡点。

当我们取得成就的愿望强烈到某种程度时，你就会想办法把那些阻挡你行动的观念边缘化。为了克服对高度的恐惧，攀岩爱好者总是把自己的恐惧感贬得一文不值，当他们最后到达顶点之后，之前那些让人产生消极情绪的失调讯息便会烟消云散。

当你深信不疑的旧有观念受到新信息挑战时，你便不禁表现出强烈的情绪化反应，但是情绪化反应本身就可以被利用来消除认知失调带来的意识紊乱。主动谈论自己的情绪，有助于它们回复正常，减少情绪波动带来的心不在焉现象。最后，如果你能意识到是哪些观念引起了失调反应，有时候你就能直接绕开它们，这不失为一种让自己在竞争中脱颖而出的有效策略。

所有这些针对认知失调的应对技巧都可能有助于提高理性决策和理性学习的能力，帮助你主动降低失调带来的内部影响。

消除企业中的摩擦内耗

想象有这么一位充满活力、事业成功的年轻职员，她有名牌大学的

MBA文凭，前途一片光明，而她的上司却一直没为她提供升职的机会。有一天，上司给她发了一封看似单纯的电子邮件，邮件上提到一个其他公司的工作机会，并询问她道："我听说这是个不错的机会，你认识对这个岗位感兴趣的朋友吗？"可疑的是，这个职位仿佛就是为她量身打造的一般。在大学MBA课程里你也许会学到，当上级感到自己受到某颗年轻新星的威胁时，他经常会间接除掉这个威胁来自保，而介绍其他公司的工作机会正是一种可行的消除威胁的手段。这封电子邮件虽然看上去目的单纯，但实际上可能就是这位上司试图除掉竞争对手的隐秘尝试呢？

尽管职员意识到了这一点，她仍旧没办法把这封邮件中提到的工作机会从脑海里驱赶出去。她无法专注于竞争，切实影响了她的效率。她举棋不定，忍不住把邮件转发给其他人征询意见。她与朋友们谈论这份美差，并怀疑自己能否有绝对的把握得到它……所有这些举动都属于典型的心不在焉，同时产生的认知失调也对她造成了负面的影响。于是，她不再对当前的处境抱有信心，每一天都充满了不安与紧张。她转而质疑自己当初的选择，却又不得不花更多的时间去做新的选择，这一切都使她丧失了当初成为公司耀眼明星的那种敏捷性。

最终，情绪的波动使她无法再轻松自由地跟上司相处，他们之间的关系开始僵化。接着，项目组的其他成员也留意到了这个变化，过去那个运转流畅的小团体开始出现裂痕。然而，上司并没有选择用信任与支持去弥补这道人际突触的伤痕，反而把下属淹没在更繁重的业务压力中。突触间的信赖完全被疑虑所取代，小组成员间的联系也开始停滞，小组的氛围变得紧张，组员们互相猜忌，工作热情也随之减退。当人们感到自己被冲撞、被冒犯时，摩擦就会出现，然后让更多的人卷进去，雪球越滚越大，最后人际的突触完全被矛盾与争吵所隔断。

很难确定到底谁是这场政治花招式闹剧里最大的受害者，到底是那位丧失工作效率的职员，还是为了自身地位稳定而不惜牺牲整个小组向心力的上司？也许那封电子邮件本身并没有特殊意义，如果上司最初找到更直接透明的方式与职员沟通，后面整个恶性循环都可以避免。不管怎么说，上述例子似乎都可以说明摩擦内耗的破坏力有多大。**在这个高度透明的世界里，你为人处事的结果与过程都受到了同样程度的外部关注，自己与同事之间的人际**

突触显得尤为重要，因为只有靠这些突触，才能发起推动我们进步的人浪。当心不在焉、认知失调以及犬儒主义席卷我们的意识、干扰我们的行动时，我们的人际空间便受到了污染。这正是内耗的来源。

在静力学理论里，摩擦力是相接触的物体反向运动时产生的相互间力。在商业领域里，当心不在焉与认知失调攻陷了我们每天共事的空间时，摩擦便会出现。力学定律告诉我们，摩擦会降低功效，浪费系统总功，并制造出无用的副产物——热量：消散在空气中的废弃能量。过多的热量使人感到不适，得耗费更多能量（比如使用空调）让气温降下来。我们不必太多地引申这个比喻便足以得知，当人们感到热不可耐（暗指怒气冲天）时，生产力会受到何种影响。我们同样知道，想使过热的工作环境重新冷静舒适，需要耗费多少额外的管理能量。

心不在焉、认知失调以及内耗都可以单独在公司内部蔓延，但它们却经常串通起来，就像在上面的例子里一样，将公司拖入毁灭的无尽旋涡。或大或小的心不在焉带来强烈的认知失调冲击，进而引发公开的公司内耗。如果事情进一步恶化，摩擦产生的热量最终会引起自燃。突然间，你不得不放下手里的工作，因为本来为同一目标而奋斗的团队已变为一盘散沙。

真正做到“内和谐，外成功”

纸上谈兵是一回事，要在日常生活中真正做到减少分神、解决失调、避免内耗或者消灭犬儒主义又是另外一回事，这就是我借用戴维·汤姆斯的采访记录开始本章内容的用意所在。在他所从事的职业里，汤姆斯克服了所有曾经可能拖他下马的干扰，骄傲地矗立于顶峰 A。他与头脑中的声音角力，并战胜了处于低谷状态时出现的摩擦热能。但在更高的层次上，他意识到了可能影响他长远目标的潜在危机。如果不选择主动制止这次危机对他微意识机制可能产生的一切负面冲击，他就会被它们征服。

是什么指导他的行动？首先，他懂得规则与规则制定者只是行为的基础，而非顶点。如果汤姆斯希望继续参加比赛，圣安德鲁斯皇家古典俱乐部的裁判们——那些制定了延续数百年规则的裁判们，会同意他继续比赛，因为根据规则，他并没做错什么。但汤姆斯得到一位更聪明、更理解自己的裁判的暗示，对方也清楚规则的局限性，所以汤姆斯知道自己不应该继续比赛。汤姆斯了解规则，了解那些“可以”与“不可以”，在这些条款适用的范围内，他总是尊重它们，但真正与他同在的是“应该”。汤姆斯的价值观——诚实、诚恳、对他人的责任感与号召力超越了规则。仅靠规则是无法触碰到高尔夫球运动精神的，但汤姆斯热爱这一运动，也热爱他自己在这项运动中追求更高目标的过程。正是这样的价值观使汤姆斯最终完成了这一过程。

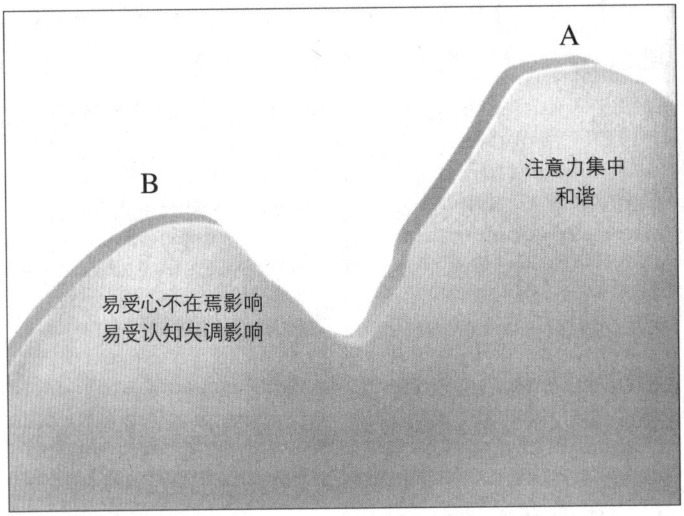

图 2-5　从“认知失调”到“认知和谐”

同样让我感到震撼的是，尽管高尔夫球是一项个人运动，汤姆斯并没有把个人成功与他所处的大环境分离开来。他不仅认为他的成功跟自身利益有联系，还认为它与家人、竞争对手甚至某位还在学习过程中的年轻球员有联系。汤姆斯清楚，在这个透明化的世界里，你所做的一切都是你的行为记录，并伴随你的职业生涯。汤姆斯好像天生就明白职业生涯与私人生活不可分割，在两种生活中保持不一样的心态将最终导致认知失调，而他坚信在比赛中发挥关键作用的内心平和状态其实正是认知和谐的表现。认知失调引发的内心焦虑总能被他人觉察到，因为信息的自由流动使你无法完全遮掩。汤姆斯为外界树立了一个内在和谐带来外在成功的好例子。

归根结底，汤姆斯追求的是一些超越成功、超越巡回赛冠军的东西。他每天都忙于用诚实、信任与认知和谐来填补他与他个人体育馆里的所有其他人之间的突触，以便让他的形象在所有关注他并受他影响的人心目中变得有意义，正是这种对自身意义的孜孜追求引导着他的人生。

每天我们都不止一次地作出像戴维·汤姆斯那样的选择。要想取得长远的、可持续的成功，我们也要像他一样，善于处理认知失调带来的消极影响，保持我们人际突触的顺畅。规则的执行者并不会一直注视着你，甚至有时候规则本身根本派不上用场。有时，我们或许可以征求顾问和导师的意见，这些人的确可以提供指导。但是，正如戴维·汤姆斯那样，我们始终无法避免夜深人静时独自躺在面对床上心中困惑的时候。这时，只有我们自己能为自己选择正确的旅程方向，保持头脑不受内部杂音的干扰，达到认知和谐。我们需要的指导不是一时的权宜之策（我现在可以做些什么），而是某种更深层次的自我认识（我相信什么），这种深层次认识的来源是核心价值观，是人际沟通，是自己对长期成就的不懈追求。

超越成功，超越自我，这通常意味着在竞争中正确处理自己的行事方式，也意味着与他人之间发展坚韧而顺畅的人际突触。当前世界的新格局要求我们与他人保持紧密的沟通联系，而要做到这一点，我们首先得和自己建立起紧密的沟通联系。

第三部分

三维合一的行为方式
开拓未来管理新领域

房利美因为财政违规而面临高达4亿美元的巨额罚款，透明化暴露“企业性格”？

杨百翰大学的一项调查显示：最不受信任的买方所支出的成本比最受信任的买方高出6倍，这个数据，可让你心惊动魄？

一次握手，一句“好运”，就完成了一桩价值20多万美元的钻石交易，买卖双方使用的真正货币是什么？

在透明化面前，企业只有展现其最真实的“性格”，释放其最本真的信任，才能激发人浪，唤起他人的信任与合作，最终赢得坚不可摧的声誉。

强化人际突触，避免人浪中断

我在法学院读书时结交的朋友戴维·埃伦（David Ellen）现在是有线电视公司（Cablevision Systems Corporation，CVC，通信和娱乐媒体领域的龙头企业之一）的资深副总裁以及有线电视、电信和编程方面的总顾问。2005 年的一天，戴维跟我就 LRN 公司的业务范围进行过一次谈话。随后，我亲自准备了一份 CVC 公司经营改善方案送给戴维，并在方案里附上我们公司一位专门负责戴维·埃伦所在区域的业务代表的名片。2006 年年中，CVC 新聘请了一名资深副总裁亚当·罗斯曼（Adam Rosman）负责组建一个新的协调部门来协调公司事务。在熟悉公司业务的过程中，亚当找到了戴维。"戴维对公司整体情况给出了很多实用性建议，"亚当在后来我们 3 人的聚会中如此评价，"他对自己与多弗的关系很坦白。"在这次见面中，戴维把我们 LRN 公司的业务范围告诉了亚当，并把我一年前准备的那份建议方案送给了他。

鉴于戴维的建议，亚当随后主动给我打了电话，还给我的一位临时助手留了口信，但由于某些原因，我没收到那条信息。"我没有得到任何答复，这家公司给我留下了很糟的印象。"事后亚当说，能从他的话里听出他觉得事情有些蹊跷。但不管怎样，我之前的那份建议方案给他留下了深刻的印象，而且戴维还特意推荐了我们，所以他决定多给我们一次机会，然后联系了我在方案里留下名片的那位业务代表。"我一般不会这么做的，"亚当说，"要不是戴维的推荐，我想我不会打第二个电话"。很多人想接 CVC 的业务，所以亚当已经习惯了每个电话都收到回音。

第二次他又没收到回音。在我把方案交给戴维不久后，名片上那位业务代表便离开了公司。由于技术上的小故障，他的语音信箱一直没被关闭，也不能将留言自动转发出去（技术既能连接我们也能阻隔我们的又一个例子）。

几个月后，戴维碰到亚当，问到他与我之间的合作进行得怎么样。让戴维感到吃惊的是，亚当告诉戴维，尽管他已经三番两次地留下信息，但我始终没给他答复，他显然感到很意外："这简直难以置信！"戴维告诉亚当："这完全不是多弗的风格，一定是出了什么意外，多弗不是那样的人，你也许应该再给他们一次机会。"戴维的反应让亚当印象深刻。几周后，他在一次会议中遇见了我在LRN的一位同事克里斯·卡其纳（Chris Kartchner）。由于听过了戴维的那番话，亚当走到克里斯面前，把这件事告诉他。亚当事后回忆说："他很不好意思。几天后，他又找到我，解释说那封没有回信的语音邮件还在闲置邮箱里。他用很好的方式处理了我的一个小小的抱怨。"

得知这件事后，我立刻打电话给戴维向他表示歉意。亚当已经彻底把LRN从合作名单中抹掉了，因为他没有得到应有的答复，我不怪他。一家专门协助其他企业建立正确行为方式的公司并没有用正确的行为方式给他足够的重视与尊敬，这一定让他感到很诧异。尽管我与戴维最初的谈话成功地发起了一股人浪，但亚当第一次没有收到回音时，人浪就中断了。我们的方式出了错。

正常情况下，这次合作机会可能到这里就会终止，但在这个与平常别无两样的小范围交流中，其他一些有力的因素起了作用。

首先是我多年以来在戴维心目中建立起的信任与声誉，他知道我总是把正确的行事方式放在首位，声誉给了我们第二次机会。"你通常不会给合作伙伴带来这类遗憾的，"戴维说，"一般情况下，你总会很快回复，然后进入状态。但太多公司想接CVC的业务了，我们很少浪费时间等待那些迟到的回音"。

第二个因素是戴维的方式给亚当留下的印象。他最初把我们公司推荐给亚当的时候，并没有讳言与我的私人关系。同样起到很大作用的是他得知亚当和我们接触失败时的强烈反应。亚当可以感觉到，戴维坚信CVC可以进一步了解LRN。第三个因素是亚当在坚持不懈地寻找一家真正可以帮助CVC的咨询公司。

当亚当在会上碰到克里斯时，克里斯处理问题的方式给他留下了深刻印象。他搞清楚了事件中的误会，明白了我们并不是那种没有品行标准的公司，克里斯为我们修补了遭到损害的声誉。在接下来的几个月里，CVC十分诚恳地考虑了我们提交的营销方案。尽管最后他们还是选择了我们的竞争对手，因为他们觉得那家公司更适合他们当时的需求。但我相信，我们已经建立起牢固的互信关系，在将来形势需要时，我们的合作有可能继续。

所有的错误都源于这个相互联系高度紧密的世界里发生的一次小失误、一个小技术故障。**在这个期望确认因素即时化的世界里，这样一次小失误可能会给公司业务带来惊人的损失。**想要在今天的商业领域里迅速发展，就必须强化与延伸人际突触：从我到戴维，戴维到亚当，亚当再回到戴维，最后到克里斯，这就是我们每天都必须制造的人浪。之所以人浪在经历了“服装故障”之后仍然得以幸存，是因为我们的突触里有一些强有力的因素在为它保驾护航。

人们相互理解的思维框架源于我们的个人意识，源于我们大脑联系活跃的神经元间突触的过程，源于我们看待事物与相互交流的方式，也源于我们借以组织思维的语言。在方式力量的启蒙下，我们开始认识这个世界里的各种人际沟通，以及这些联系是如何对人们产生强有力的、有创造力的正面影响的。

在这一部分里，我们将检视行为的方式——如何在这个透明、互信与声誉至上的世界里展示自己的行动力。

第7章

透明：制造和保持人浪的强大力量

> 阳光是最好的消毒剂。（路易斯·布兰迪斯，最高法院大法官）

多年来，自行车爱好者们都认为可利泰公司 [Kryptonite，如今的英格索兰公司（Ingesroll-Rand）的一个部门] 生产的自行车锁具代表了行业的最高标准。2001 年，他们的 NY3000 型锁具被《骑车》（*Bicycling*）杂志评选为年度编辑推荐奖，并获得了如下评价："生产这种 U 形锁的企业一直致力于提高防窃技术标准。如果你想让自己引以为豪的爱车在停放时毫无牵挂，这种锁就是你的最佳选择。"可利泰公司甚至自信地为他们的 U 形锁想出了这样的宣传词："严峻世界里的严密防线"。然而，2004 年，克里斯·布伦南（Chris Brennen）出现了。

布伦南，一位 25 岁的自行车爱好者，总是固定地在一个自行车爱好者的小型论坛上活动。2004 年的 9 月 12 日，他在这个论坛里发布了一个简短的帖子，提醒网友，任何人都能靠一支 10 厘米长的原子笔在几秒钟内捅开可利泰公司著名的 U 形锁。布伦南发帖后不到 14 个小时，另外一名网友发布了一个视频短片，演示如何利用布伦南的方法对付可利泰公司的这种明星产品。这件事在网上炸开了锅。几小时之内，可利泰的产品缺陷便传遍了全球。两天之内，原帖点击量已超过 11 万，视频下载量突破了 40 万。早在危机刚出现时，热心的网友便主动联系了可利泰公司的公关经理，向他们提出警告。常年的信誉已经为可利泰公司建立起惊人的客户忠诚度，这些忠诚的消费者想要帮助可利泰公司，在窃贼从危机中牟利前把事情解决掉。

但可利泰公司做了什么呢？几乎什么也没做。他们觉得这不过是一小撮网民的小打小闹而已。殊不知这些内容在论坛间疯狂地转帖，私人博客也大声地向整个世界宣传可利泰公司的失败作品。一星期后，网页点击量飙升至34万，而视频下载量超过了300万。事情越来越糟，直到《纽约时报》《波士顿环球报》和联合通讯社等媒体参与进来，瞬间把一个本可在内部处理的尴尬事件变成对可利泰公司声誉的沉重打击，可利泰公司因此损失了上千万美元。当事发后的第10天可利泰公司终于作出明确答复时，这一事件作为第一起互联网引发的大规模企业公共关系事故而被记入历史。可利泰公司的品牌承诺和多年来的苦心经营化为泡影。

尤缇卡学院公共关系学教授帕特里夏·斯旺（Patricia Swann）详细研究了这种被称为事件传染（Issue Contagion）的现象，并借用可利泰公司的失败案例发表了一篇论文。“可利泰公司拒绝回应的态度反而促使自行车爱好者更疯狂地投入到讨论当中，因为他们担心如果没有足够多的人大呼不满，可利泰公司会继续忽视他们的声音。”斯旺这么总结道：“互联网的出现完全改变了游戏规则。以前发生类似事件时，你总有一点缓冲时间，至少24个小时，可以商量出一个稳妥的回应方案。但是现在，事件传播的速度比野火燎原还要快，你对此再也没有控制权。”

20世纪的大众传媒模式是一种自上而下的推论式模式。信息通过集中的渠道流动，并很容易在流动过程中被损害或利用。正如斯旺所说，那时你有足够的时间操控事件。这种垂直的信息结构上有各种强权机构、强权社会以及强权人物层层把关。但现在的情况完全不同了，正如《纽约时报杂志》（*New York Times Magazine*）的凯文·凯利（Kevin Kelly）在2006年5月的一篇报道中精彩地写到的一样：

从远古时代的苏美尔泥板直到今天，人类一共“发布”了至少3 200万本书籍、75 000万篇文章、250万首歌曲、5亿张图画、50万部电影、300万部电视剧与短片，以及千亿个公共网页……当一切都被数字化之后，它们可以被压缩到（按照当前的技术水平）50张1PB（PetaByte，计算机储存容量的计算单位。1 PB=1024 TB=1024*1024 GB。——译者注）大小的硬盘上。

现在，你需要大约相当于一座小镇图书馆的空间来放置 50PB 的存储介质，但在将来，这可能和你的 iPod 差不多大小。

知识就是力量。从 17 世纪弗朗西斯·培根第一次把它说出口至今，没有人对这句古老格言置疑过。当知识还可控时，那些控制它的人得到了权力和地位。但现在信息再也不受人摆布了，权力的重心从它的控制者分流到那些共享它的人，我们必须接受并利用这一现实。

我们已经讨论过 20 世纪的传统商业模式是如何加紧完成自身转型，以便在互联互通的新时代里发挥出新的力量与效率，继续盈利的。现在来自更多地域和更复杂文化背景的人才可以更自由地协作，并不断迸发出创新的光芒。如今，机构内部的高层与低层之间再也没有过去那种森严的结构差异，越来越多的商业关系开始平行化，越来越多的组织间合作也开始平等化。在当今网络式的协作框架中，我们在过去那种传统的竖井式阶层模式中养成的习惯与技巧显得不再重要了。沉默而强势的领导、阿谀奉承的下属、硬性推销的销售代表，这些角色都正在快速蜕变为过去那个世界的遗留产物。你再也不能仅凭自己是体育馆里官衔最大的人就能制造出人浪。现在你需要一套完善的技巧和技能来建立起强壮而广泛的人际突触，并靠这些突触在平行的人际网络中与他人沟通，最终搭建起你们共同的观念与理想。

当世界的架构演变成一种自下而上、相互平等的模型时，人们便能以个体为单位，为观念的自由流动作出更大的贡献，世界变得更开放、更透明了。**信息时代的社会是一个对话型的社会，以拥有共同利益的各方之间的信息共享为基础**。信息门槛的平民化使更多人能基于信息情报采取行动：这就是可利泰公司从失败中得到的教训。他们最终可能通过召回产品和更改设计等方法弥补声誉的损失，但在此之前，他们已知道，如今想要隐瞒事实真相已经越来越困难。我们所做的每一件事，都能轻易地被证实或造假，并且花费也越来越廉价。可利泰公司低估了事态的严重性，反应迟缓，所以引发了这次大规模的公关丑闻。而成千上万同样性质的失误正在日常商业经营中以更小规模上演着：

推销员甲在芝加哥向潜在客户讲述了一个版本的故事，而推销员乙在凤凰城却告诉其他客户另外一个版本，他们相信两个版本的故事永远也不可能撞车；

你向上司编造了一套出差报销申请，但却忘了现在她可以轻易地从刷卡记录中看出破绽；

某位求职者虚构了一份学历，但现在只需花 10 美元作一次背景调查便能戳破这个谎言。

透明化的世界允许人们抛弃主流媒体，直击信息核心，从基础层面改变了人类公共的（以及私人的）行为模式，这就要求我们掌握一套全新的行为方式才能取得成功。要了解这些改变的实质，我们首先要考虑两种形式的透明：技术透明（Technological Transparency）与人际透明（Interpersonal Transparency）。

技术透明指的是当前世界不断网络化的状态，是一种从外而内影响我们的透明，正是由于这种透明化倾向，才出现了类似可利泰公司这样的受害者；

人际透明源于人类行为模式的演变，一种仍在持续发生的动作，我们正在变得透明。这类透明化倾向于主动地、自发地在我们每天与他人交流的方式中涌现出来。

两类透明形成了和睦的共生关系，并互相支持。

现在，摆在我们这些想要在透明化时代中取得成功的人面前的问题是：我们如何才能克服对自我暴露的恐惧，并将这种新现实转化为新能力和新行为？我们如何才能在透明度面前变得更主动？

摸准公司“性格”

我曾经留意过 CNN 直播的斯科特·彼得森（Scott Peterson）弑妻案的审理过程，这是近几年来最受大众关注的名人案件之一，最终法官作出了死刑的判决。后来我碰巧采访审理此案的一位陪审员，当我问到他们是如何达成最终决议时，陪审员说，彼得森的情妇安伯·弗赖伊（Amber Frye）提供的证词里那些艳俗的婚外情描写并没有使陪审团相信他一定谋害了自己的妻子和未出世的孩子，但却足以让陪审团作出死刑裁决，因为这份证词充分地暴露了彼得森的性格与企图。这番言论让我大为吃惊。因为按法律术语来说，这篇证词只能表明彼得森的“恶意预谋”，但没想到这个无法界定的主观概念居然成了陪审团定罪的主要参考标准。当陪审团主席史蒂夫·卡尔多斯被问到如果彼得森提前认罪的话，是否可以避免受到如此严重的惩罚时，他的回答令人难以忘却：“你知道，按照彼得森过去的所作所为和他表现出的诚信等级，如果他承认罪行的话，说不定事情还会更糟。我不认为当时我们会相信他，哪怕他真的老实了这一回。”

这使我想起了一起备受媒体关注的诉讼。在社会名人玛莎·斯图尔特证券欺诈与妨害司法公正案中，法官米丽娅姆·戈德曼·锡达鲍姆主要根据她之前对法官撒谎后表现出的悔过态度作出了判决，而她在这段时间里通过各种社交活动产生的影响力并没能改变判决结果。在另外一个案例里，由于旅馆老板利昂娜·赫尔姆斯利在法庭上表现出不合作态度，以及那句著名的口头禅“只有无名小辈才付国税”，完全不把法律放在眼里，让她最终被判了重刑。人性难以捉摸，但我们每天都在不停地捉摸它，不管是弄清他人兴趣爱好这样的小事情，还是审判他人命运的严肃场合。这种长期以来养成的习惯深刻地定位了每一个人的价值。评判结果，无论无足轻重还是事关重大，都无法改变我们的评判标准。无论评判结果是将一个人处以极刑，还是丢给街边乞丐一枚硬币，在所有这些场合里，人性的这种个人价值的软标准都极大地影响着我们对待他人的方式。

从“企业性格”看房利美丑闻

2006年，当公共房贷商房利美公司因为财政违规而面临高达4亿美元的巨额罚款时，我从大众媒体措辞的变化看到了世界的改变。比如路透社在报道中提到之所以罚款数额如此巨大，是因为房利美公司“傲慢而不道德的”企业文化驱使员工参与不当谋利。后来他们还提到“房利美的错误不止是违反账务和公司组织法规，还包括长期从事高风险经营却缺乏应有的风险管理机制”。

另外，联邦住房企业监督办公室主任詹姆斯·洛克哈特三世在参加PBS的专题节目《新闻时间》（*News Hour*）时也明确指出：“整个公司的文化都需要整顿，我们现在要求的是能从头到脚地看清楚这家公司。”让我吃惊的是，如果换在3年前，洛克哈特这样的官员多半会说出“他们缺乏适当的内部监管制度和遵纪守法的机制”这样的陈词滥调。我们早已习惯了评价他人的性格，直到最近才开始把目光放到企业层面上。我们以前没法评判企业的“性格”，那时我们甚至没法把这两个概念联系起来。

在透明化把所有事物都变得毫无秘密之前，我们对一家公司的“性格”的了解，只包括作为性格替代品的对外宣传和来访接待程序。当公司还是一座城堡的时候，它们可以在很大程度上操纵自己的对外形象。那时的城墙很高，公司可以轻易地把替代品当做旗子插在城墙上，远远便能瞧见。那时，如果公司的一位员工违犯了法律，当陪审团评价公司的守法意识时，会在很大程度上依赖举报热线电话，而且还得指望举报者是诚实公正的。热线电话成了自我管理的代理物。由于人们无法深入了解公司内部的日常运营情况，所以不得不选择代理物和替代品来作为衡量公司是否健康运作的标志。通常这些代理物会以一个守法行动计划，或者以一个监管部门的形式摆在外人面前，当类似房利美这样的公司陷入丑闻时，我们便会评价它用来充当替代品的那个计划或部门，并以此为依据判断公司整体是否该受到处罚，这就是当时的思维模式，正如每座城市都有罪犯一样，每家公司都有一些害群之马，你评判一座城市的标准是它铲除罪恶所依据的法律和在此方面付出的努力。同理，你评判公司的标准就应该是它的规章制度和员工对这些制度的遵守情况。城市法规和公司制度在这里确实可以相互类比，它们都是决策层铲除罪恶的替代品。你不会因为某位罪犯而逮捕市长，同理，你也无法因为害群之马的所作所为而处罚整个企业。从法律上讲，这叫“尽职标准”。在错误发生之后才去衡量企业的行为，看看它们是否采取了合理的预防措施和防止手段。这家企业尽职了吗？

在第5章里，我们探讨了规则作为企业或社会价值观代理物的特性。工业时代，资本主义为各种事物发明了很多类似的代理物与替代品。你的求职简历是你工作经验的代理；公司守法守则是说服华尔街与检察官相信公司清白的代理；你最后一份工作所拿的薪水是你市场价值的代理物。在前透明化时代，代理物与替代品能有效地把自己的信息传达给他人，我们选择性地将最能代表我们价值的那部分信息展示给外界。那些在壁垒资本主义时代取得成功的组织和个人，有充分的理由创造和管理好自己的代理物与替代品：他们提供最眩目的指标数据，而你只能通过跟踪指标数据来掌握企业动态。一家致力于提高售后服务质量的公司可以开展一个员工培训项目，借此引入一些规则和标准。由于监督跟踪上千名通过培训的员工的实际售后服务表现会花费太多的时间和成本，培训项目的通过率就成了考察依据。我们都知道，效率是工业时代的鸦片。在20世纪的绝大多数时间里，当代文化都把代理物与替代品当做拐杖，因为在那个时代，获取第一手的、有深度的信息是一件既昂贵又困难的事。

但那个时代好像已经过去。想想看，和几年前相比，现在了解公司内部的运作情况已经变得容易多了。聊天室，论坛，随时可供查阅的财政报告与交易记录、全球各地发回的新闻报道，几乎没有什么事情能逃过互联网的注意。我认识一名律师，他专为客户企业处理人力资源与员工安全领域的危险档案。他向我解释他是如何工作的，说道："你知道我每个月要清理多少个硬盘吗？我把硬盘收集起来，彻底清理里边一切违法的东西。如果让别人看到那些内部资料，公司就只能等着接传票了。"在社会结构的每个层次里，信息流动的便利程度都使我们开始以全新的眼光审视企业。现在光有举报热线已经不够了，人们可以轻易地找到企业的内部员工做问卷调查，然后弄清楚这些员工是否出于恐惧而不敢打举报电话，或者电话压根就不保密。我们越来越擅长将企业人格化，并借此评判他们的规范、价值观以及实际作为。

顾客、消费者、检察官、法官和陪审团，现在都倾向于将企业看作是有血有肉的生命体。他们越来越关注企业的内在生命力与性格特点。他们开始问自己，这家企业是否有诚信？在这样的环境下，代理物和替代品就再也无法满足需要了。在透明化时代，谁都能透过代理物与替代品看穿企业文化的核心。现在，最聪明最优秀的那一批工商管理硕士（MBA）毕业生宁愿在收入方面作出牺牲，也要选择加盟那些声誉良好并且重视个人价值的企业，正如LRN最近的一次调查显示的那样，超过94%的员工认为公司是否重视价值是他们选择效力对象的重要标准；高达 84% 的受访者宁愿选择那些报酬较低但注重价值观的企业，也不选择报酬更高但经营理念有问题的企业。**总的来说，如今的商业领域已经变得比以前更精确、更具体，并且更重视“软”素质，比如说行为方式、性格和声誉。**

不久，这些判别标准就将普及开来并深入人心。每家公司的前景评估和市场定位都将受到这种判别标准升级的影响。人们将习惯性地问这样的问题：

> 这家公司的企业文化是灵活敏锐，还是充满了摩擦、不和谐？
>
> 他们的员工可以最大限度地发挥创造力，还是被压抑的企业文化和制度束缚了手脚？
>
> 这家公司是通过共同的信仰、态度和激情紧密联系在一起，还是被小集团利益所引导，各自为政地追求个人好处？

“尽职标准”将改头换面，这些过去的软性问题将和资产平衡表一样举足轻重。

不可逆转的透明化趋势

技术型的透明化趋势撩开了代理物与替代品的面纱，使个人与企业都以前所未有的程度暴露于整个世界的目光之下，这种曝光给我们的行为方式带来了深远影响。为了尝试量化地解释透明化倾向如何影响我们的经营方式，罗彻斯特大学威廉·西蒙工商管理研究学院的詹姆斯·布里克利（James Brickley）教授进行了如下的思维实验。

假设买卖双方签订了协议，要交易一批特定商品，如某种高质量的化工原料。这种化工原料的特点是随着质量标准的提高，生产成本也会直线上升。如果在现有的客观条件下，买方可以在交易之前以便利廉价的方法准确检验货品的质量，那他便很可能会这么做。

在这种情况下，卖方很少会有在质量上弄虚作假的想法，因为这很容易就被查出来，搞砸这笔生意。但如果货品质量很难检验，或者检验成本非常高，那么卖方造假的可能性便会随之增加，特别是当造假带来的收益大于按协议约定交易的收益时，造假的可能性会更大。比如说，如果按协议生产货品的成本是 10 美元，而造假的成本为 5 美元，而卖方有理由相信造假不会被买方发现的话，他就会收益额外的 5 美元。

这个例子实际上是在检验信息的价值。例子中，信息开放的程度将直接影响结果。在一个不透明的世界里，卖方可以相对放心地将每一笔交易看作独立事件，过去的交易无法对将来的事件造成影响。而对于买方而言，卖方的历史信息和货品的质量信息都是不可知的。在这样的前提下，弄虚作假的代价很低，并且很容易被卖方量化。信息传播越快、范围越大、传播成本越低，卖方弄虚作假的代价就会相应上升。也许欺骗行为很快会被发现，然后变得众所周知，并在长时间内为卖方带来营业额和声誉的损失。另外，在信息高度透明的文化里，人们对信息透明度的期望值也会随之上升。当卖方无法对货品质量提供足量的可靠信息时，买方将倾向于压价，以规避信息的不确定性。市场中廉价信息的大量存在改变了每一宗交易的成本结构，并减少卖方弄虚作假的动机。

尽管在布里克利教授的思维实验里货品质量才是唯一的变量，但这并不是我们这里要讨论的重点。我们这里关心的是信任感与信息透明度，是正确行事的方式，而且这些因素也正在现实中发挥重要作用。现在，不管是招聘人才，还是吸引潜在客户，或是跟员工讨论补偿金问题，许多企业不仅要在现实的法庭上为自己的文化负责，更要在公众意见的法庭上为自己的文化负责。所以我再次重申，**当今衡量企业的标准已不仅是它的产品与服务，还包括它制造产品和提供服务的方式**。光是生产高质量的网球鞋已经不够了，你还要做到不再剥削远在越南的廉价劳工；光是付给员工高薪也不够了，你还要拥有让员工满意的企业价值；最后，光是履行 80% 的承诺已经不够了，你的承诺兑现率要跟全球范围内的竞争对手比肩看齐。

如果说企业就是一座体育馆，而员工是坐席上的观众，那么现在体育馆的每一扇大门都已经打开，任何人都可以进入场馆，近距离观察你们的每一道人浪。他们能观察到谁是带头人，以及他的领导方式；也能观察到哪些观众没有加入；还能细微地观察到 38 号看台区的观众如何跟 52 号看台区的观众沟通，甚至沟通的具体内容。外界世界看待企业的视角已经发生了不可逆转的变化，这个新的理解框架对企业如何融入 21 世纪有深远的意义。

真实营销

在这个互联互通的世界里，人们与代理物和替代品的关系已经有了普遍改变，最明显的就是广告行业。广告与市场营销手段都是一种代理物，它们把企业最引人注目的一面推向消费者。在电视与广播刚刚进入人们生活的那个时代，当广告商放弃了传统的印刷传单，转而使用影像和声音作为媒介时，广告主要采用的是直陈式的表达途径，试图重现普通消费者的日常生活经历。广告里的人物用说家常的语气互相交谈，而那些表现得最真诚、最底层、最贴近生活的广告往往会取得最好的效果。比如说罗纳德·里根还在做B级片演员的时候，就可能走进电台播音室，用平和的语调告诉你：Boraxo牌的无水洗手液可以洗掉手上从颜料到油污的一切脏东西。“全体员工都能保证这点，”里根说，“你也会的。”那时广告传递出的信息十分直接、简单，集中表现产品信息。

随着电视机的普及，人们开始认识并利用影像的力量。在此后的40年里，广告变得更花哨，画面变得更精致、更夸张。随着市场营销者慢慢完善广告技巧，丰富产品形象，商业广告出镜率越来越高，内容也越来越有说服力。那种朴实的拉家常式的广告慢慢成为了历史，取而代之的是万宝路牛仔、肯德基老上校、乔骆驼（Joe Camel，骆驼香烟的广告形象。——译者注），乃至于耐克公司的迈克尔·乔丹这样经过精心策划的品牌形象。这些形象能更有效地打动和带动消费者。到了20世纪90年代，品牌信息已变得如此抽象、复杂，甚至比它所代表的真实产品更加重要。

然而，在这个高度连线的世界里，一切都变了。获取信息的门槛降低，使消费者变得更加理智。他们现在能轻易看穿精美的广告，认清产品的真实品质。在美国，最早感受到这点的是电影推广者。25年前，每一部年度大片登场时，都会先在纽约或洛杉矶举行首映，等待第一批观众的良好口碑，或者影评家的文章（影评家自身也是观众的代理物）把好评传播出去，然后在接下来的数周里，影片将被推广到全国范围，接着再到国外。据《洛杉矶时报》的调查，在那段时期里，对于那些最卖座的影片来说，只有12%的票房是在首映周里获得的。后来随着多家电影院和异地公映现象的出现，片商可以在一天时间内就在全球数千家电影院同时推出自己的新作品。由于首映前只有少数评论家和测试观众有幸提前观赏，所以片商实际上还是保持了对自己作品的品牌形象的完全控制权，在产品的市场控制这点上，几乎没有别的行业能做到比他们更好。好莱坞的能量从制片人转移到影片推广者。现在，大片总票房收入的1/3通常都是在首映的第一周获得的，通常都在口碑作用还没能发挥出来，没能冲击到影片市场地位时，基本收入已经进入制片人的腰包。

但后来互联网上冒出了像Aintitcool.com这样的网站（www.aintitcool.com，也称“酷毙新闻”），网站上满是博客和论坛讨论区，影迷们可以在这里尽情谈论感兴趣的影片。一位身在新泽西州（纽约市就在新泽西州，一般美国影片的试映都在纽约市举行。——译者注）的测试观众便有机会在网站里泄露出关于某部还在制作过程中的影片内幕。有时甚至刚刚开工的作品，都会引起影迷的广泛讨论，片商失去了对信息的控制权。“即时通信技术的出现完全改变了‘口碑作用’这个词的定义。”福克斯探照灯公司的首席运营官南茜·奥特雷最近这么告诉《洛杉矶时报》记者：“在过去，口碑作用的范围仅仅局限在同城，但现在，通过电子邮件和短信它能漂洋过海。口碑作用已经发生了革命。”最近，《洛杉矶时报》进行的一次读者调查也佐证了这个说法。调查显示，超过40%的年轻人在观看电影的过程中或影片结束后，都会在当天向其他人谈起这部影片。而年轻人正是最大的观众群体，同时也是互联网交流的主流人群。即时通信技术使得全国范围内的影迷都能在第一时间了解影片的信息，结果要么票房满仓，要么片商等不到首映周结束就得转卖影片的DVD。

这一趋势在其他行业也同时出现。Yelp，一家标榜为“真实的人，真实的评论”的网站，正在建立起一个非专业的评论家群体。这些业余评论家会时不时登录，然后对任意事物发表一通即时评论，从热狗到五星级宾馆再到街角电脑配件店。这个网站2004年在旧金山成立之后立即一炮走红，不像那些刊载匿名评论的平面媒体，比如说《查格》（*Zagat*）或者《米其林指南》（*Michelin Guides*），Yelp的用户通常会公布一些自己的背景资料，并只专注于自己感兴趣的内容，这种透明化的特征使他们的评论得到了广泛的信任。Yelp上关于你的一篇正面评论会使你赚得盆满钵满。“消费者体验不再是孤立事件，”来自Outsell公司的分析家肯·多克塔告诉《洛杉矶时报》记者：“只要任何消费者产生了愉快或不愉快的消费体验，那么他一走出店门，就会掏出扩音器告诉全世界他有一段愉快（不愉快）消费体验，完全不管这个评论公平不公平。”聪明的商家也不愿做这一时代潮流的被动受益人（受害者），他们利用这些免费的市场回馈信息时刻改善自身产品。乌拉餐馆（Oola）的大厨兼老板奥拉·芬德特（Ola Fendert）说：“这完全改变了我的经营方法，因为我现在可以马上知道顾客的评价了。几乎就是一瞬间的事：只要一有情况，你第二天就能在 Yelp 上看到，然后你就能马上改进。”有趣的是，上面两篇《洛杉矶时报》关于电影和 Yelp 的报道都出现在同一天的报纸上，但版面和作者完全不同，这也暗示了信息透明化的趋势有多么猛烈。

对于口碑作用变得越来越有效率的现象，一个简单的解释是人们受够了企业信息和传统媒体的专治而表露出的愤世嫉俗。为什么我们就一定得相信来自伯克利（City of Berkeley）的某个陌生人看过某部电影后在《旧金山纪事报》（*San Francisco Chronicle*）上发表的个人评论呢？如果更加深入地挖掘就会发现，这种现象的出现有更多充分的理由。代理物要成功发挥作用，首先必须得到受众的信任，而且得在受众没法获得其他可比信息的情况下进行。在这个互联互通且信息爆炸的时代里，人们可以直接透过代理看见本体。如果家长可以上网查阅其他孩子父母关于某种玩具的实际体验评测时，他们为什么还要相信孩之宝公司的自我吹嘘，说儿童会有多喜爱他们的产品呢？当到处都充满变数带的陷阱时，消费者就更期望能有及时而真诚的市场评价来指导他们使用自己的血汗钱。

今天的龙头企业已经注意到这一现象，并且把市场营销开支的重点放到了提高口碑上。他们在传统平面广告战里投入的资金越来越少，而在新兴媒体里花的钱越来越多。据全美报业协会（Newspaper Association of America）称，2005 年商家在报纸上花了约 474 亿美元广告费，广播电视广告和直邮广告的投入则分别是 462 亿美元和 522 亿美元，广告费用逐年增长率大约为 5%。相比之下，根据行业评估，目标交互式广告，对话式市场营销上的投入逐年增长率约 30%，从 97 亿美元上升到 125 亿美元。聪明的经营者正在把更多的营销预算用来建立与市场更紧密的联系，比如说口碑营销。根据美国口碑营销协会（Word of Mouth Marketing Association，WOMMA）的定义，这个词的意思就是“给人们一个评论你的产品或服务的理由”。WOMMA 的宗旨是通过前沿的努力，以各种艺术和科学手段建立“一种消费者之间，以及消费者与经营者之间积极互利的交流渠道”。

每天似乎都有一些新市场营销策略诞生。比如：

> 病毒营销（一种鼓励个体之间相互传递营销信息，通过信息的曝光和影响创造指数级增长的策略。——译者注）主张制作一些娱乐性很强的宣传视频剪辑，用电子邮件等形式发送给消费者，然后让它们通过消费者间的互相转发而得到指数式的广泛传播；
>
> 传教式营销（Evangelist Marketing）使用代言人或志愿者，让他们以公司的名义在各项社会活动中宣传公司的产品；
>
> 善因营销（Cause Marketing），包括为各种慈善活动提供支持，以赢得尊重和对此类活动感兴趣的民众的支持；
>
> 移动营销（Mobile Marketing），利用手机为平台，开展多种形式的推销活动，包括有奖短信、电话促销、短信售后服务方案以及品牌构筑活动等，其中品牌构筑是指为商家与用户群之间建立双向对话的平台，“把品牌延伸到用户口袋里。”

有趣的是，这些新颖时髦的新兴广告模式在很大程度上是一种回归，回归到广告出现初时的那种依靠信任感的直陈告白式的模式，即罗纳德·里根式的模式。

大众传媒广告正逐渐丧失效率，因为人们不再相信它（信息时代已经让他们可以直接接触到大量与广告内容相抵触的客观事实）。更重要的是，人们不再需要商业广告作为购买商品时的决策参考。盖洛普公司2005年的年度经营力调查显示：“当平面媒体详细、深入、公平地报道某一事件时，只有一半的美国人会相信它。”这一比例与1976年相比下滑了很大一截，那时有2/3的人还相信媒体。辛辛那提州搜智公司（Intelliseek）公司最近开展的一项研究也显示，约88%的消费者相信口碑广告；56%的人相信报纸广告；47%的人相信电视与广播（其中相信专家意见与明星代言的比例分别是27%和8%）。

有一次，当我在芝加哥与李奥贝纳广告公司前任主席和CEO琳达·沃尔夫共进早餐时，她这么对我说："发生这种转变的原因是消费者变得多疑。"在她任职期间，李奥贝纳公司发展成一家在80个国家拥有200多个工作室的广告业巨头，她自己则被评价为广告业最有影响力的领导之一。"他们与品牌和产品打交道时显得成熟多了，可以一眼看穿银幕上的把戏。他们是鉴别真伪的大师，既圆滑又有头脑，并且只关心信息的真实性。"

所以，市场营销者面临的新挑战是如何为潜在消费者建立真实的印象。只有在互动中感受到企业正确的行为方式，感受到它们没有试图操控市场、操纵信息时，真实印象才会在消费群体中出现。"现在这个世界如此透明，企业所有弄虚作假的行径都会立刻被识破，并会立刻对顾客造成伤害，"沃尔夫说，"顾客会觉得自己被愚弄了，自然会产生一种被背叛的感觉。公司以前的形象构筑得越高大，形象倒塌时产生的背叛感就越强烈。"

如今市场营销的关键是通过直接、透明、对话式的市场方式在消费者内部掀起人浪。也许你会觉得，雇佣托儿到舞厅里兜售产品的做法只不过是另外一种形式的品牌信息操纵。但最近的研究表明：那些主动承认自己收取商家好处的传教式推销员比不承认这点的推销员更容易得到消费者信任。也就是说，就算在今天这个充斥着信息操纵的复杂世界里，以一种私人的、透明的态度与消费者建立联系的效果往往会更好。如果说产品信息也是一种代理物，那么积极的、透明的代理物无疑将更胜一筹。

信息门槛的降低改变了我们看待信息的方式。技术透明将那些隔着代理物与替代品进行的管理、宣传与经营行为淘汰出局。"现在要赢得消费者，靠的是与他们建立真诚的、实质性的直接联系，"沃尔夫总结道，"如今，媒体分工的细化让企业有机会有针对性地面对那些抱有某种特定兴趣与需求的消费者，然后和他们建立直接联系。

企业与市场的联系已不再是简单地为品牌形象或品牌意识摇旗呐喊，而是向市场许下品牌承诺。品牌承诺是企业与市场直接联系的纽带，比品牌形象更深入，它包含了企业所代表的价值、企业对自身的期望，以及企业如何通过经营行为对这些价值与期望表现出尊重。"信任决定一切，"沃尔夫说，"信任是关键，那些长期不懈地坚持自己承诺的企业树立了这种信任，同时也树立了信誉，建立起与消费者的直接联系。这种直接联系一旦成型，便牢不可破。"

总结上面的论述可以得出这样的结论：你的一言一行都会影响你与消费者关系纽带的质量，决定你通过怎样的方式为消费者创造一种物有所值的、可靠的消费体验。关键是“我们都应该十分坦率、十分透明，让消费者知道我们代表的价值，我们企业代表的价值”。沃尔夫最后说道：“这种坦率与透明的态度会立即传递给任何消费者，就是这么简单。”

道歉并不危险，危机也是转机

在这个透明的世界里，曝光让人们感到恐惧。透明并不仅仅针对企业的产品，而是任何组织与个人都能掌握和利用的方式。

要学会掌握和利用这种方式，就得首先学会道歉。但说抱歉并不容易，特别是在商业竞争领域里，不过我们还是可以看到不少公开致歉的场景。

道歉让百强企业更受尊敬

2005 年 6 月，总部设在北卡罗来纳州夏洛特市的美国第四大银行美联银行向全体美国人民尤其是美国黑人发出了一份公开致歉信。因为历史研究发现，这家银行的前身曾在内战前拥有过黑奴。信中说：“尽管我们无法弥补过去造成的伤害，但我们将从中吸取教训，并推动社会对美国黑人的进一步了解，包括他们的独特斗争经历和胜利成果，他们为美国做出的卓越贡献，以及他们在美国历史上与现在扮演的重要角色。”

同年，另外一家美国大型银行摩根大通银行也作出了内容相似的致歉声明，宣称其前身曾接受数千名黑奴作为贷款抵押，从而“参与了一场血腥而不公证的行动”。

2006 年苹果公司爆发期权倒签丑闻时，他们立刻开展了一次长达 3 个月的内部调查，并在自己网站上向外界公布了调查结果，其中包括创始人史蒂夫·乔布斯的一封道歉信，声称他要为丑闻承担全部责任：“我就此问题向苹果公司的全体员工和股东道歉，因为问题是在我的监督之下发生的，这与苹果的经营理念完全不符。从

> 现在开始，我们将尽快解决丑闻的遗留问题，并采取预防措施，保证类似的事情绝不会再次发生。”
>
> 花旗集团最近做出了一个令人印象深刻的举动，证明自己对其他文化价值的尊重态度：集团总裁兼CEO查尔斯·普林斯飞到日本并为公司曾经在日本的不当行为向日本国民鞠躬致歉。数天之后，在美国的一个日本侨民聚会上，普林斯说：“我们有过这样一些例子，有些人的目光非常短浅，完全不考虑对公司形象的长期影响……这不是花旗的理念，不能反映我们的经营方式……我们将经营方式看得至少跟经营成果一样重要。”

道歉天生就是一种危险行为，同时也潜藏着力量。我们都知道，道歉意味着接受责任，但道歉还意味着将权力移交给受害方：你把决定权交给对方，让他们决定是否原谅你。道歉需要主动暴露弱点，这是透明化态度的最高形式。在高度透明化的当今世界，对道歉行为的这种解读让它成为了如何利用世界新规则的最有意思的一个案例。道歉总是跟随错误的行为出现，而错误的行为总是意味着损失：声誉的损失和信任感的损失。道歉行为在本质上有修复这些损失的功能，它尝试减少错误行为带来的实质伤害。由于承认错误的行为可能导致公司遭受严重的经济损失，或者使个人丢掉饭碗，锒铛入狱，甚至偿命，所以我们总是有强烈的动机拒绝主动承认错误。既然损害已经造成，也许有人就会理所当然地认为，为什么还要承认自己的错误，加重自己的责任呢？中情局的教诲就在耳边回响：“不要招供，抵赖一切！抓住机会反咬一口！”（这句名言本身就是壁垒资本主义制度下对信息控制的产物。）但在高度法制化的社会里，人们不鼓励道歉行为。规则写得明明白白，双方都抵赖责任，然后闹上法庭，最后互相指证对方的错误，这也是耶南药厂面对民主德国运动员时采取的做法。

在透明化的世界里，最后胜利的是真相。

来自波因特学院的罗伯特·斯蒂尔告诉《圣地亚哥联合论坛报》（*San Diego Union-Tribune*）的记者说：“我们必须承认，现在有成千上万双眼睛盯着我们，他们记下我们说过的每一句话，做过的每一件事。互联网的声势与覆盖范围如此巨大，致使现在做错事后被追究责任的风险变大了，时间也变快了。”这一趋势为不当行为发生后敢于主动承认的宝贵能力赋予了新的价值。在第 5 章我们看到了，作为美国最有声誉的医疗机构之一，UMHS 提前做好了应对失误的准备，并培训医生们学会道歉，最终以此降低了诉讼开支和事故率。那些相信公司的终极使命就是扩大收入的人也许会认为，在这一事例里，降低诉讼开支和事故赔偿是 UMHS 一切行为的动机。但是，开支只对公司当年的财政报告有意义，对于长远的、可持续的成功而言，UMHS 的例子里更重要之处在于，它修补了企业与顾客群体之间相互信任的关系。诉讼费用的减少只是一个定量的衡量标准，它只代表了企业与顾客之间良性的相互关系所能产生的利益的一小部分。谁也说不清楚企业到底能从主动透明的姿态中得到多少收益。

这家保险公司如何重建受损的信任

TriWest Healthcare Alliance 是一家为军方工作人员提供医疗保险服务的公司。2002 年，一名窃贼闯入公司总部，偷走了两台笔记本电脑，电脑里储存了 55 万份客户个人资料，其中包括姓名、住址、社会保险号码，甚至还有一些倒霉蛋的信用卡号。有了这些东西，罪犯完全可以大摇大摆地冒充你的身份。

这是美国有史以来最严重的一次信息犯罪。TriWest Healthcare Alliance 说不定会因此倒闭，毕竟，丧失了客户信任的保险公司确实没有存在的意义。但公司 CEO 戴夫・麦金太尔（Dave McIntyre）作出了非凡的努力。“我当时考虑的第一个问题是，如何才能尽快通知这 55 万名受害者？”麦金太尔决定立刻通知资料丢失的客户，并筹到了 200 亿美元，用以解决善后问题。他积极与受害者保持联系，还开通了热线电话为他们解答疑虑。与此同时，他更以亲身经历向社会和商业界广泛宣传，预防这类安全事故再次发生。他的表现如此不凡，以至于最后不但顺利解决了一次公关危机，还获得了美国公关协会颁发的防止智能犯罪成就奖。

这种类型的公开道歉行为很容易成为犬儒主义者的攻击目标。犬儒主义者认为，人们行为的唯一指导原则就是自身利益。他们也相信公开道歉是消弭事故影响的可行方式，但他们总觉得这么做的动机是减少出错者自己可能受到的损失。在 TriWest Healthcare Alliance 这个例子里，麦金太尔的举动会被他们解读为在事后制造一个恪尽职守的假象。他们会问：“当硬盘被拿出你们公司大门的时候，你们的恪尽职守在哪里？为什么这么重要的客户资料会被放在小偷能光顾到的地方？”我们承认，道歉是一种事后补救的措施。但它足以回答以下这样的问题：“从现在开始，我们最好的选择是怎么做？我们应该如何重建受损的信任？”道歉不仅是回答这些问题的标准答案，而且，也是最明智的答案。2004 年，俄亥俄州立大学费舍尔商学院的罗伊·勒维茨基（Roy Lewicki）教授在《管理学报》（*Journal of Management*）上发表了一项研究结果声称：“接受批评并提供补偿的意愿在修补受损的商业信任关系时是必不可少的。”犬儒主义者以各种消极的带有腐蚀性的面目存在于我们的社会中，可是我们主动积极的透明态度和真诚意愿足以解除他们的武装。所以，凭着一声“对不起”，麦金太尔跳出了泥潭。由于他扪心自问的问题不是“我可以做什么？”而是“我应该做什么？”麦金太尔终于凭借他果断而充满透明度的行动挽救了公司。

我们并不否认道歉行为中包含有一定程度的自身利益考虑，但真诚的道歉中还包含着同样程度的利他性关怀。而且道歉行为这种权利移交的本质特点让受害者可以获得主动权，然后自行决定事后影响的规模大小。

在第 6 章，我们提及了俄亥俄州立大学进行过一次关于员工的犬儒主义情绪对企业破坏力的研究，还看到了这种犬儒主义是如何消耗新员工的满腔热情的。这次研究同时也发现了企业扭转这种毁灭性趋势的方法：管理层对下属的成功和失利都应表现出坦诚的、开放的态度。对此，约翰·瓦勒斯教授的评价是：“如果某个企划失败，管理层就需要向员工给出一个有说服力的原因，如果原因来自管理层，那么他们就得承认。”或者说，透明度是犬儒主义者的解毒剂。道歉的声音无法传及每一个人，人际高墙挡住了它，但它能使确实听到这个声音的人恢复信任感，并为你带来更乐观的结果。

商业领域道歉行为的例子，生动地向我们展示了主动积极的透明态度与事业成功的关系是多么密切。透明度是通过催生信任感，排斥腐蚀性因子，最后增强人际突触的关键武器。

但是，积极透明的态度并不只是为了降低责任，或者减少未来可能定期出现的潜在错误，它能推动你去迎接许多挑战。

真诚展现，弱势也能变优势

道歉代表了一种诚恳的态度，而这种态度对企业到底有何种深远的影响？在这里，我想先讲一个故事。

不是顶尖的学生被顶尖学府录取

在波士顿读法律硕士时，我和一个叫西格·伯尔文的朋友住在一起。我们在牛津大学就认识了，我还记得他是个有趣的家伙，热衷于取得各种学位。他在学校的表现也不错，各方面都很优秀，但并不是最顶尖的学生。

有一次，他向我讲述了他参加哈佛医学院入学面试时的难忘经历。“我走进院长办公室，并找了个位置坐下。”他说道，“那天下午面试的人很多，办公室的气氛很沉闷。院长默默地坐在桌子另一边，看着我的成绩单，一言不发。过了好一会儿，他拿起成绩单，看着我的眼睛说：‘你知道，我刚见过比这更好的成绩。’我吸了一口气，也看着他的眼睛，回答道：‘我……我也见过。’然后我们就都打开了话匣子。”

我当时想不通为什么西格要那么坦率。在我看来，他的条件和成绩都还不错，这样的答复显得太莽撞了。很久以后我才意识到，他这一简单的回答是多么难得。西格最终被录取了，他现在是加利福尼亚大学旧金山整形外科医学部一名优秀的助理教授。他在那次面试中取得成功的可贵之处在于，当面试环境“迫使”他编造客观理由时，他仍然保持着诚实的态度。他并没有说谎，比如“这……我解释一下，我母亲当时生病了，我请了一个学期的假去照顾她，所以成绩下滑了”之类的。与此相反，他没找任何借口，也不自我吹捧，而只是简单地承认他也见过更好的成绩。

绝大多数人当身处西格这样的处境时，都可能由于过分打扮而偏离了自己本来的形象。他们或者屈从于当时的压力，觉得有必要说些取悦面试官的话，或者屈从于那种为达目的不择手段的文化压力。在商业领域，寻找新工作的时候正是你最脆弱的时候。融入新岗位意味着你需要建立一些全新的关系脉络，而这些脉络将给你的生活带来重大影响。你将在新岗位花费大部分时间，你将为了这个机构的进步而消耗大量的体力与脑力，你将靠在那里劳动赚取的报酬度过余生，而你在那里投入的心血将最终决定你的人生目标能否如愿达成。这有点像被“许配”给了一头大象：你必须足够信任它，才能骑到它的背上，然后希望它不要忘了你的存在而翻身把你甩下来。**一个错误的决定可能让你脱离通往成功的轨道，一个令人窒息的环境可能让你永远无法发挥自己的潜能，一种失败的工作关系则可能毁掉你的工作成就，甚至在你的职业档案里描上一个无法消去的污点。**

在透明化时代来临之前，求职的过程可以被形容为企业与雇员之间精心安排好的贴面舞会，在达成自己需要的目的时，双方都有选择地控制和操纵有关自己的信息。求职者利用简历构筑自己的形象，把最光辉的一面放在首页，强调优势，并祈祷弱点永远不会被发现。许多人甚至还编造故事：最近《纽约时报》职业市场调查小组的一份研究报告显示，有 89% 的求职者简历带有水分，其中最常见的手法包括夸大自己的工作职责范围，虚报工龄或虚构离职原因。而《时代周刊》在最近的文章中也提到，根据职业背景调查公司 Infolink Screening Services 估计，大约有 14% 的求职者在学历上作假。而企业方也有自己的舞步，他们总是声称自己这里前途一片光明，为求职者勾画出一幅诱人的蓝图，以期望吸引到更多人才。

但是，如今这种常见的相互麻痹已不再奏效，你说的每一件事几乎都能轻而易举地得到核实。信息科技的进步让调查求职者背景资料的成本低到可以忽略不计。超过 96% 的企业现在定期对潜在求职人群作背景调查。而第三方背景调查服务也由 20 世纪 90 年代中期的寥寥数家从业者发展成为 2007 年的 700 家公司、200 亿美元产值的庞大市场。另外，求职者也可以通过博客、论坛或聊天室的资料来深入了解意向单位的具体经营状况。

任何商业关系的成功与否都取决于双方相互联系的紧密程度。在如今这个信息敏感的时代，公司可能从每位参与者那里汲取到生产力创新和企业发展所需的灵感和推动力。所以，追求同步性、协调性与共同的长远目标对双方都有巨大的价值。问问自己：什么东西能让我们和一家企业心连心？岗位职能？工资？福利？生产力前景？我们真的能以这样一种方式和企业融为一体，激励自己以这些衡量成功的标准为基础实现自己的最高目标吗？

荒谬的是，成功的可能性很小。以这些外在标准来寻找下一份工作的人，只有在自己的理想与公司的发展方向重合时，才会安心在一个公司里呆下去。这是一种建立在巧合基础上的相互选择，缺乏深层基础。他们之所以继续为公司效力，是因为在公司工作的经历同时为他们自己的求职简历效力。这种意义上的成功只是唯目的论的成功，而唯目的论的成功并不稳固。

不妨假设，你的职业追求是创造一段传奇，是为自己和他人构建一个价值标准，简而言之就是做有意义的事，这样你就可能进一步与心仪的企业结成更深层次的紧密同盟：方式意义的同盟。个人与企业通过共享的价值观而结合，为了追求长远目标的一致方式而走到一起，而不是为了个人的成功或为之需要付出的努力才走到一起。价值观历久而长新，不会随着短期唯目的式的目标的达成而枯萎。华信惠悦咨询公司的美国国内职业调查结果显示：员工理解并欣赏自己公司价值观与长远目标的企业比其他企业的经营回报率高 29%。

这就是成功的自相矛盾之处：你只能在追求比成功更崇高的某种东西的时候才能获得成功，这种东西就是意义。如果在职场上追求成功的基础与所在企业实现长远价值在方式上相一致的话，那你应该首先让企业了解你的真实面目。在西格的哈佛大学入学面试里，他自发地察觉到了一个我们大多数人都需要明白的道理：人际透明化即是将自己真诚地展现给外界的最好方法。西格之所以被录取，部分原因是因为他在面试时表现出的真诚，他用透明化的方式展示了自己。他的真诚使哈佛大学可以完整地评判这位学生，对哈佛来说，他的自信与诚恳态度产生了比成绩单更强的说服力。

我自己曾经面试过不少申请 LRN 公司高级职位的求职者，在这种场合里，我常问他们的一个问题是：“请说出一个你自己的弱点。”然而，类似“我过于执著”或者“我是一个工作狂”出现的频率太高了，这种教科书式的答案反而会让你的潜在优点被掩埋。我几乎没听到过有求职者说自己有哪方面的实质性技能缺陷需要弥补，而少有的几次这种答案都给我留下了深刻印象。在透明化时代，你比以往任何时候都更有理由成功抵御说谎的压力，这不仅仅是因为谎言更容易被揭穿，更因为人际透明度被普遍认为是可以带来责任感、积极性和相互理解的难得的素质。你再也不需要把自己装扮成宇宙的救世主、超人，或者其他什么东西。这些伪装面具不再带给你力量。**在透明化的世界里，隐藏弱点与操纵信息一样，是逆潮流而动的愚蠢行为。**

现在是把你的弱点转化为优势的最好时机，西格就是一个例子，大家都能理解你，因为我们都知道，优点总是伴随着某种弱点同时出现。与其在面试过程中自我吹捧，或是伪装出与自己完全不同的形象，倒不如直截了当地承认："实际上在这两个方面我不怎么样，但在另外两个方面我十分在行。"这样你得到职位的机会说不定会更大。你可以认为雇主们寻找的只是满足某种狭窄要求的特殊技能执行者，但在更高层次上，他们也是在寻找志同道合、可以一起长期奋斗的同伴。巴塔哥尼亚公司是一家注重价值培养的行业龙头企业，它的创始人伊冯·乔伊纳德在接受采访时说："招募雇员时，我看重的是激情，是激情让我知道他们是活生生的人，是激情让我知道他们还有潜力。"对现在大多数的信息密集型岗位来说，工种乃至行业之间的转变并不是什么困难的任务，所以企业开始把更多的注意力从求职者的专业特长转移到他们的工作方式上了。当听到你坦率的话语时，一个潜在的雇主可能会想："哇，这个候选人好像对自己和她能为公司做的事真的很了解。我可以和这种有自知之明的人合作。"

透明，企业应有的行为态度

现在已经无法再用非透明的方式来制造和保持人浪了。你不能掏出 20 美元买通邻座，然后靠吹嘘球队利益打动后排，最后再用暴力迫使你前面的那个小个子加入人浪。信息的自由流动为那些惯于在博弈中隐藏讯息的人带来了麻烦。当人们相互联系，分享信息，通过平行的关系互相交换意见时，博弈者虚构和散布信息的能力便无从发挥。现在，你的同事、顾客、供应商和战略合作伙伴都跟你坐在一个体育馆中，相互保持沟通。当你设法把所有球迷都拉到你这一边时，信息就发挥了它强大的力量：让你的思想在人群中不断扩散的力量。在体育馆里成功掀起人浪并使它自行持久不衰的唯一途径便是直接与每一个突触范围之内的人沟通，并与之建立共同的长远目标。**在透明化的世界里，积极主动的透明化态度是争取到共同目标的最有效的方法，或者说，这几乎是唯一可行的方法。**

主动意义上的透明化态度可以对人产生非凡的效果，它不仅使人坦诚相见、鼓励信任感的产生和促进协作，更让人惊讶的是，它还具有一种不可思议的解除思想武装的力量。这要比讲真话伟大得多。如果你能主动把透明这个概念当成动词来接受：变得透明，那么透明化这种世界新趋势可以成为一种可利用的竞争优势。如果说商场已经不再是战场，那你就需要练就本领，把战争这种因素从商场上驱逐出去，这就是主动表现出的透明态度如此有效的原因。正如我们已经知道的那样，主动暴露出己方的脆弱一面，会营造出一种氛围，让对方也可以用自身脆弱的一面来回应我们。而且不管在生物层面还是社会层面上，为了共同的利益，信任都会唤起信任。在这种意义上，弱点就是力量。

坦诚我的弱点，赢得风投信任

去年，我也有过西格那种经历。有一次，我要与艾伦·斯普恩共进商务晚餐，斯普恩曾任华盛顿邮报公司CEO，现在是北极星投创公司的主管合伙人，这家风险投资公司在全球范围内为前景看好的企业注入风险资金。斯普恩表示有兴趣为LRN注资，而我也有兴趣与他共事。晚餐过程中，艾伦坦率地问到我们公司的董事会如何评价我个人的表现。我毫不犹豫地说：“具体我并不清楚，可能是C⁻吧。”

他显然很吃惊，但我不想欺骗他，因为谎言总有一天会被揭穿。我坦率地和他交流，因为我在鼓励他加入我们的行列，让他了解我知道前面有哪些工作需要做，并且能坦诚地说出公司的有利和不利局面。我用主动坦白弱点的方式催生协作，加快我们建立紧密互信的进程。我知道，当时被我隐瞒掉的任何事情将来都可能会被摆上桌面，而这会影响到我与他将来的信任纽带，进而影响他与我们共事的激情，而且这个影响将持续很久。我可以轻松地把我在董事会那得分不高的事实向他隐藏很长时间，但我决定向对方坦白，把这个弱点作为一个强有力的邀请信号。这成了我的一种长期优势。

几个月之后，斯普恩参加了一个会议，同时出席的还有好几位我们公司的董事会成员。会后他给我打了电话。他当时真的向这几位董事谈起了我说过的那句话，然后告诉我，董事会作出的评价使他对我的坦白态度印象更加深刻（当然，实际上董事会也并不像我说的那么严苛）。某些深受马基雅维利主义（Machiavellian schemer，为追求实效可以不顾道德、不惜操弄权术的一种态度。——译者注）影响的读者也许会说："你这是在骗他。你故意告诉他一些负面消息，这样他知道正面真相时就会格外惊喜。"但请相信这一点，你不会为了错误的原因做正确的事情，这样的做法迟早会适得其反。别人会感到你在与他或整个系统博弈，接着他就会对你和整个系统产生怀疑。**坦白态度所拥有的力量正是来自于它的朴实与毫无心机**。你可以想象人们发现自己被诡计或托词算计之后会作出何种程度的反应，以及这种反应将对人际关系稳定性和相互的信任感带来何种程度的冲击。正如一句俗话所说："骗我一次，是你的耻辱；骗我两次，是我的耻辱。"诡计与托词一旦出手，就再无补救的希望。不管怎么说，向潜在投资者作出"董事会对我评价并不高"这类自白的确不容易开口，但当你体会到其中蕴涵着的真诚与坦白这种积极主动意义上的透明度时，你就会受到激励，变得同样真诚，同样透明。

还有更深层的原因促使我卸下宇宙救世主的伪装，坦诚面对斯普恩。性格的弱点能带来全方位协作的良机，而协作本身应该是一种比两个人合伙牟利更有价值的关系模式。在斯普恩面前主动坦白我的弱点，这样的行动使他清楚地意识到，我对他的期望超过了他可能在我身上投入的资金。不管怎样，我都希望我和整个 LRN 公司旅程的意义能超越我们所创造的财政收入，而斯普恩也想超越一名投资者的角色。我的透明态度使他看到了一个机会，一个通过自己的旅程实现人生长远价值的机会，或者说通过这次旅程让他更有意义地利用他的知识与智慧的机会。我向他展现的不是闪闪发光的车轮，而是把自己作为传动装置展现给他，让他看到 LRN 是一部正在高速健康运转的机械，但也有足够的空间让他并入其中，并紧密地互相啮合。我的透明态度向他展现了一幅我们可以共同实现的光明前景，我们能够紧密协作，有潜力推动公司进入上升螺旋式的良性发展。不久，斯普恩与北极星投创公司真的向 LRN 投入资金，我邀请他进入董事会，他现在已经成为我们公司不可分割的一部分。

诚实的本质是什么？是坦诚相待？是以价值准则而非贪念指导自己的行为？正如马克·吐温写道："如果说实话，你就永远不用去记你说过什么。"更重要的是，**在这个充满谎言与欺骗的世界里，在这个我们每天都可能被数百个商业信息左右自己行为的世界里，坦诚总是让人耳目一新**。没人能模仿你的方式。在丰富多彩的行为里，积极主动地置身于人际透明态度中的方式可以让你脱颖而出。

变数带不仅描述了一种客观环境，也描述了商业领域中的一种人际关系形态。人际关系中也存在着变数带：商业关系通常是一种讲求外在形式的关系模式，正如企业把各种运营手段或广告作为自己与各级市场的联系一样，个人在日常人际交往中也常常会使用某种代理物或参照物。如果你的买家在谈判中威胁你："我们也在和你的竞争对手谈。"而事实往往并非如此，他们

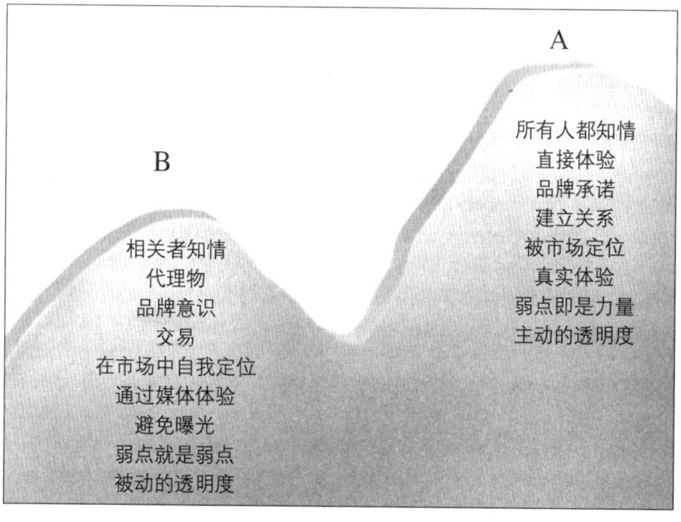

图 3-1　从"隐藏"到"透明"

只是在利用虚构的理由作为代理物来换取更有利的谈判地位；如果上司命令你“今天下午 4 点前给我把事办妥”却不向你说明原因或理由，那他很可能是在利用自己在阶层结构中的有利地位作为代理物来迫使你听从命令。

在不透明的世界里，你无法看穿对方的代理物或参照物，变数带在这样的世界里永远存在。但是，当大家开始主动变得透明时，变数带存在的空间便会越来越小，你将可以用信任感来弥补这些空间。我们的世界总是存在着不可避免的变数，所以你才需要变得透明，不管是技术上还是人际交往上，因为这种透明度正是你所能驾驭的最强大的方式力量之一。

第 8 章

信任：企业的软素质，硬通货

> 互信比互利更能使人团结到一起。我们的朋友绝少靠我们牟利，但却让我们感到安心。（H.L. 门肯，美国著名文艺评论家）

几年前，博客还是互联网上一种新鲜玩意儿，有一位住在纽约的网页设计师贾森·科特基，在他的私人博客 Kottke.org 上讲述了一个亲身经历的有意思的小故事。主角是一位卖甜麦圈和咖啡小店的店主，作者叫他拉尔夫。

"……于是，我走到橱窗边，点了一个糖霜甜麦圈（75 美分），"科特基写道，"当他把甜麦圈包好给我时，我顺手递给他 1 美元。但拉尔夫只是指了指柜台上的一堆零钞，然后一边转身忙着应付旁边的顾客，一边对着我后边的队伍大声喊道：'下一位！'于是，我把钱放下，自己从那堆零钱里面抓起 25 美分。"

科特基对这个路边小店的经营模式发生了兴趣，于是决定开始观察。"我走开几步远，然后回头观察这个店主是如何与顾客互动的。我观察了整整 5 分钟，顾客们要么直接放下数目合适的钱，要么根本无需拉尔夫指点便动手为自己找零，而拉尔夫本人则忙于为买主们倒咖啡、端甜点，根本无暇顾及那堆营业款。"

科特基一面观察，一面在心里思忖这种不寻常的收银手段可能给店主带来什么样的结果。科特基开始注意到，拉尔夫接待的顾客似乎特别多。为了证实自己的猜测，他又观察了附近另外两家甜品供应点。平均算起来，那两家店招呼 1 位顾客所花的时间是拉尔夫的 2 倍。或者说，在相同的时间内，他们接待顾客的能力只相当于拉尔夫的一半。

这个现场直播式的观察报告使我们量化地认识了人们的互信行为。由于拉尔夫相信顾客会老实付钱，他就能在相同时间内比其他竞争者接待更多的顾客。从经济学角度来说，就是拉尔夫用信任代替了找换零钱的劳动，并以此节约了交易成本。从成本效益分析的角度解释，拉尔夫通过总销售量增加而获得的收益大于因顾客不诚实或付钱出错而导致的损失。另外，由于顾客总量的上升会导致单个顾客服务时间的缩短，你可能会担心这会影响到顾客忠诚度的建立，但事实证明，实际情况恰恰相反。信任机制的引入最终让拉尔夫获得了意想不到的结果：大量顾客每天都固定地来这里买甜麦圈，而不会选择去同一个街区里的另一家甜点店。

信任是一种有趣的东西，是我们经常忽视的几项软素质之一，它经常在我们所面临的各种挑战和机遇中出现。巴菲特说：**“信任就像我们呼吸的空气，它存在时，没人在乎它；它不存在时，人才会注意它。”**信任让我们在面对捉摸不定的变数因素时也能正常行事。

当变数带，即变幻莫测的现实世界与心目中理想国之间的鸿沟变得明显时，我们便不得不寻求一些事物填补它，而信任感正是我们要找的东西。信任能平息变数带来的恐慌，因此，变数越大，人们就越注意信任感的来源即人类的行为，也就是我们待人处事的方式。于是信任成为了人际沟通中一种比任何时候都更重要的“硬通货”。

人们早就意识到了信任给商业经营带来的好处，但始终缺乏一种实在的标准或数据提醒人们信任感缺失时情况会变得多糟。同样，我们每个人都在不断追求与他人和与环境建立互信关系，并以此丰富自己的人生，但经常没有认真思考如何建立这种互信关系。

信任填补“变数带”，创造经济优势

我们有两种方法可以衡量信任的价值：主观的（我们对信任的亲身感受）和客观的（以金钱形式体现出来）。主观地说，几乎所有人都会选择生活在充满信任感的环境里，因为在这样的环境里，不会经常出现意想不到的变故。

有了信任，我们便会感到安宁、安定。信任让我们觉得它正是安宁感和安定状态的源头，是它使我们可以在充满变数的世界里仍然能正常行动。

但是，为了充分理解信任在商业经营行为中的价值，我们必须开始对它进行客观的量化，用可观察的、可计量的损益标准衡量这种主观感受。比如说，信任使我们可以互相依赖，正是由于我们信任自己的同事会完成他的那份工作，分工合作的机制才可能实现。如果缺乏信任，你会把一封涉密的商业经营战略通过电子邮件发送给某位合伙人，并且指望他能保守秘密吗？在商业领域，人们一直怀疑信任感能否作为一种主观感情而被客观量化，直到最近才有学者真正尝试做出这方面的研究。信任，不仅有主观意义，而且还能创造财富。

2002 年进行的一个具有开创意义的研究，杨百翰大学万豪管理学院的杰弗里·H. 戴尔（Jeffrey H. Dyer）教授与首尔国立大学经济管理学院的朱尤进（Wujin Chu）教授用实验方法证实了当年科特基在纽约街头观察得到的结论。这两位学者在美国、日本和韩国调查了涉及 8 家汽车制造商的总共 350 组供销关系，结果显示：信任值与交易成本之间有直接的、敏感的联系。最不受信任的买方签订购货合同时所支出的成本比最受信任的买方高出 6 倍：同样的采购项目，同样的支付条款，6 倍的成本差异。所有这些额外的成本都滋生于讨价还价、起草条款，以及商定各种合同保障性措施的过程中。

因此，戴尔和朱尤进重新强调了诺贝尔经济学奖得主道格拉斯·C. 诺斯（Douglass C. North）的发现：这些交易成本占了所有商业活动开销的 1/3。他们还发现，那些最不受信任的公司相应地也是效益最差的公司。

戴尔和朱尤进并没有就此止步。他们还研究了信任感与催生价值观的激励行为之间的关系，特别是信任感与合作伙伴间共享重要信息的行为之间的联系。尽管不能说清楚信任与信息共享到底哪个是鸡哪个是蛋，但他们的研究资料显示：一家公司对另一家公司表现出的信任有助于增加创造价值的行为，就像信息共享一样，这反过来又会提高信任度。他们采访过的一位公司经理是这样说的："我们更可能把一款新产品设计交给信任度高的生产商甲而不是信任度低的生产商乙。原因很简单，乙曾经为了降低某些部件的生产成本而把我们的蓝图交给我们的竞争对手。他们自称这是为了保持有竞争力的价格水平，但由于我们无法再相信他们会公正地对待我们，所以我们再也不把任何新款设计交给他们了。我们把新款都交给甲，因为我们之间的长期合作更有保障。”

正如个人之间分泌后叶催产素的动作可以相互回应一样，企业层面上的信任感也能相互作用，它能促成一种合作的、鼓励价值观成形的良性循环。“这种现象使信任感成为了一种独特的商业管理杠杆，”戴尔和朱尤进总结道，“因为交易双方投入到建立互信的成本经常能同时产生出其他经济价值，而不仅仅是节约交易成本。”

科特基、戴尔和朱尤进的故事都让我颇有感触，但我仍然觉得，不管是拉尔夫的甜点铺子，还是戴尔他们研究的公司，都只是小型或中型企业的代表，我仍然无法确信在最高层次、最大规模的商业交易中，同样的准则是否依然适用。直到后来，这个疑虑才被迈克·弗里克拉斯（Mike Fricklas）告诉我的一个故事所打消。

商业巨头最看重什么？

弗里克拉斯是维亚康姆公司的执行副总裁兼总顾问，这家公司是当今全球规模最大的传媒巨头之一。当时，我正在时代广场维亚康姆公司总部附近和弗里克拉斯会面。由于以前在一系列企业并购活动中的活跃表现，弗里克拉斯被维亚康姆公司聘请来负责收购派拉蒙与百视达的相关事宜，这也是20世纪90年代世界上最大规模的两次并购行为。

从那时开始，弗里克拉斯便在公司的发展中扮演了中心角色。我与弗里克拉斯共事多年，他不仅是一流的律师，而且非常善于为大规模的商业操作提供有价值的指导。我问他，在他参与过的那些大手笔交易里，信任起到了什么样的作用。“在大型商业交易里，交易成本相对没那么重要，”他这么回答我，“更具有战略重要意义的，是对方首先要愿意和你做生意。”那时，维亚康姆公司正在执行一系列中等规模的收购计划，对此，弗里克拉斯提到，良好的收购历史记录让他们享受到很多益处。“人们都非常信任我们，以至于早在双方关系刚刚开始确立，也就是我们刚刚和潜在收购目标展

> 开接触时，我们便很少感觉到那种并购谈判里常有的排外情绪。实际上，信任也是那些公司从一开始就愿意融入我们，并与我们一起发展的根本原因。”

这个例子很好地验证了信任是如何填补两家公司之间的变数带鸿沟的，尤其是在其中一家公司正面临被收购，而且可能损失很大的时候。很显然，在商业交易中，从一开始便享有这样的独有机遇可以带来巨大的市场优势，但我仍然觉得这只是信任作为主观软素质的另一个事后观察结果。于是我问弗里克拉斯，能不能把信任和那些大型商业交易中的客观收益直接联系起来。“当然没问题，”他立即回答道，“在经济学意义上，信任是一种重要的资本成本。当你需要融资做一笔大买卖时，你通常没法向市场隐瞒交易计划详情，但又不能危及竞争优势。这时，你就只能依赖信任和以往的声誉了。你有信用，出资者便会以更优惠的条件让你融资，完成那笔上千万美元的大买卖所花的成本就会降低。”

信任与经济优势之间的关系也能上升到宏观层面。研究显示，在任一社会里，某种最低限度的普遍互信是维持经济增长和社会繁荣的必要条件。缺乏这类信任时，投资将会流失，经济将会停滞不前。1995 年，弗朗西斯·福山在他的著作《信任》（*Trust*）中首次提出这种解释。他在书中写道：“国家的财富以及竞争力……由社会互信的程度所决定。”神经经济学家保罗·扎克则进一步延伸了福山关于信任和共同财富之间的关系的观点。他在《金融改革学报》（*Journal of Financial Transformation*）上的一篇报告指出：“我们的分析还证实，如果社会诚信度低到一定水平，那么投资率将会随之下降，收入增长便会停滞，甚至倒退。”经济学家把这种现象称作“贫困陷阱”（Poverty Trap）：当某个社会陷入这个陷阱时，它的经济与诚信便会进入恶性循环。“我们认为，贫困陷阱现象的根本原因在于社会缺乏有效的法制结构，这就导致了普遍的诚信缺失，进而导致投资率下降，”扎克说，“另外，人均收入里经济正增长所需的诚信阈值水平正在增加，也就是说，一个社会越贫穷，就越需要诚信值来刺激足够的投资，并改善生活水平。这就是为什么贫困陷阱如此难以摆脱的原因。”或者用本书的话来说就是，社会的变数带太大时，我们就几乎不再可能将它填满。

法律在社会的各个方面都能起到积极的作用，其中包括产生经济繁荣所需的一定社会公信，也就是我以前提到的规则体系的“坚实地面”效应。扎克的研究指出，在斯堪的纳维亚半岛和东亚地区，社会公信程度相对较高，而在南美、非洲则相对较低。在另外一次世界范围的研究调查中，研究者在每个社会中随机抽取两名调查对象，并询问他们是否相互信任，只有3%的巴西人和5%的秘鲁人觉得自己的同胞值得信任；而在挪威和瑞典，这个数字分别是65%和50%；1990年，美国的调查结果是50%，但现在只有36%；而在英国，自20世纪90年代中期以来，这个数字一直维持在44%。

扎克还发现了信任与经济繁荣程度之间的量化关系，一个社会的商业投资率直接反映了该社会的诚信水平。当公信水平高时，国民投资率（国民总投资在生产总值中所占的比例）就会随之升高，反之亦然。比如说，当美国的公信度由36%提升到51%时，公民的年均收入将因为投资和工作机会的增加而提高400美元。如果把你一生的全部工作时间考虑进去，这便相当于你的收入增加了3万美元。

诚信与经济增长的关系中存在一种矛盾。那些错误地理解亚当·斯密的互利型资本主义准则的人，常常强烈要求建立真正的、不受监管的、自由放任的市场机制。在他们的印象中，仿佛只要没有法规监管，自己就可以随心所欲地在市场上行事。这其实只是思维受规则体系束缚的另外一种表现形式：这些人将自己的市场能力定位在与法规对立的位置。

但事实上，有效的法规体系和监管机制有利于减少变数、增加确定性。这就如同交通信号灯一样，尽管存在红灯的等待时间，整个交通信号灯体系却有助于在宏观上提高交通速度、效率和安全性。信号灯帮我们建立一定程度的可确定性，借助这一可确定性，司机和行人都能规范自己的行为，并期望他人也能如此。

就像我们对自由化市场的期冀一样，我们在驾驶时难免偶尔会希望自己免受交通法规的约束，有时我们甚至会主动突破这些法规的约束，比如说在某一个路口闯红灯，或者在某一个路段超速行驶等。个别的违法操作使我们获利，比如说更快地到达目的地。但是，当法规全面失效时，比如说突然停电导致信号灯失灵时，人们却无法为所欲为地提高时速，相反，整个交通流量反而变慢了。可确定性的缺失导致所有人都变得更为小心翼翼，司机们这时更关注的将是安全而非速度。没有交通法规就没人喜欢驾驶，因为这时驾驶带来的风险将超过得到的回报。在市场机制乃至在更基本的人际关系领域里，这一点同样有效。当感受到变数时，我们便放慢节奏，社会经济活动也会跟着受到影响。于是，互信的良性循环将会变弱，我们也更倾向于拒绝承担风险，哪怕明知这些风险可能意味着高额回报。

变数越大，利润越低

20世纪90年代中期，加利福尼亚大学洛杉矶分校社会学系副主任彼得·科罗克（Peter Kollock）进行的一次研究实验验证了上述过程。他建立了一种交易博弈，使实验对象可以在两种不同的环境下交易货物。在高变数环境中交易的实验对象知道自己货品的价值，而在低变数环境中的则不知道。

科罗克的实验结果令人吃惊。实验表明，在高变数环境下，人们倾向于达成私下协议，并且宁愿选择以较少的利润率将货品卖给有私下协议的熟客，也不愿意为了较高的利润而和陌生人交易。或者说，在可确定性缺失的环境下，人们倾向于在商业活动中更加慎重，商业活动的整体效率也会随之降低。

延伸信任，制造更多人浪

如果说变数带的一边是我们心中那个绝对安全、绝对稳定的理想王国，而另一边则是残酷的现实世界，那么，现实世界与理想王国的距离到底有多远？或者说，我们应该如何定义可确定性？实际上，这个问题算得上是个陷阱问题，因为我相信变数带根本没有极限。在现有的市场条件下，如果我们能创造出足够的互信来抗衡风险并取得发展，那为什么还要介意变数带？毕竟，安全稳定的状态或者可确定性并不是我们追求的直接目标，而是我们追求真正目标时顺便考虑的外在因素。想象一下：桌子上放着一个箭靶，我们站在靶心，围绕着我们的一个个圆圈就是互信的良性循环，9环、8环、7环……以此类推，直到外面的圈消失在地平线。你用信任所能填补的圆圈越多，你的位置就越安全。你自己的想象力决定地平线有多远。让我们换一种比喻：你站在球场的正中，一圈一圈围绕着你的不是靶环而是你每天一起生活、一起工作、一起玩耍的人，以及你爱的人。人际圈之间的鸿沟就是人际突触，你用信任填补这些突触，然后就可以触及体育馆的每一个角落。你与这个庞大群体的联系越紧密，你就越安全，你在现实世界里就越有能力取得成功，就能制造出更多席卷整个球馆的人浪。

但对于我们大多数人来说，凭空想象总是比实际操作要简单。那些长期生活在信任的环境之中并因此而获利的人，可以从中想象出很高水准的可确定性。而那些曾经在环境中品尝过背叛与自私的人能想象到的恐怕就只是猜疑。但事实上，每个人都有能力用信任填充身边的人际空间。这和所有类型的知识旅程一样，我们无法直接从顶峰 B 跃到顶峰 A，我们必须想象信任圈不断外延的情景。有时，我们不得不在深谷 C 中挣扎，比如说你错信了不该相信的家伙。但是，不管过去对信任有多么糟糕的经历，我们都可以从现在做起，相信我们能突破极限。也许你能填补 1 个圈，也许是 3 个圈，但当你到达靶边的时候，也只有到了那个时候，你才会突然发现下一个需要填补的圈。这就像攀登高山，你必须爬上头一个山峰后才能看到下一个山峰。信任不是你可以随意打开或关闭的开关，但经过长时间的磨炼，你最终可以获得想象那种美好情景的力量。

TRIP 之旅：创造信任，利用信任

那么，我们对信任究竟了解多少呢？我们知道它是大脑分泌的一种强效化学物质，可以加强人际沟通并驱散恐惧感；我们知道它填补了变数带，并因此战胜了降低我们效率的危机和无所适从感。随着时间的推移和交流次数的累积，人与人之间、企业与企业之间的信任能够更好地唤起信任；在创造信任时花费了多少心血，它最后就能为我们带来多少回报，甚至更多；信任让我们甘愿承担风险。简而言之，信任感积极而富有推动力，它总是伴随着激情和灵感出现。

我们需要经历一段旅程才能学会想象和利用信任，不过信任本身就会驱策你投身于这段旅程。

TRIP（旅程）=Trust（信任）+Risk（风险）+Innovation（创新）+Progress（进步）

信　任（Trust）

TRIP 中的“T”代表着信任。如果我们刚刚见面，而我选择对你表示信任，谁更有美德？是付出信任的我，还是值得信任的你？亚里士多德的答案是前者。当我选择信任你时（尽管我们刚见面），我就把选择权移交到了你的手里，由你来决定要不要让我的信任失望。我是脆弱的、易遭风险的一方。在某种意义上说，信任象征着付出，象征着权力的转移，在当今这个高度互联互通的世界里，这是获取外界关注最重要的方式。信任感使他人得到力量，因为它是一种美德，所以它也给了自身力量。从本质上讲，**信任包含着风险，同时也为我们这趟旅程提供了制造动力的引擎。**

风　险（Risk）

“R”代表风险。在生活与商业经营中，我们都知道这个概念，风险里蕴涵着回报。老话说得好：“没有风险就没有收获。”你敢于付出的理性风险越多，你所能期待的回报就越大。在高变数的环境里，信任感的良性循环很难成功建立，彼得·科罗克的研究说明了这一点。我们只在自己的老乡里挑选合作伙伴，只和那些熟客打交道，只与通过良好声誉和他人推荐等个人直接沟通方式增强信任纽带的人打交道。没有了信任，对我们来说，变数带就像大峡谷一样。我们放慢车速，一举一动小心翼翼，并把人际圈缩至只有亲朋好友的范围之内。

但当信任感弥漫于我们身边时，所有这些倾向都会反过来。我们会充满安全感，大胆行事，无拘无束地投身于开创性的事业里，不用担心老板是否会为我们打破了现有局面而发怒。这样的环境让我们阅历更广，因为我们相信，就算遭遇挫折，也能从中学到有价值的教训。如果说信任的本质中就包含着风险，那么，信任越深，我们承担风险的能力就越强。研究显示，充满信任关系的项目小组一般都比缺乏信任关系的小组表现得更优秀。如果你相信别人向你描述的人浪景象，你就会站起来亲自投身其中，而如果你不信任他，你就只会继续坐在座位上啃你的热狗。所以，承担风险的前提条件就是用信任填补满变数带。

信任伴随着风险。如果我让你站在柔软的沙滩上尽力起跳，你能达到的高度十分有限，但如果我带你到一块坚实的地面上，比如说篮球场，那么你就会跳得更高。在沙地上起跳总是很困难，这就是为什么我们会尊敬沙滩排球运动员的原因，直觉告诉我们，这些运动员的每一跳都充满了难度。盖房子时，地基打得越牢固，你的摩天大楼便能修建得越高。要想在商业领域跃进，也是一样的道理：基础越坚实，迸发出来的创意就越可观。那些动态的人际关系（同事之间、合作伙伴之间，以及企业之间的复杂微妙关系）就如同沙滩的浮沙，而信任则是使浮沙变得坚实的力量，是信任让关系变得牢固，并为我们的行走和跳跃提供了稳定的基础。我们常说信任是一种软素质，但它同时也是最坚硬的东西，有了它，我们便更能承担风险、跳得更高。

创　新（Innovation）

“I”代表创新。在一个高度透明、高度连线的世界里，我们比以前任何时候都更加暴露在他人面前，更容易被他人发现。信息的开放与自由流动象征着更高的风险、更少的控制权以及更多的弱点。所以，当今的外部条件要求我们不得不适应更高风险的客观环境。在如今的平行世界里，我们已经习惯超越地域与专业的限制，横向开展协作。要在这样的世界里良性运作，拥抱风险，收获回报，你必须拥有足够多的信任圈，它们使你可以毫无后顾之忧地展开多边协作。你需要学会容纳多样化的关系结构，还要学会建立起坚强的突触，靠它们去更广、更深入地覆盖那些多样化的新的人际关系。

在互信的环境里，人人都感觉受到鼓励，都愿意去承担更高的风险。他们更多地挑战现有系统，解决现有问题，而且不必由于害怕来自他人的责难（比如说来自老板和同事）而蜷缩在小黑屋里。相反，他们可以心无旁骛地参与冒险，而这种勇于冒险的精神就能带来创意。商业经营的本质就是不断地开拓新边界。它每天都要求我们前往未知的领域，抓住新机遇，跳得更高、跑得更快，创造出富有价值的新策略、新产品、新机制。想要收获这些果实，不但需要自己冒险，更要创造出一个环境，让周围的同伴也投身于风险之中。

有些精明而又安于高风险商业环境的市场经营者创造出了病毒式营销策略。再也没有比这种策略更冒险、更不可思议的营销手段了，它居然直接把品牌暴露给市场，让消费者自行操纵，这种形式的意识跃进只可能发生在高度互信的商业环境里。

满足现状使人停滞不前，甚至退步，而所有的创新都需要承担不同程度的风险：资本风险、精力风险、机会成本风险，最基本的是面临失败的风险。没有对成功的信仰，就没有创新。拥有这种信仰，我们便会信任他人会在旅程中提供帮助，也信任我们不会因失败而受到苛责。一个快速发展的社会需要不断的创新作为长远成功的基础。所以，那些期望下属勇于承担风险的管理层需要首先创造出以互信为基础的环境。**互信容纳了风险，风险带来了创新**。

进　步（Progress）

创新的结果是什么？是进步。“P”代表进步，不仅仅是产品、服务和利润的进步，更是个人意义的进步。我们每天辛勤劳动，就是为了享受我们达成一个大目标、为团队尽到力量，以及最终改善了社会生活水平时所获得的那种满足感。在这种意义上，进步就是我们对自身意义的执著追求。我们之所以投身于 TRIP（旅程）之中，是因为我们想实现一个有意义的商业目标，想为社会的进步解决实际问题，更想证明自己的长期价值。当我们成功穿越深谷 C，攀登上顶峰 A 时，我们便会明白，作为全球商业领域的一员，我们比以前更强大、更有能力，同时也更有意义。这时，我们就有实力开始下一段旅程、登上更高的山峰，实现下一步的人生意义。

信任乃商业本能

信任容纳风险，风险带来创新，创新产生进步。这正是我们在当前高度透明、高度连线的世界里取得长远成功的最基本法则。

其实还存在着另外一种旅程：“T”也代表着透明（Transparency），透明化的态度是信任的根源。人际透明度让我们在这个人际沟通空前紧密的世界里如鱼得水，同时也催生了信任感。我曾和强生公司公司前副总裁罗杰·法恩（Roger Fine）一起探讨过信任感这个话题。他在强生工作的时候，我和他曾有过很愉快的共事经历，也从他那里学到了很多东西。谈到信任，罗杰抢先说："人们制造信任感的主要办法就是表现得坦白、真诚。透明的态度让对方知道你说的话全部是事实，除了事实没有别的，他们马上就能分辨出来。这就是我们信任陪审团制度的原因。陪审员总是可以嗅出被告说的是否是真话，只需要常识和一些最基本的人性本能就能做到这一点，分清谁坦白谁骗人并不是一件难事。"当你把主动的透明态度当做自己的力量使用时，人们会觉得你已经告诉了他们一切，不管是好事坏事、正面的还是负面的因素，你是那种不会对他们说谎或隐瞒的人，因为这样的举动也不符合你自己的利益。因此，透明的态度与信任感总是成双成对地出现。

"R"也代表了声誉（Reputation）。声誉由信任而生，同时又催生信任。我们将在接下来的第 9 章中更详细地讨论声誉的问题。

信任也能释放出本能（Instinct）。那个"I"正是本能。作为人类，我们天生具有动物性本能，但不幸的是，在现在的大多数决策机制中，真正的动物性本能被完全排除在外，或者已经退化。被大多数看作本能的现象，实际上都是大脑在面临决策压力时，通过突触将一系列复杂的经验、判断和感知概念等功能交织起来的产物。当你处于充满信任的环境中时，这些突触就变得茁壮，大脑中的各个功能中心也会迅速地、连续地运作。这时，你就能作出及时的决策，并且往往能从中受益。

运动员们都十分了解这个道理。在高尔夫球里，一条更有进攻性的击球路线可能意味着你将花费更少的杆数完成整个比赛，也可能意味着球场障碍，进而意味着罚分。当你自如地挥动球杆，并且非常自信时，你便更有信心面对这样的风险，于是你把球打出去，并达到目的。但当你不那么自信时，你便选择更保守的线路，避开树林或者水洼，花掉更多的杆数。在对抗性更加激烈的体育运动，比如说网球和篮球中，也存在着类似的准则。在这些比赛中，动作发生的速度如此之快，以至于你经常没有时间仔细思考就作出反应。以网球为例，如果你信任自己的技术，你便倾向打危险的扣球，或者胸有成竹地等待对方的球出界。但如果没有这种自信，你便只能采用保守的发球路线，然后追着球满场奔跑。所有这些本能式的决策都发生在毫秒之内，因为信任让我们的突触强壮，而且这些本能决策通常都比经过反复犹豫之后的反应更有效，也更成功。信任为人性本能的活跃创造了条件。

最后，如果你总是在处于这个旅程之中而且持续进步，那“P”也代表“繁荣兴旺”(Perennial Prosperity)。你也许注意到了,我没说“P”代表利润。对进步的追求很少源于追求利润，更多的是源自为别人创造有价值的诉求。

如何催生信任

我们这个时代最关键的问题是用什么样的方式开始这段旅程？从哪里开始？在哪里到达顶点？我们已经了解到，旅程的推动力不是社会规则体系，因为规则没法激励出这种类型的执著态度与冒险精神。那么它到底是什么？

答案就在方式的世界里。我们总倾向于信任那些用正确的方式指导自己行为的人。这些人真诚、坦率，平易和蔼；他们愿意与我们分享机遇与挑战，懂得如何与我们深入地交流，如何建立强有力的人际突触，并且始终恪守自己的承诺，他们是最好的沟通对象和协作伙伴。如果你想信任他人，你应当选择的理想对象便是那些时刻在自己身边制造互信循环的人。互信的良性循环就像奥运的五环，你的体育馆里这样的环越多，你就越能掀起更多人浪。在我们所处的世界里，信任感是时代的硬通货，它比以往任何时候都有价值，对你来说多多益善。所以，那些能够自己制造更多信任，同时也激发他人产生更多信任的人无疑将取得最后的胜利。

信任的悬梯

迈克·弗里克拉斯是从他的工作经历中学到了这一点的。“90年代末，”迈克有一次告诉我，“我当时正在参加维亚康姆公司一个大型合资项目的谈判。这个项目涉及收购某家大型传媒企业旗下的一个部门，而我领导的谈判小组正好负责这次收购事宜。这次交易牵涉到双方的很多不确定性因素，而对方明显面临着沉重的压力，想要尽快完成交易。从我们初步谈妥价格条款到最终拍板的那段时间里，这个部门的市场估价得到了明显的升值。所以临到签约前，对方的谈判专家通知我们：‘我们期望能得到更高的价位，因为我们当初的估价显然太低了。’但是，我们并不准备在那时重新谈判价格问题，因为股东明显不会同意这样的做法。

“我们占据着所有优势，但我们也承受着不小的压力，要尽快结束谈判，所以当时的气氛很紧张。这时，对方有人主动提出了一个价格让步，幅度之大简直让人怀疑他是否有这么做的权限。在当时的气氛下，很容易发生某人发怒拍桌子，然后双方不欢而散的结果。我的意思是说，在那种环境里，人们通常倾向于就某个小砝码来回拉锯，而无法注意到整个谈判的发展，但提出价格让步提议的这人显得既直率又有大局观。和这样的人打交道时，你更倾向于对他说：‘你很为我们着想，所以让我们也想办法考虑一下你的处境。’于是，我设法主动为他们增加了一些保护性砝码，这样他回去向董事会解释他争取到的价格变化时他们的人就更能接受。我也不用回去向老板汇报说价格有变动，因为结果证明，我给对方的保护性砝码最后根本没给我们带来任何损失。”

迈克接着说：“几年之后，我参与了维亚康姆公司下属一家公司并购一家性质完全不同的公司的复杂谈判。当时还有另外一个维亚康姆公司的谈判组在负责此项并购的部分工作，而这个谈判组的对手就是我刚提到过的几年前跟我打过交道的家伙。由于各种复杂原因，他们当时的谈判进程也陷入了僵局，双方产生了无法折衷的分歧。在我看来，我们这边已经没有退步空间，而对方的某些坚持却显得没有理由。由于之前和对方那位谈判专家打过交道，我认为可以尝试和他直接沟通。于是，我让我们的谈判组和他取得了联系。

“当天晚些时候，谈判组给我回了电话。他们已经跟对方那位谈判组成员见了面，并告诉他我认为他们还有让步空间。他立刻改变了态度：‘看在迈克的面子上，就这么办吧。’几个月之后，在一次行业晚宴上我遇到他，为这事向他表达了谢意。”

我告诉迈克，这个例子说明了信任是一种多么有价值的硬通货，但迈克对此态度很谨慎。他说：“在生意上能拥有这种良好互信的关系总是能让你事半功倍，但我妻子和孩子把这叫做‘信任的悬梯’

(Ladder of Trust)：你慢慢向上爬，但如果蹬空，你就会一下子跌回地面。我觉得这个比喻放在生意场上也很形象。如果你碰到某人拒绝回应，甚至滥用你的信任，那么，所有的信任元素都会消失得干干净净，事情会变得更难应付。”

释放信任感可以是有意识的举动，也可以是无意识的举动。有些人一看就值得信任，你无须做多少有意识的思考，就向他们表现出信任，神经学家把这种信任的产生称作杏仁体反应，也就是你的大脑分泌后叶催产素、察觉错误信号和做出决策的复杂反应。你也能成为那些激发对方无意识信任感的人。在面对面的基础上，你可以通过行动激发保罗·扎克和其他人称作“社会依恋”的机制：使对方产生心理回应、分泌出后叶催产素，然后产生信任感的行为。在重要的场合亲自与对方见面，真诚地问候他们，亲切地与他们握手，保持积极的眼神接触，与对方共进午餐，以及诚挚地关心对方的家人等，这些行为都有助于激发起对方的杏仁体反应。

也许你觉得这些建议听起来像是在说教，但科学发现确实已经证实，真诚的关怀举动有助于激发信任感。

在企业层面，那些被业界称作“打气项目”(Morale-Building Programs)的企业关怀，可以有效地激发员工的无意识信任感。这些积极的公共关系项目包括托儿所服务、工作放松时间、团队郊游、集体体育锻炼以及定期探亲假等。

这些措施都能实实在在地提高员工血液中的后叶催产素浓度，并因此提高生产效率。有些不同寻常的举动，比如说现场按摩，也会收到奇效（想出这种用感性接触的招数来伺候员工的雇主居然是美国政府）。这不仅是因为按摩能传递管理层对员工的关怀，还因为这种传递的手段是通过人体的直接接触，而人体接触能强烈地刺激后叶催产素分泌。

总的来说，加深社会依恋是在你的体育馆里强化人际突触的好办法。对于那些你能够直接接触到的员工来说，上边列举的各种实践方案都十分有效，而且我相信，作用对象还可以是其他的小组、部门，甚至企业。“打气项目”有助于让你的人浪波及更广，甚至影响到那些身处外野，你从来没见过、没接触过的人群。

尽管我们之前不止一次地提到过“组织之间的信任”，但实际上一个组织并不能向另一个组织证实自己的信任。严格意义上的信任感总是在个人层面流动。但是，戴尔和朱尤进在他们的研究报告中也指出，个人可以选择将一个人或一群人作为信任目标，比如你的合作组织。但一群人却能集体地向另外一个组织的人表示出信任倾向。所以，组织之间的信任指的是集体信任倾向，从一个组织传递到另一个组织。尽管企业本身无法传递信任感，却可以通过始终如一的正确的经营理念来促使内部尽可能多的员工产生一种定向的信任感，这种信任感一旦产生，便会长时间存在于企业内部。

迈克的妻子提醒了我们，如果在信任的悬梯上一脚踩空，会跌得很重。一旦我们开始怀疑任何个人、群体或者企业无视共同利益，以自身得失为行为出发点，我们全部的信任态度就会被摧毁。个人或企业作出的选择都能向市场发出强烈的信号，而市场也将在很短的时间内给出回应。回应的渠道很多，有的可以很容易地定量收集到，有的则难以捉摸。迈克曾告诉我，他取得职业成功的一个基本途径就是尝试了解并信任其他大型传媒企业的总顾问。“通过这个关系网，我们都能和睦地解决公司之间可能碰到的观念冲突，并且在出现行业共同利益危机时迅速达成一致，比如组成反盗版同盟等。”

医药巨头辉瑞如何重建市场信任?

2006年年中，杰弗里·金德勒（Jeffrey B. Kindler）被任命为医药业巨头辉瑞制药公司CEO，稍后又兼任董事会主席。在他接手公司业务时，这家企业已在快速发展的市场环境里连续多年表现欠佳。可以说金德勒当时面临的是一个互信程度较低的企业经营环境，特别由于当时大众都普遍倾向于相信大药厂贪图暴利。“我刚上任时流行一个笑话，讽刺药业公司举行慈善活动，捐出善款的目的都是为了解决自己发明的药品引起的大量疾病，”金德勒告诉我，“我的意思是，事情已严重到这个地步，以至于大众已经开始认为，我们是在主动制造疾病并从中牟利。你知道这种情况实在是糟糕透顶。”

之前在通用电气和麦当劳任职时，金德勒是一名公认的重视公共利益、多样性与企业责任的领导人。辉瑞制药公司董事会对他的选择表明这家公司相信他可以带领公司迈向一个新方向，最终减少公司的官僚习气，并帮助公司变得更敏锐，对市场需求作出更及时的反应。在某种意义上，董事会寻找的是一位能帮助辉瑞制药公司恢复信任、重新回到TRIP里的人。和以往一样，金德勒主动接受了这一挑战。在他接任后的第一次公众见面会上，他承诺："辉瑞将致力于改进我们经营活动的每一个细节。"

在交谈过程中，我问金德勒他打算采取什么样的方式恢复股东和用户对辉瑞制药公司的信任感。他回答道："第一个步骤是倾听。自从来到这里，我的很大一部分工作时间都用来倾听各种人群对我们的意见：员工、消费者、投资者、分析家，甚至是媒体。我的第一个目的是要搞清楚他们的意见，他们对这个行业有什么不满，对我们公司又有什么不满，是什么让他们丧失信心，公司现行的经营方式是否能应对他们这些意见。我想尽力摸清误会的根源。接着，我和我的领导班子针对人们的想法建立新的规划、新的经营方式，乃至新的决策理念。我们如何才能更加重视患者？用什么方式才能超越对患者的口头关心，并让他们感受到我们在用可信的实际行动关怀他们？"

尽管对金德勒来说，这样的挑战无异于在雷暴肆虐的海洋里扭转一艘超大型游轮的航向，但实际上他的旅程跟我们日常中很多基层项目小组遇到的麻烦有共同点：你们都在试图开始TRIP。所有的TRIP都始于对现状和对目的地的理解。倾听，通向信任旅程的关键的第一步，帮助金德勒与他的目标之间建立起更紧密的联系。他了解并勇于接受挑战的行动，使公司内外逐步恢复了实触的健康运转，倾听使他从众人的疑虑中获益。然后，金德勒向众人演示了他心目中的新辉瑞，一家积极向上、高度专注于为目标人群服务的健康企业。他总结道："在一切可能的机会里，我都会不停地用各种方式向大家表明，我们在坚持不懈地执行、发扬、证明公司的基础价值观。"

接着，我让金德勒为我举一个具体的例子，说明他们是如何恢复市场对辉瑞制药公司的信任的。他回答道："尽管我们的终端消费者是直接使用我们药品的患者，但在世界范围内，我们大多数产品都是政府机构、保险公司以及其他商业组织在购买。在过去，如果有一种很棒的药品，我们几乎可以强迫这些组织订购这些药品，并借此推向患者。但世界变了，我们也得跟着作出改变。我们不能再把这些买单的组织当做对手，与他们争论不休，迫使他们解决我们的问题，或是将我们经营不善的后果转嫁到他们头上。现在，他们是我们的伙伴，我们需要理解他们面临的难题，并争取找到一种双赢的解决方案。如果我们能渐渐地用实际行动向对方证明自己的坦诚态度，证明我们在倾听，证明我们关心他们的问题，并证明我们在采取步骤回应他们的行动，那么我想，我们便能激发出对方的信任感。”

对企业管理层来说，金德勒的尝试显得知易行难。制药产业内部需要修补的地方很多，而大众观念的转变与信任感不会在一夜之间突然实现，它需要不断地自省与努力，需要在深谷C中挣扎前行。然后，作为一个整体，企业才会在当今高度互联互通的世界中茁壮成长。金德勒面对挑战所表现出的真诚态度，帮助他迈出了有力的第一步。“这将是一个长期的过程，”他自己也承认，“企业需要与自己进行长时间的挣扎与搏斗，才能最终改变行为模式。但是，只要你真正做到天天坚持去健身房锻炼肌肉，就一定能长得比别人壮实，从竞争者中脱颖而出。建立信任感的基础就是证明自己的可靠态度。如果大众认为你根本就没有认识市场现实，或者就算认识到了，也不愿为此做出实际改进，那么他们为什么还要信任你？在他们眼中，你的承诺与行动自相矛盾。所以，很明显，企业的可靠态度的关键在于真诚、坦率，并以市场现实为基准与大众展开互动。”

恪守承诺、坚持一贯的行事风格、继承并发扬前任的努力（过于频繁的政策转向会加大变数带，并损害信任感的相互传递）、坚持原则、基于价值思考并能够将价值观转化为实际行动，以及追求自身存在的意义，以上这些行事方式都能够强烈地激发信任感。**不管从个人角度还是商业角度来说，用这些催生信任的方式填补人际突触，都能使我们的人际关系变得更有建设性、更有利于关系双方的长远成功。**

为信任设一道门槛

当然，恪守承诺与保持信任并不意味着你可以滥用它们，因为，这往往会导致非常严重的后果。

庞氏骗局：滥用信任的苦果

小詹姆斯·保罗·刘易斯（James Paul Lewis Jr.）曾经深受大家信任。他是一名虔诚的教徒，定期去教堂祷告，还经营着一家叫做FAC（Financial Advisory Consultant）的投资公司。在将近20年的时间里，他都呆在位于加利福尼亚州橘子郡的办公室里，管理着两只基金。一大批人把退休保险金投入到这两只基金里，期望得到高额回报。在他的对外宣传资料里，FAC承诺自己的发展基金能获得高达40%的年收益率，而收益基金的收益率也高达18%。据后来的报道称："刘易斯不会接受新投资者投入的资金，除非有老投资者推荐。"而他的绝大多数投资者都是教堂神职人员或教友。总之，他在经营一个基于信任的生意。尽管刘易斯从来都不会正面回答他的基金究竟投向了什么地方才能获得如此高的回报率，但人们还是信任他。当被问到这个问题时，刘易斯的答案总是很模糊：医疗设备租借、初期保费投资，或者其他五花八门的行业。投资者每个月都能收到来自FAC的时事通讯和投资财务结算表，并且大多数人都能获得承诺过的分红。在近20年的时间里，FAC共募集到了3.1亿美元资金，但没有1分钱被用于投资。刘易斯所谓的基金根本就不存在。

直到他于2004年最终被判有罪并面临30年监禁为止，小詹姆斯·保罗·刘易斯，一位深受大家信任的人，一直导演着美国财政历史上最大规模的庞氏骗局。他用从新投资者那里募来的钱打发老投资者的收益，并从中截留数百万元的资金供自己、妻子以及情妇们挥霍。多年来，刘易斯的骗局让多达5 000人辛苦一辈子赚来的养老保险金凭空蒸发。[具有讽刺意味的是，最终逮住刘易斯把柄的人是巴里·明可夫（Barry Minkow），他自己也曾经是名诈骗犯，因为经营 ZZZZ Best 地毯清洁公司欺诈投资者而被判入狱 9 年。明可夫现在是一位反诈骗的私人侦探。]

付出信任是一种理性行为。对谁付出,在何种客观环境下付出,付出多少,这些问题都要靠你自己决定,但你必须首先考虑到实际情况下的变数、前景、行为特征和外部机遇等各种复杂条件。有些时候,这个决定是你经过分析与权衡之后做出的有意识的选择,比如说:“这小子对我挺诚心的,而且办事公道,所以我得信任他”。或者“这位女士的声誉无暇,毫无疑问我应该信任她”。但有时信任的决定是由深层的、下意识的脑部活动激发的。你觉得某人值得信任,于是你的大脑就分泌后叶催产素,接着信任的大门就对那人敞开了。但是,我们还必须用严密的思维来佐证这些下意识的初始判断,不然我们就活该摔下信任的悬梯。

庞氏骗局和其他各种骗术一样,都寄生于信任。信任就有这么强大的能量,它可以在积极推动我们进步与成功的同时,滋养出人性最丑恶的一面。现实世界总是很危险,而在商业领域,即便在它的黄金时期,也同样险恶。我不希望你们认为我是个盲目乐观者,好像只要大家手牵手,心连心,一起唱《肯巴亚》(*Kumbaya*,一首美国流行的黑人灵歌。——译者注)就能取得圆满成功。当然不是这样。现实世界里总会有人与系统博弈,总有人会滥用你的信任,拿你的信任为他们自己的私利投机,并且把其他所有循规蹈矩的人都看做是胆小鬼和傻瓜。对此我们必须多留心眼、提高警惕,并且在任何时候、任何环境下都不盲信。

尽管卖甜麦圈的拉尔夫做的是基于信任的生意,但他每天都得结账,然后第二天再重新营业。这样的经营模式使他和他的顾客都能在一定程度上避免滥用信任和欺诈行为。在更大型的机构和组织里,人们就必须表现出足够的警惕性,注意观察日常生活环境中是否有诈骗或滥用信任的苗头。我们知道,不管你付出了多少信任,总有一定比例的人会欺骗你,甚至博弈整个系统。2006 年,沃伦·巴菲特在给伯克希尔·哈撒韦公司高层管理人员的备忘录中写道:“现在,在伯克希尔,有人正在做一些我们都不乐于见到的事情,但这是不可避免的……只要我们在发现任何不轨迹象时都提高警惕,就能大幅度地降低这种危机出现的可能。你对这些不轨行为的态度,通过你的言语以及行为传达出来就构成了我们经营文化的最重要的组成部分，而这种文化比行为守则更能规范一家公司的所作所为。”如果缺少一定程度的规章与监管制度，要想运作大规模的企业，是很不现实的，这将毫不例外地导致整个企业范围内的无政府主义，但如何才能让有效的监督和惩罚机制与催生信任的环境共存呢？有一句古老的俄罗斯谚语可以完美地回答这个问题："doveryai，no proveryai"，“信任，但要核查。”[尽管前总统里根在跟苏联打交道时经常把这句话挂在嘴边，使它变得家喻户晓，但最早把这句谚语使用到英语中的人是作家戴蒙·鲁尼恩（Damon Runyon）。]

“信任，但要核查”，这句话给人的第一印象是一种矛盾修辞法。如果你选择核查，这是否意味着你已经中断了信任的付出？让我们以一份员工开支申报表为例，看看实际情况是不是这样。并不是所有公司都会使用这种表格，但对于大多数以项目组为基本作业单位的企业来说，这个例子都很生动。现在你是一座体育馆的管理者，你邀请大家入座，并告诉他们：“在这座体育馆里，我信任你们。”然后你建立了一套基于规则的开销申报制度，包括申请表、经理批准、会计签字等繁琐程序，以及很多可钻空子的规则漏洞。如同我们已经讨论过的一样，这套制度会激起所有可以预料的违规反应，员工觉得受到了外部的监控，开始采取相应的不合作举动。你口头上说“我信任你们”，但你的行动表现出来的是另一码事。

但如果你取消这些规则，会不会出现无政府主义状态呢？实际上不会。如果你对员工们说：“诚实地填写申报表格，然后我就为你们报销。”你这种价值本位的言论便会向你的员工传递出一个强烈的信息：“我们正在一起经历一段旅程，如果我们互相信任、风雨与共，我们就能更快、更高效地抵达最后的目的地。”通过在你们的人际关系中注满信任，你能在员工队伍中激发出各种我们已经讨论过的可以降低成本的效应，审查报销过程中更低的交易成本、员工更高的遵纪自觉性，以及社会依恋机制带来的更紧密的企业归属感。用卖甜麦圈的例子来说，就是你让他们自己找换零头，这样的做法甚至可以增强员工之间的互相敦促，因为那些认为遵守规则对自己有利的人会自发地警惕那些可能危害现有优良制度的现象的发生。

但如果还是有人违规、有人作弊、有人为了在报销过程中贪图私利而与现有系统博弈，那又该怎么办呢？出于理性，你不能假设员工队伍里没有骗子，那么，你将以什么方式防止欺诈行为的发生呢？答案是，展开随机核查。谁都知道，你肯定在意员工开销的细节，而且他们也都知道，发现信任背叛者的方法就是保持注意。保持注意就是保持关心，要做到这一点，秘诀就在于一切以公司的整体荣誉为出发点，并且绝不伤害个人信任。

当你真的逮住越轨者的时候，不同的应对方式会带来不同的结果。在规则本位的系统里，欺骗行为几乎立刻就会引出一封群发邮件，内容不外乎是"从现在开始，开销申报制度将有下列修订……"后边跟着一长串的新规矩。这就是规则只能被动针对过去事件的真实写照，一个人破坏了规矩，所有人都得花更多的时间与精力去应付更为繁琐的申报制度，这使我们回想起小学时候的校规。那时候，老师可能说："因为约翰尼坐姿不端正，所以现在所有人都给我到教室后面去面壁。"这种看似可以强化集体责任感的做法实际上只会起到反效果，它让所有人都因此怨恨约翰尼，长此以往，班级的向心力便消失一空。**在企业层面，当管理层为了某位越轨者的个例而让全体员工都付出代价时，团队的向心力便会逐渐消失。人们不仅不会因此更遵守规则，反而会倾向于各行其是，竭力保护自己的私密空间。**

史蒂夫·克尔（Steve Kerr），通用电气与高盛集团的前任首席学习官，向我演示了一种更有效的回应方式："一位有放权意识的领导发现手下十位员工中有一位越轨时，只会对越轨者实施细致化管理。这位员工会感受到额外的外在威胁，但这是他罪有应得。如果你问他的感受，他会说：'我的老板真是位独裁者，他老是盯着我。'可剩下的九位名员工不会同意他的意见，这些员工的信任感不会因此而受损。"辜负信任的惩罚（假设事情还没有严重到需要解雇的程度）就是撤回信任。如果当年的小约翰尼长大后被抓住虚报开销，那么，在信任重新建立起来之前，他都会受到严厉的额外监管。同时，这一动作也向整个"体育馆"传递了这样的信号：信任不是一份你们可以小看的薄礼。我们大家都在一起攀登同一部信任悬梯。

在当今这个连线的世界里，要想掌握方式的力量，最紧迫的任务就是理解现实生活环境中关于信任感的一个本质改变：信任已经变得比以往任何时候都更加重要，已经成为可以计量的客观价值的一部分。在新兴的平面化的商业模式中，人际关系已不再和从前一样受到外在僵化结构的约束，要想借用这种新生的人际关系发挥出最大的生产力，制造出最宏伟的人浪，我们

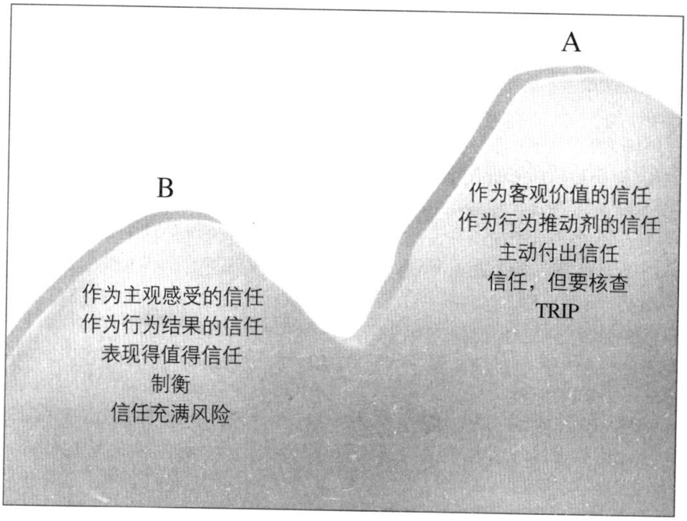

图 3-2　信任之旅

首先便需要比以往更关注自己身边的人际突触中的填充物。

信任感是 TRIP 的原动力，这趟全新的旅程将比以往的旅程更加可靠，充满更强的生产力。比起以往那种规避风险，与规则共舞的道路，我们的新旅程将更加贴近最终目标：长远的、可持续的成功。那些主动付出信任、主动变得透明、主动填补人际突触，并且主动在瞬息万变的市场环境中保持诚信的人，将最终得到信任的回报，这种回报也将反过来为他们发起新的 TRIP。

第9章

声誉：企业的通行证

> 声誉，声誉，声誉！啊，我已失去声誉！我已经失去生命中不朽的部分，剩下的也就跟畜生没有分别了！我的声誉，埃古，我的声誉！（威廉·莎士比亚）

这是比利时安特卫普的一条步行街，凛冽的寒风正席卷着这条狭窄的鹅卵石小街。一名男子把身上的黑色长大衣裹得更紧，以抵御这严冬的峭寒。他按住头上的黑呢帽，赶在下一波寒风吹过来之前闪进了旁边一座大厦的侧门。黑衣人走进大厦一间宽敞的房间，一边松开大衣，露出被捂得严严实实的灰色大胡子，一边加快脚步穿过沿墙摆放的一排不起眼的木桌。"我得快些，"他对自己说，"不然就没法在日落前赶回家。"

今天是星期五，对于恪守成规的犹太人来说，安息日从这一天的黄昏开始。他走到房间尽头的一张桌子前，向一位穿白衬衣和黑马甲的男人问了声好，并很快面对大家坐下。房间里充满了低闷的交谈声，坐在其他桌子前的人都在低声地交谈着。

"你夫人？""Der kinder？"他们开始亲密地交谈起来，谈话里混杂着英语和依地语（Yiddish，一种犹太语。——译者注）。他们俩都清楚时间不早了。黑马甲打开一个薄薄的黑色皮口袋，从里边取出一个明信片大小的信封，掏出装在信封里的一些白纸小包，并小心翼翼地铺平这些白纸，然后戴上随身携带的寸镜（一种小型高倍放大镜），透过小小的镜片，开始仔细检查纸包里盛着的贵重物品：钻石。

在那位穿黑大衣的来访者有条不紊地审视这枚钻石的同时，他们的谈话还在继续。每颗这样的石头都价值 2 万多美元，批发价。靠从小养成的专业目光，黑大衣相中了其中的 8 颗。黑马甲为他报出一个价格。这位来访者考虑了一下，觉得合理，然后递给黑马甲一张上面写着地址的小纸条。对方接过地址，将 6 颗钻石和纸条装进一个信封，然后把 2 个信封都放回皮口袋中。接着，他又把剩下的 2 颗钻石用纸巾包好，递给买家，买家顺手把它揣进了兜里。最后，两人望着对方的眼睛，握了握手，然后交换了钻石商们传统的交易结语："mazel und brucha"，祝你好运。钻石在兜里，指令已下达，来访者重新穿上黑大衣，匆匆出门赶回家享用安息日的晚餐去了。

第二周的星期一，卖家将按买家留下的地址把信封中的 6 颗钻石寄去。买家揣走的那 2 颗钻石将到另外一个城市的经销商手里，卖家会收到货款。一桩价值 20 多万美元的交易就在一次握手与一声"mazel"中完成了，货物和钱款都会按照承诺结清，整个过程中双方交换的唯一书面的东西便是那张写有地址的纸片。

在规范化的市场机制建立之前的多个世纪里，所有的经济活动都建立在信任与声誉的基础上。那时商业组织的主要人脉还是依靠个人关系连接起来的，大家要么有血缘之亲，要么是同乡，要么来自同一个教派。在这种封闭的小圈子里，某人的越轨行为总能很快传开。那些耍花样背叛别人信任的家伙，需要承担永远被自己的家庭、社群以及宗教抛弃的风险。背叛信任意味着声誉扫地，再也没人会跟他们做交易。我们现在把这样的商业模式称作封建行会，并认为这种模式只可能在极端落后的赤贫社会里才会被保留下来。然而事实却是，在钻石交易这个众所周知最富有的交易市场里，这种形式的自我约束一直存续到了今天。

几个世纪以来，那些多年来遭受西班牙宗教裁判迫害的塞法迪犹太人在欧洲备受歧视，并因此流落到欧陆各地。他们被大多数的商业行业所排挤（高利贷等行当除外），钻石买卖是当时他们为数不多可以发挥商业才能的地方。于是，他们不出意料地主导了这个行业。对于他们来说，有三个方面吸引他们投身到钻石的买卖中：极高的单品价值、普遍的市场需求，以及运输和藏匿的便利。犹太人不管到哪里，都可能被迫迁移，而带着钻石这种轻巧的保值品，他们可以随时重新开张。最后，这些钻石贩子辗转来到安特卫普，并受到了当地人的欢迎。现在，除了伦敦、特拉维夫和纽约的分支机构外，安特卫普是世界上当之无愧的钻石批发交易中心。

于是，钻石交易一直以自己独特的形式存在于传统贸易模式的更迭规律之外，信任与声誉在其中起到了法律与规则无法替代的作用。从交易开始，直到最后用相互握手和一句“mazel”来结束交易，每一笔生意都是口头完成，其间买卖双方讲的每一句话都得照办。

今天，钻石交易很大程度上保持了 14 世纪时的模样。你的言语仍然有法律般的效力，双方达成的交易价格和钻石选择都是最终决议，谁也不能随意更改。尽管钻石切割者们早已开始用激光和电脑来辅助自己的手艺，但交易本身的基础却依旧是每位参与者的声誉和诚意，而不是信息时代的高科技技术，或者现代商业模式中更先进的交易手段。现在的钻石商仍然放心地把属于自己的钻石暂放在对方的保险箱里，并且无需合同、货品目录或者保值估价等外在保险手段。异地交易的买主也只需告诉卖方自己需要的等级与克拉数，剩下的一切交给对方处理。

传统上，想要进入这个封闭商业圈的唯一办法便是通过私人关系与声誉，但这个行当并没能免受全球化风潮的影响。最近几年，安特卫普钻石市场受到了来自印度古吉拉特邦的一群南亚钻石商的严重冲击。按照传统，每年世界上 90% 的原石和将近一半经过加工的钻石都要从这里流通。尽管这些新来者在信仰和血缘关系上都和塞法迪人毫无关系（这些人主要信奉耆那教，一种古老的自然崇拜体系），但他们很快地融入了钻石交易的传统。现在，他们很多人都学会了希伯来语和依地语，也知道在交易完成时互相祝愿一句“mazel”，甚至还有人开始食用犹太食品、参加犹太社会活动。

两个在风俗文化和日常生活习惯上都截然不同的人群，每年却在交易价值数百亿元的贵重商品。他们所使用的真正货币是信任，以及信任的副产品即声誉。

设想一下，如果你做的每一笔生意都可以靠简单的握手来结清的话，世界将变得多么美妙！你的竞争对手和他聘请的律师们不得不花 6 个星期，将交易的每一个细节可能涉及的每一个潜在的违规漏洞都堵死在协议条约里，而你却可以靠握一下手就解决所有这些麻烦，把竞争者远远抛在身后。在日本高度发达、高度制度化的商业体系里，人们仍然认为光凭合同无法预见所有的未知变数，所以在当地的制度里，交易双方依然会习惯性地把“相互尊重”这样的主观事项写进条款，然后再开始交易。和钻石商的例子相似，当今日本的商业文化仍旧可以在很大程度上反映他们的传统社会文化，这是现实社会中一种基于小型社群的紧密交流，同时重视家庭价值、强调个人对群体的责任的文化。

声誉，一切行为方式的包容和见证

声誉是另外一种所谓的“软”素质，同信任一样，人人都想得到它，却很少思考如何得到它。在历史上，大多时候声誉的重要性都是不言自明的。那时，人们大多居住在小规模的、半封闭的社群里，与他人的物理距离以及人际关系的亲密程度都使人感受到一种切实的社会压力，要按照社会规范行事。我们从乡村迁移到小镇，最终迁移到大城市的过程中，社群的规模也在日益扩张，但我们仍然保持着过去处于小生活圈子中的这种社会习惯，利用社群结构来监管我们的社会行为。18 世纪、19 世纪及 20 世纪早期，欧洲和美国的大城市里几乎都存在着功能保存完好的社区，它们可以在很大程度上模仿或代替封建时代的村庄或小镇的社会功能。在各个社区里，三代或四代同堂的家庭非常普遍，这些家庭祖祖辈辈生活在一起，在有限的范围内从事社会活动。人们通常只经营本地业务，而顾客通常是信得过的老主顾。更大型的商业经营则从世界运行的缓慢节奏中受益，按照这种节奏逐渐建立起基于互信的关系纽带，并借此慢慢发展。

20 世纪的最后几十年里，我们的社会结构遭遇突变，我们的生活结构也随之发生了翻天覆地的变化。生活的富足、交通的便利、跨国企业的出现，以及经济结构由制造业和农业向信息产业和服务业的转型，所有这些因素都促使传统意义上的社区结构趋向于融合或分裂。家庭分散了，一个世纪以来住户都没变化过的社区开始涌入大量的新住户、新风俗以及新财富。讽刺的是，那些使人们沟通越来越便利的通信技术的发展却让社区居民的距离越来越远。通信技术使你可以离开你三代家人生活过的地方，到 2 000 英里以外去上班，而你仍然可以很方便地与老朋友们“随时保持联系”。

这些变革打破了熟识和传统的纽带，而恰恰是熟识和传统使声誉的地位那样崇高。在一座新城市或者新的工作环境里，你可以轻松地重新展示自己。个人身份变得更加模糊，这不仅开创了变化和成长的新机会，也减轻了过去迫使我们按照社会规范行事的一些外在压力。在这个时代里，一切都变得充满可能。大约20年前，要想调查某人的声誉与背景资料是一件相对困难的事。当时的信息仍然可以随意被操控，在人群中隐藏自己也不算困难。你可以换一个居住地，然后隐瞒过去的污点，重新做人。

但在今天这一切都变得极其不现实。今天的商业市场比以前节奏更快、外延更广，同时也更加瞬息万变。信息爆炸带来的前所未有的通信能力使我们可以靠低廉的成本建立起瞬时联系。这种联系所产生的相互依存关系甚至比以前传统社群压力下的共生关系更让人难以摆脱。在某种意义上，全球即是本地。这一现象对于个人与公司来说究竟有何意义？从声誉的角度来看，那些过时的标准今天又焕然一新。如今声誉在你追求长期可持续商业成功的过程中，将发挥比以往任何时候都更重要的作用。

在透明化的世界里，声誉代表了一切。它总是比你自己先进入他人的视野，并且在你离去之后依然存在。它记述了你的过去，同时也代表着对未来的期望。

在当今这个频繁更换工作的时代里，只有你的声誉才能体现你的“连续性”。在过去，人们年轻时加入某一家公司，并且有理由期望在同一家公司工作到退休时为止。那时候的公众声誉感虽然也非常重要，但却无法对你的就业产生今天这样的关键性影响。公司的强大整体形象遮挡了员工个体，相对较为稳定的职业持续性让他们不必持续地将自己的声誉暴露在外界商业环境中接受考验。那时，如果你可以自豪地声称“我是IBM职员”，那你几乎就拥有了终生的声誉资本，但这样的日子已一去不复返了。

除了自身的声誉，其他所有的外在附属品都无法证明你在职场里的连续经历。现在平均每位工作者一生中要为10.5家不同的企业效力。当越来越多的求职者开始从事知识密集型工作时，职能转换需要付出的努力就变得比以往任何时候都小。所以，**雇主在整体衡量申请者的潜力时，首先考虑的不再是专业技能，而是性格特征与声誉**。你的声誉与你的名片夹厚度，也就是你的联系人与支持者网络的广度，在你简历中占的地位比以往任何时候都更重要，而这两样都取决于你惯有的行事方式。

现在，你效力的公司再也没有办法用集体声誉代替旗下员工的个人声誉。在透明化时代，人们可以看穿一切，并且自行判断躲在公司幕后的某位职员的行为方式。企业的每一个细节都会被公诸于众，而那些主动允许自己员工展示企业详细情况的公司更容易积累声誉。

当人际间的互相联系变得更加紧密时，将有越来越多的基层员工承担起更多的企业责任。他们在某种程度上承担了企业形象代言人的角色，市场对企业的接纳程度在很多时候将由这些人的行为决定。**现在企业的声誉已经等于下属声誉的合集，而且变得更加脆弱，它随着下属行为的变化而变化。个人的违规行为也许会拖垮整个公司。**

要获得值得他人称赞的声誉，你首先必须要拥有值得他人称赞的素质。**你要么是一位卓越的管理者，要么是一位出色的执行者，要么是一位充满创意的革新者，要么是一位兢兢业业的实干家。**你必须待人友善且公平，还必须充满真诚。只有当人们信任你时，他们才会真心称赞你的声誉。

归根结底，声誉是你在很长一段时间内建立起的所有的信任良性循环带来的必然结果。这些信任循环会将你的声誉传遍整个企业、整个行业，直到你的突触所能达到的边界。当你的下属、上司、同事与顾客信任你的时候，你便建立起了良好的声誉。

那么，哪些人值得我们信任呢？是那些言行始终如一的人，从他们身上，我们能看到诚意的光芒。他们坦白而善于实践，并对承诺的目标坚持不懈。传奇式的拉斯韦加斯地产商和酒店业巨了史蒂夫・韦恩（Steve Wynn）曾经对我说过："一生中坚持始终如一，这是人生中最珍贵也最有强有力的美德之一。表里如一的事物总是更受人欢迎，不管是汉堡包还是人。"在过去的30年里，韦恩成功地操作了一系列高风险项目：海市蜃楼酒店（The Mirage）、金银岛酒店（Treasure Island）以及贝拉吉欧酒店（Bellagio Hotels）。由于声誉给他带来的力量，这些项目一个比一个成功。他的个人形象已经跟人们对拉斯韦加斯大发展时期的宝贵回忆融合到了一起，以至于在最近的一个项目里，他用自己的名字做品牌：韦恩拉斯韦加斯酒店。

韦恩总结道："我成功的秘诀在于始终如一地为人们带来新奇、独特的消费体验。只有坚持始终如一，人们才能在你身上看到诚意，才能展望你的未来。我的成功离不开我的诚意。"韦恩是在告诉我们：**如果你有诚意，便**

能激发出信任；而只有获得了信任，你才能拥有声誉。

然后就是扩展荣誉的问题了，即让其他人对你的荣誉表示支持，他们必须反过来把他们的荣誉也加进去。假设我给我的纽约办事处的一名下属打电话，征求她关于是否把一个重要项目委托给某个人的意见时，她作出的评价也会影响我对她的印象。如果她对那位潜在的委托对象给予很高的评价，但实际上那人并没有达到她所说的标准，那这位纽约办事处的下属在我心目中的声誉就会大打折扣，我将不再那么相信她的评判能力。或者说，她的声誉将由她维持自己信任循环的能力决定。这对她也许不是什么大不了的打击，但毕竟是打击。

在行事过程中随时顾及自己的声誉将有助于他人对你产生信任。日常生活中和你刚打交道的陌生人总是会先听说你的声誉，如果你的实际行动能验证、扩展这份声誉，或者至少和对方听说的不矛盾，那么对方将更容易对你产生信任感。

所以，你的声誉，加上那些能佐证你声誉的现实经历，能催生信任。如果人们基于你的声誉对你做出的期望和你的实际言行不符，他们就会受到心烦意乱和认知失调的冲击。而我们已经知道，分神作用和认知失调都会导致人际摩擦，并降低沟通效率。你的潜在合作伙伴收到失调性的矛盾信息时，他便不得不提高警惕，放慢和你打交道的步骤，以获得更多的时间评价与你的关系，然后才能决定是否信任你。

声誉货币化

戴夫·丘和迪蒂尔·希尔霍斯特是在意大利一家非营利性组织伊夫雷亚交互设计研究所（Interaction Design Institute Ivrea）工作的硕士研究生，他们最近进行了一个叫“RentAThing”的概念性实验项目。RentAThing 被设计成一种手持型的、外观类似于 iPod 的小玩意儿，它尝试用一种视觉化的手段来体现这一实验的中心目的即声誉货币化。当商业交易发生时，假设某人要租用别人的锄草机时，锄草机的拥有者便可以打开 RentAThing，查询对方在租用园艺机械方面的声誉等级。这一等级也可以和其他与声誉增减有关的行为挂钩，比如说按时归还图书馆的书或者及时回复短信等，以得到一个更综合的声誉等级。最后，锄草机租金的高低将和声誉等级成反比。

丘和希尔霍斯特期盼着有这么一天，无线通信技术的发展将允许人们和机器之间瞬时分享关于声誉等级的资料，正如现在的信用等级一样，这样 RentAThing 便能把这些资料应用到大多数交易中去。他们写到："现在的声誉机制是一种竖井式的孤立机制，个人或者企业都在各行其是地发展自己的声誉。RentAThing 的概念便是建立一种集中机制来统一管理与提高声誉。"

在 2003 年出版的小说《深入神奇王国》（*Down and Out in a Magic Kingdom*）中，加拿大作家、数字版权活动家科里·多克托罗设定了一个"经历经济萧条后幸存下来的世界"，在那里所有商品对所有人都是免费的，只需要拥有相应的声誉等级便能随意享用。多克托罗将这种声誉等级称作"喝彩度"（whuffie）。当他人对你的某个行为表现出满意或不满时，你的喝彩度就会随之增减，它在这个没有金钱的世界里起到货币的作用。每个人都能瞬时得知对方的喝彩度（通过大脑里植入的某种芯片，一种老生常谈的科幻设定），并能瞬时增加或减少对方的喝彩度。比如你为大家演奏了一首很棒的歌曲，听众们都会喜欢你，然后你的喝彩度就会上涨。或者走在大街上故意撞路人一下，你的喝彩度会下降。在多克托罗的想象里，由于喝彩度只能依靠他人的正面评价而增加，所以所有人都能被发动起来，为他人做出积极的、有创造性的服务。

上述两个充满幻想色彩的景象都植根于现实社会中新兴信息科技与个人行为的一个交叉点。在如今的网络虚拟世界里，已经出现了不少尝试精密衡量声誉的做法。电脑科学专家依靠声誉系统用数学方法统计各个在线社区的情况。从最基本的网站安全系统到易趣这样的在线交易网站，都利用各种不同形式的声誉统计模型来评价用户的可信程度，并借此预测他们的行为模式。用户的声誉评价对自己的影响包括从访问权限到在线交易保险覆盖度等很多方面。我们过去和现在的一言一行，都不再被人际沟通能力的技术局限遮掩在相对安全的半封闭社群内。如今，互联网将我们的所有信息都披露给整个世界，对我们而言，声誉的概念将越来越接近于易趣用户信用等级这样的抽象定量描述。在网络世界里，记忆永远驻存，所以你的行为方式对你的长远成功带来的影响将越来越大。

数字化在线声誉计算系统是我们处理现实生活中声誉价值的一种很有意思的途径。密歇根大学和哈佛大学的学者们都对这一途径进行过专门研究。他们首先发现，目前我们正在使用的口碑式声誉系统会在很大程度上发生信息丢失或信息忽略。因为尽管我们都看似能说会道，但人类自身并不是一种理想的交流系统（我们小时候都玩过的“打电话”传话游戏便是一个很好的例子）。而在线系统，比如现在应用范围最广的易趣用户评价系统不会遗忘任何东西。易趣的用户做完交易后都会互相留下一个反馈分数以及一段简短的个人评价，这个系统的优越性不仅在于所有用户的相互打分和短评都会被永久保存，更在于其他人都能随时查阅这些评价，而且查询的成本非常低廉，也就是说，你网上的一举一动都能被这个系统广播给远在北京的买家、卖家或瑞典的家庭主妇。为了考察易趣的这种评价制度如何精确体现声誉的价值，学者们开始着手衡量这些评价能在网购环境中为卖家们带来多少具体的收益。在线市场与现实市场有很大差异，比如没有现实市场中用来评价交易者声誉的一些重要参考，实体门面的外观、实体店的营业历史长短，以及与其他实体业者的相互联系。这些学者与一位广受好评的知名易趣卖家合作完成了一次实验。这位卖家专门销售各种用作收藏的明信片。在实验中，他们同时用卖家的高评价账号和低评价账号销售同样的明信片。实验结果是，对于同样的商品，买家倾向于多付 8.1% 的钱与高评价账号进行交易。

这一结果直接量化了声誉价值。和信任一样，我们一直以为声誉是一个“软”素质，但当今世界新的客观环境突然之间让这个软素质变得坚硬起来。无论我们销售的是什么，要是销售收入或价格可以凭空增加 8%，那么经营利润的涨幅就相当可观了。

声誉增进信任，声誉资本买来持续成功

声誉有多种表现形式，最常见的是身边人群通过口头交流的关于你的所有信息，或者它可能是代表你过去成就的某种代理物，比如简历或薪水。每

个人都有这样的经历，当听说对面的陌生人收入有多高或者拥有什么光鲜的头衔时，便会对自己说："哇，这人看起来就是和那些时薪几美元的打工仔不一样！"

报价之前，请先考虑你的声誉

我的某位朋友曾经从事商业电视剧制作。这个行业充满了各式自由职业者，他们的报酬通常以天计算。当有业务需要开工时，这位朋友一般会雇用数目不等的自由职业者，对方可能是入门级的制作助理（PA），也可能是大腕级的摄影导演，他们的日薪价格相差极大。这些临时工作者组成一个短期、高预算的项目组，时间从1周到1个月不等，预算可能高达上百万美元，完工之后立刻解散。人力资源研究的专业学者们把这种职业结构称作高周转微观工作环境（High-Turnover Microcosm）。在这样的环境下，个人声誉资本的价值急剧上升。在这一行里没有铁饭碗，你成功与否取决于你能否长期吸引客户重复雇用你。

过去，这一行里那些顶尖的、充满创意的人才通常更着重宣传自己在艺术成就方面取得的声誉(实质性产品的声誉)。他们的方式，比如说性情、个人素质、高工作压力下的有条不紊、合作精神以及沟通技巧等很少像现在这么重要。他们的才能决定一切。然而，对于大多数技能要求相对较低的职位，比如PA，声誉才是能否赢得雇主青睐的决定性因素，这些入门级的工蜂在每一部电视剧集的顺利制作过程中都起着关键作用。

这位朋友告诉我："作为自由职业者，加入影视制作业所依靠的完全是声誉，口碑式的声誉。在一个非正式的关系网络里，你被一位制片人推荐给另一位，然后再下一位，除非有人推荐，否则你几乎不可能接到业务。"另外，PA们接到工作邀请时，他们还要处理好自己声誉的另外一个组成部分：报价，或者说日薪价格。拍摄期间，PA日薪的多少取决于很多外部因素，影片预算、项目性质、从业经验等，薪酬差别通常会很大，但一般来说，PA

都会主动报上一个心理价位（合理范围之内）。我朋友继续说："如果项目的预算不那么紧张，我就会任由PA自行报价，但他们的价位会影响我对他们实际表现的期望值。如果某位PA向我开出了200美元/天的价格（当时的最高价），那么我就会期望他真的能表现得胜人一筹：动机明确、富有创意、对设备和程序都经验丰富，并且有能力解决拍摄过程中遇到的各种突发问题等。但如果他的报价是125美元，那我便知道这人还需要进一步的实践磨炼。我的期望值也会随之降低。"

到开机那天，期望值便会兑现："如果你报价合理，并且表现出色，我就更有可能花更多时间和机会来锻炼你，促进你的成长。当你偶尔犯错时，我也不会太过严厉，并且在时间允许的时候，让你负责更多有挑战性的工作，"我的朋友接着说，"但如果你报出了顶级价格，却没有表现出我期望中的水准，第二天你就不用再出现了。这不需要表现出具体的敌意，你永远没必要解雇一名自由职业者，你只需跟他微笑着握手道谢，然后说'对不起，明天我们不需要现在这么多的PA了。'"（在影视制作这种快节奏工作环境里，制作组不会容忍任何摩擦或者失调，或者任何导致拖累制作进度的事情。你的报价就是你的声誉代理物，它在制片人心目中为你定下了期望值，达不到这一期望值即意味着失业。）

比起影视制作界的握手加微笑，一般企业环境下聘用或解雇一名员工通常需要更复杂的步骤，但不断加快的商业节奏还是让管理层无法容忍任何可能降低企业运行速度的人和事。现在，企业与员工之间的结合力比以往任何时候都要小。在当今的商业人际突触中，顾问、兼职、战略合伙人以及自由职业者等各种形式的短期雇用关系占据了很大比例。世界在不停运转，企业有更多的机会在更大范围内获得人才信息和人力资源。在这种环境下，我们很多时候不得不即时组成项目小组，然后立刻发挥出生产力。这时，我们再也不能像那些传统的、更长期性的项目组成员那样花时间来彼此建立信任与长期关系。在这个职业结合力薄弱的时代，你的声誉代理物与你的实际表现之间的鸿沟总是会立刻给他人带来疑虑，然后给自己带来"握手加微笑"。

实事求是地展现自己的声誉有助于让对方更快地接受你，然后你们之间便能建立起更强有力的突触，最后你们双方都能获得更多的发展机遇。**这种所见即所得的态度可以增进你周围信任的良性循环，并给你带来更多的声誉资本，而声誉资本最终能为你买来通往新时代长期可持续成功的门票。**

只能赚取声誉，不能管理声誉

虽然，声誉可以被视为企业隐形资本的一部分。但长期以来，很多企业仍旧忽视了这一点，这在商业历史上不乏例证。

恶意收购：摧毁信誉的无形手

1983年年底，在证券代理商德崇证券公司（Drexel Burnham）的某间会议室里，5位该公司高收益证券交易部的成员，包括部门经理迈克尔·米尔肯，一起商定了一个将对未来全球商业领域产生爆炸性冲击的经营计划。德崇证券公司决定通过为客户发行垃圾债券的方法帮助客户实现恶意收购。垃圾债券指的是那些高回报率、高风险的投机债券，德崇证券公司通常需要客户用收购目标的潜在资产做抵押来发行这些债券。在当时的经营环境下，恶意收购的情况非常少见，并且十分敏感。壁垒资本主义背景下，无视对方经营者的意愿强行收购对方公司的行为被视做一种商业侵略，并且会使收购方四面树敌。当时，这种收购行为的门槛比现在高很多，只有少数实力雄厚的储备银行才会为这种操作注资。同时，收购者通常是那些大型公司，而受害者的规模一般更小。德崇证券公司完全打破了这一模式。按照德崇的计划，更多的公司与个体投资者，无论规模大小，都有可能借助德崇证券公司发行的垃圾债券收购到可能比自身规模庞大许多的目标，而这些目标的资产则被德崇证券公司当做了债券的附属担保，并借此向市场抛售这些债券牟取暴利。

1984年年初，当他们公布了这一计划时，全球的商业经营理念都为此发生了不可逆转的结构性改变。突然间，那些通过多年经营已经建立起良好市场价值的老牌公司发现公司资产说不定会被他人利用来对付自己。价值观不再重要，取而代之的标准是短期市场上的债券价格。许多现在还在流行的经营理念都衍生自这一决定性的计划，而许多当年活跃的公司都因为这一计划而销声匿迹。

当这种垃圾债券的暴利本质变得众所周知之后，其他人也抢着加入了这一游戏，这其中既包括大多数的证券公司，也包括不同规模的其他企业。但在这种短期的牟利活动中，有两家公司的举动格外引人注目：投资银行高盛公司宣布他们不会为恶意收购行为贷款，而强生公司则宣布自己绝不会参与任何恶意收购。是什么让他们作出了这样的决定？是声誉。

强生：维护公司好名声

罗杰·法恩是强生公司一位广受尊敬的管理人员，从创办 LRN 开始，我一直有幸与他有着亲密的合作。

有一天，我在纽约与他巧遇，向他提出了这个问题。法恩回答说："我们的 CEO 吉姆·伯克（Jim Burke）作出了决定，他命令公司永远不得参与恶意收购。他想要保持公司绝不强迫收购的好名声。我们不会威逼利诱目标公司的管理层作出违背他们本意的决定，但这并不说明我们公司是个软蛋。实际上，强生也是一家有攻击性和利欲心的企业，我们会和其他公司一样抓住和利用市场的可乘之机为自己牟利。但伯克的理论是，如果我们能建立起这样一种声誉，让大家都信任强生永远不会搞那种交易，那么，当有人需要出售公司时，就会更愿意找我们谈判，而不是去找他们无法信任的其他公司。"

尽管声誉和信任感一样，并不是商业领域中的新生事物，但 20 世纪 90 年代中期以来，人们对它的兴趣发生了爆炸式的转折。现在，每家公司都能认识到高盛公司与强生公司当年认识到的东西：声誉就是竞争优势。他们光明正大的好名声，以及随时体现出的对收购对象管理层的尊重，填补了他们与摊牌对手之间的变数带，使得他们面临更小的摩擦、更多的合作，最终可以更迅速高效地结束收购交易。现在,所有人都感受到了这些优势的重要性。

1998 年，哈里斯互动调查公司与纽约大学斯特恩经济学院国际信誉研究院执行院长查尔斯·弗布伦(Charles Fombrun)共同建立了一种被称作“企业声誉商数”(RQ)的调查工具模型，用以反映人们对企业声誉的看法。从那一年开始，哈里斯互动调查公司每年都会发行以“全美 60 家最受瞩目企业”命名的 RQ 调查结果。对于有远见的企业领导来说，获得并保持良好的企业声誉的重要性与日俱增。通用电气的 CEO 兼董事会主席杰弗里·伊梅尔特(Jeffrey Immelt)在 2002 年公司年报中致辞里直截了当地说道：“每年我们都会花费数十亿元来提高培训质量、加强职业道德规范，以及发展企业价值观。这么做都是为了保持企业文化，以及保护我们最宝贵的资产：公司声誉。”沃伦·巴菲特接手当时正遭遇证券违规操作危机并面临倒闭的所罗门兄弟公司时，他亲自到美国国会为手下雇员的越轨行为道歉，并在公司内部进行了严厉的整顿。他对员工说：“如果你们让公司损失了金钱，我可以表示理解。但哪怕你让公司损失了一点点声誉，我都会毫不留情。”

而现在很多企业对声誉的关注在很大程度上是从市场品牌意识的角度出发的，企图把声誉做为一种经营管理的目标，当前有无数企业的人力资源部门、公关部门和战略顾问都在为这一目的而努力。我最近在谷歌上用“声誉管理”(Reputation Management)作为关键词进行搜索，找到了 6 800 万条匹配记录和大约 16 个关联付费广告。公关战略分析家、商业研究机构、律师事务所以及各种形式的咨询顾问都纷纷参与到管理与修复声誉的行动中来。有些商业智囊甚至把声誉经营管理概括为“6 大范围”“18 条不变法则”或“公关鸿沟理论”,并声称所有人都必须学习、掌握、接受并坚持这些窍门。

当然，在这个高度媒介化的世界里，商业经营需要一定程度的危机管理与声誉经营。比如可利泰公司就是一个很好的反面例子。但我们不要忘记，企业本身是员工大量工作的最终结晶。当企业经营情况变糟时，大量的人为努力和人力资源也会随之消散干净：实实在在的损失，实实在在的解体，实实在在的员工辛苦营造出来的价值体系也会崩溃。当公司的股东把声誉作为这种价值体系的集中表现时，它的确可以被当做是品牌的延伸，并且在这种意义上，对声誉的管理就显得十分关键。但归根结底，声誉和品牌不是一回事，它不能自动跟品牌意识划上等号。想一想埃克森美孚、强生、通用电气以及微软这些公司的例子吧。这几家大公司是众所周知的，他们旗下的品牌在各自市场上都享有近乎饱和的知名度。但是，在人们心目中，他们的声誉却大相径庭。

通过外在手段管理声誉，进而管理信任感的弊病在于，他们将声誉视为可以操纵的孤立素质，可以编造的独立故事。在很大程度上，这些想法背后的思维方式可以从下面这段话体现出来：

> 当今的企业结构正受到来自信息科技和透明化趋势的劫掠式侵袭，每一家公司都要订好周密的计划，建立密集的专家队伍，随时准备投身于大众舆论的伟大战场，为积极地拓展品牌影响，顺利度过潜在的公关危机而努力奋斗。能控制信息的人将是最后的胜利者。

今天，这种植根于壁垒资本主义的思维方式不会带给你带来任何成功的机会。要想在当今这个高度互联互通的时代里取得真正的成功，企业和个人都需要找到一种在这种透明和互通互联的新条件以内操作的方法，因为这种新条件决定经济行为的战场，我们不能无视它们的存在。今天，就连快餐业巨头麦当劳都在向股东们宣扬这些新的现实环境。“我们欢迎透明，”公司CEO 吉姆·斯金纳（Jim Skinner）告诉我说：“透明意味着人们可以清楚地观察你的行事方式。他们现在可以判断你的行为是否符合你的价值观，或者是否与你获得的市场成功相匹配，又或者是否跟企业文化相一致。这并不是说你的行事方式必须得迎合所有人的口味。有些人出于各种原因不会买你公司的账，这是不可避免的，但我不想让这些人以为，我们在过去不透明环境下取得成功的行事方式放在今天的透明环境里就会让我们垮台。区别在于我们现在可以主动欢迎大家看到这一点。”

那些伟大的企业和伟大的企业领导们都知道，今天声誉资本对于成功的重要性已经丝毫不亚于实质资本。

最近 LRN 的一次调查结果显示，那些除了 401（K）账户外还自行炒股的美国人有半数都会因为声誉的关系拒绝购买某家公司的股票。良好的声誉把你和你的股东更紧密地联系起来，无论他们是你的顾客、员工，还是最关键的你的猎头对象。

顶级管理人才的选择

乔伊·格雷戈尔是美国一家专为各企业招募顶级管理人才的猎头公司——海德思哲公司（Heidrick & Struggles）的副总裁，她主要招募大型企业的未来CEO、首席运营官（COO）或董事会成员。许多人认为，她是打造国际顶尖管理团队的专家。在某次招募任务中，LRN和她曾经有过很亲密的合作关系。

格雷戈尔认为，在她插手招募过程之前，客户公司的声誉就已经走到了人才市场的前面。“那些顶级人才总会提出这样的问题：‘这是一家伟大的公司吗？’”她对我说，“而且他们的追求目标几乎不会局限于收入的多少，而是更关心公司的文化背景。我从没见过哪位顶尖管理人才会加盟那些不重视自己价值观的企业，或在对与错的规则边缘徘徊的企业。他们会对我提出这些问题，并亲自去了解对方的声誉，如果觉得自己无法紧密融入到对方的企业文化中，他们便会拒绝加盟。”

在今天的职场里，大多数人都把自己看成自由职业者。只有企业的长远目标以及我们自己从追求这一目标中得到的收益与我们自身的目标能够紧密结合时，我们才会继续呆在一家企业中。现在，仅靠薪水和福利方面等手段很难留住真正有价值的员工，因为在全球化竞争的格局下，你不清楚什么地方会冒出更优厚的薪水承诺来吸引他们。于是，要保持这种胡萝卜式的高薪补偿机制的代价也越来越高昂。你可以花20美元邀请某人参与制造你的人浪，但对方只有在认为交易划算时，才会接受这一邀请。那些精英人才，正如格雷戈尔所说，期望的回报超越了金钱。你需要与他们建立一种比金钱和物质成功更深层次的紧密关系，他们才会乐意为你效力。

辉瑞CEO：声誉就是你的身份证

“声誉就是你的真实写照，”辉瑞制药公司的CEO杰弗里·金德勒有一次对我说：“它是你的人物形象，你的品牌，你的身份证。

为什么要在某家特定的公司工作？那些真正突出的人才总是有大把的就业邀请，并且据我所知从不在意工资单上的数额增长速度。激励他们的是一些简单的事实：

第一，他们效力的地方必须给他们大量的机会与资源，使他们拥有足够的个人发展空间，并在发展过程中实现自己的贡献价值；

第二，他们自己的信仰系统与效力的公司以及周围的同事不冲突，他们的职业追求与职业目标也与公司及同事的目标不冲突；

第三，他们效力的公司必须在某个领域对整个世界的发展进步作出贡献，并且他们自己也重视这种贡献。

就是这些简单的条件让他们乐于留下来为你效力。而要营造出他们所向往的环境，你必须拥有醒目的企业文化、醒目的企业特点以及一套醒目的价值观与长远目标，只有这样，你才能和对方的长远追求形成和谐的共鸣。”

保罗·罗伯特从基层开始一步步爬升，最后终于成为了美国联合技术公司（UTC）的总顾问及合同与法律方面的事务总监。今天，像他这样的高素质管理人才在市场上十分抢手，但他却在UTC干了近20年。他的经历让我回想起了杰弗里·金德勒对我说过的话，于是我问罗伯特，是什么让他保持在UTC每天按时上下班的激情。他回答道：“每天早上，我和其他人一样，都得挣扎着起床去上班，有时候天很冷，有时候天很阴暗。支持我这么做的动力是我觉得自己在为这样一家公司效力：这家公司发明了摩天大厦，并且现在仍然为地球上50%的客机提供动力，这家公司每年感恩节时都能以每12秒降落4班、起飞1班的速率把乘客们运回老家，这家公司早在1932年便有了自己的道德规范守则，守则的作者是合众开利公司（Carrier Corporation）的董事会主席威利斯·开利（Willis Carrier，空调的发明者。——译者注），如果你看过这份守则，就会发现里面没有任何新东西，与公司今天遵从的价值观一样。”

声誉在招募人才方面的重要作用与招募对象的专业等级无关。斯坦福大学商学院的戴维·蒙哥马利和加州大学圣塔芭芭拉分校的凯瑟琳·拉姆斯共同对毕业于11所北美与欧洲顶尖商学院的800

多名MBA作了一次问卷调查，调查结果令人惊奇。97%的受调查者声称，宁愿牺牲一定的经济收益到那些声誉更好、行事方式更光明正大的公司工作，而这种经济牺牲的幅度居然高达平均14%。这些高级管理人才选择的最重要的三项企业素质之一是公司在经营手段和员工关怀方面的声誉（备选素质有14种），其中77%的受访者将这种声誉的重要性摆在了非物质类企业素质的首位，整体重要性仅比公司财政收入略低一点。“调查结果让我们感到很意外”，蒙哥马利说，“以前没有类似的实证研究显示这些额外的择业因素居然可以这么重要。”

戈兰·林德尔，瑞士工程业巨头ABB集团前任CEO，用更简短的语言表达了同样的事实：“到最后，高级管理人员不再只对某位老板效忠，甚至不再对公司效忠，他们的效忠对象是公司的价值观，他们可以从中得到成就感。”这些价值观以行为和绩效的方式展现在公司日常经营中的每一个小方面，它们是公司声誉增长的基础和第一推动力，它们让员工们可以为一种比短期收益更强有力的凝聚力而结合在一起。声誉与信任感不应该被想象成贴在城堡壁垒上闪闪发光的装饰品，我们更应该把它们理解为推动公司与个人不懈进步的宝贵资产。

“声誉并不是可以随意编造的东西，它是人们对你的看法与你的现实表现相结合的产物”，国际信誉研究院的查尔斯·弗布伦评价道。我们已经知道，大脑非常善于识别相互矛盾的讯息，所以，每家企业和每位员工所使用的声誉代理物都必须表里如一。如果你交流沟通的对象从你精心打造的美丽讯息和你实际表现出的行为中察觉到了一丝可能导致认知失调的讯息，他们很快就会舍弃你。提到声誉时，我心目中浮现出的是一种全局的、真实的概念，它可以填补你与周边他人的人际突触，更能进一步填补公司与公司之间，乃至每家企业和它的股东之间的突触。它始于个人，最终的影响力却会遍及整个企业，乃至整个行业。

价值观，连续性，声誉。想要在这个高度透明化的世界里茁壮发展，我们就不能只管理声誉，而要赚取声誉。声誉并不是可以随意分泌、随意编织，然后用来网住飞虫的蛛丝网，它的增长过程是一个渐进的构筑过程，一砖一瓦，即通过日常生活中的每一次交流和每一次互动，最终建成一座高楼大厦，可以满足居住在此的人的成功热望。你永远不能靠走捷径获得好声誉，声誉从来只出现在光明正大的地方。

构筑声誉，不从信任的悬梯上失足

尽管现在我们可以相对容易地重新定位自己的职业，却很难再重新定位自己的声誉。你通过每个工作日里的一举一动亲手构建自己的声誉，然后它便逐渐在他人印象中定型。你的声誉不只会成为你的墓志铭，更类似于棒球运动员的击球成功率，赛季末的时候，哪怕想提高一个百分点，都极其困难。要成为一名发挥稳定的击球手，在整个大联盟赛职业生涯中，你需要年复一年地对着来球挥起球杆，需要一点一点地提升自己的平均击球成功率，最终才能获得肯定。另外，声誉在人生当中发挥决定性作用的时间越来越提前。人们曾经把声誉当做一种类似遗产的东西，一种到了职业生涯的后半段时间才需要去操心的事情：那时你已经取得了事业成功，这才开始担心别人对你的看法。现在，雇主们甚至会浏览应届毕业新职员的 MySpace 主页。这好比你的击球成功率将不再限于你在大联盟比赛时的表现，还要考虑你在小联盟乃至业余比赛中的每一次挥杆。你还不谙世事时的一言一行都将伴随你的整个职业生涯。声誉就是在这样的环境下，通过你一生时间里的每一次交流、每一个手势、每一件小事逐渐构筑起来的。就连史蒂夫・韦恩这种以大型商业成功闻名于世的商人，都认为声誉的建立是生活当中小事的累积，是你每一次互动当中留给别人的真实印象的集合。“建立声誉不像是华丽的本垒打，”韦恩说，“倒更像是普通的一垒或者二垒安打，在每一个小机会中取得的小成就。”如今，构筑声誉的方式只能靠真诚的行动，时代的压力让你必须从起跑线开始，就充满诚意地待人处事。

德崇证券公司最终倒闭了，由它带动起来并在 20 世纪 80 年代红极一时的垃圾债券市场也在 1987 年的黑色星期一中遭到了毁灭性的打击。迈克尔・米尔肯自己则变成了这个时代贪婪与企业非法敛财行为的代言人。尽管有人怀疑这位沉默的金融天才之所以变成这样一种形象，背后可能有媒

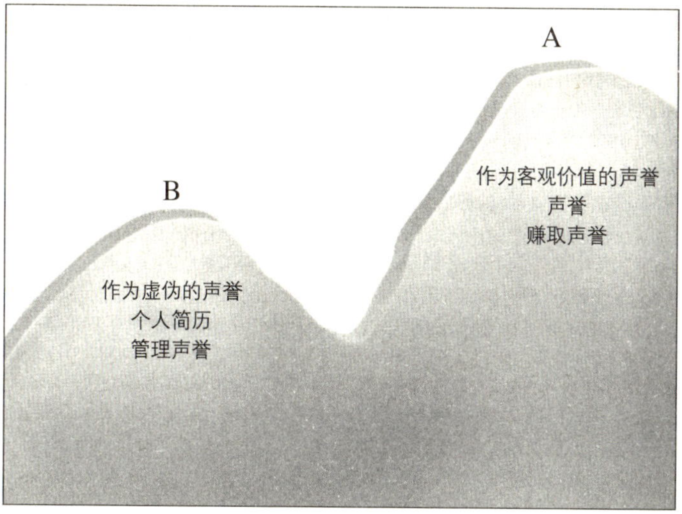

图 3-3 从“管理声誉”到“赚取声誉”

体、他的辩护律师以及美国证券交易委员会（SEC）串通起来的权谋阴谋[纽约前市长鲁道夫·朱利安尼（Rudolph Giuliani）是当时米尔肯的首席辩护律师，后来全力支持米尔肯获得总统特赦]，但不管怎样，米尔肯都付出了代价：他不得不度过多年的牢狱生涯，支付美国证券历史上最大金额的罚款，并且还被终生禁止从事他最擅长的事业，只能默默地面对自己支离破碎的人生与个人声誉。许多年过去了，米尔肯通过他的家庭慈善基金会全心投入到与癌症研究和公共教育有关的慈善事业中，他在帮助他人，同时这些行为也正在帮助他逐渐拾回丢失的声誉。看起来，米尔肯已经由一个追求事业成功的人演变为一个追求自身意义的人。在这一转变过程中，他从关注自我转变为关注他人，并找到了一种实实在在的救赎方法。

在透明化的世界中，失足者将更难获得改过自新的机会。现在，人们可以更轻易地看穿你的一切，与此同时，由于变数无处不在，修补破裂的信任也变得愈发困难。一旦从信任的悬梯上失足滑落，你就不得不狠狠地摔倒在起点。声誉是现在已知唯一可以预防这些局面发生的解决方案。从某种程度上讲，声誉就是疫苗，它能主动阻止对方对你产生疑虑与不安，让你避免遭受被怀疑之苦。

在当前高度连线、高度透明的世界环境里，对方式力量的追求要求我们

不能再通过主观手段管理声誉，而需要在日常工作的方方面面竭尽所能地争取声誉。好的声誉就像登山运动家手里好用的绳索和钢锥，再出色的登山健儿都难免有滑倒甚至坠落的时候，而好的声誉就像登山运动家手里好用的绳索和钢锥，在逆境中，只有声誉的绳索才能帮助你避免失足坠入深渊。

人浪夭折并不可怕　重新激活再创佳绩

2001年，奥驰亚集团（Altria Group）聘请戴维·格林伯格（David Greenberg）担任他们的高级副总裁兼首席合规官（Chief Compliance Officer，CCO）。这个大型集团旗下拥有不少行业龙头企业，包括卡夫食品（Kraft Food）与菲莫烟草公司（Philip Morris）。戴维最近开玩笑地告诉我说："当初接手这份工作时，我对合规与职业道德事务一无所知。那时候在奥驰亚，合规的概念就是找几个律师站在讲台上教员工们记住规章条款和工作流程规范。"他正是在这种环境下临危受命，开始为这家员工总数超过19万人，并还在不断扩张中的巨型企业创造一种有效的合规与职业道德培养机制。为了完成这一任务，戴维主动接触当时才刚刚兴起的合规咨询服务业，并希望这一行业中有人能帮他建立起专业解决方案。

不久前，我在LRN公司纽约办公室里和戴维一起回顾了我们过去的合作关系，对我们双方而言，这段合作体验充满了深刻意义。在之前的内容里，我还没有机会与读者分享LRN公司自己的经营故事，现在我将用叙事的手法详细地讲述我和戴维的这段经历。在他的帮助下，这段宝贵经历验证了很多我一直坚信的价值与原则，并且我相信，它也能帮读者理解本书到现在为止所提出的许多观点。

为了寻找合适的合规事务解决方案，戴维主动找到了LRN。于是，我们开始了一系列非正式的私下接触和信息分享。当时，奥驰亚集团作为烟草生产商菲莫的母公司，正面临着严峻的声誉挑战。很多人都认为它在进行误导式的产品宣传，背叛了消费者的信任。然而，LRN不是一家生产实质性产品的公司，我们的工作就是传播方式的力量。客户之所以会找上门来，是因为他们开始踏上方式之旅，或者在这次旅程中走得更远。所以，当戴维联系我的时候，我认为这是一个绝佳的契机。通过这个契机，我们可以和一家巨型企业建立互动，为它和它麾下19万员工规范行为方式，并以此帮助他们追求更长远的目标。在戴维的领导下，奥驰亚似乎准备通过进一步规范员工行为方式的途径来重建企业信誉。

于是，经过一段时间的粗略衡量，戴维开始了正式的招标步骤，要求包括我们在内的所有潜在解决方案提供商进行能力展示。在为自己公司选择合作伙伴的过程中，戴维表现得非常严谨，他制定了一个详细的流程来横向比较各个竞标者的资料，只有通过这套流程考验的公司才有可能接到这单生意。另外，他还专门成立了一个遴选委员会，亲自定立了一些基本标准，并派这个委员会去逐个走访所有竞标公司。那时LRN才成立7年，虽然在我们这个行业里已经占据了领先位置，但仍处于事业发展期。尽管当时我们也和其他一些大型企业有业务往来，但这些业务关系的建立多数都不涉及这种选美比赛式的正式竞争。可以说，我们自然而然地就得到了那些客户。但当时刚刚进入新千年，我们所处的商业环境正在发生全方位的飞速变化：行业市场正开始迅速变得成熟，经营流程也在日趋标准化。对我们来说，奥驰亚集团是块大蛋糕，如果能和它成功建立业务联系，我们的业务规模就会得到明显发展。

刚开始时，我们对一件事并不知情。戴维在6个月之前就雇用了一家小型顾问公司，这家公司也对奥驰亚集团的合规事宜做了一些一般性的指导，但主要任务是帮助奥驰亚完成这次招募合规咨询商的整个招标过程。不久后，LRN的一位售后人员反映的一条消息引起了我的注意：这家顾问公司与一家竞标者有直接的利益关系，而这家竞标公司却是我们在线培训业务方面的竞争对手。不过戴维安慰我说："他们对这层关系表现得很坦白。我个人认为，这件事对我们来说不完全是坏事。奥驰亚是一家身价上千亿美元的巨型企业，并且从来都懂得保证自己的利益。这两家公司在合规咨询方面都是专家，它们的专业知识能帮助奥驰亚回到正常发展的轨道上来，而且我会亲自过问它们之间的关系往来，确保没人会因为这层关系而在招标过程中受到偏袒。另外，我对这次招标的组织和规范程度很放心，我们有专门的遴选委员会，有客观的标准和严密的流程，还有其他很多人加入到核标过程中，这些人跟那家顾问公司没有任何生意往来或利益关系。”

LRN之前已经投入了很多时间与资源来研究戴维和他的遴选委员会提出的要求与标准。我们对自己准备的解决方案很满意，感觉自己能够成为奥驰亚融洽的合作伙伴，这一想法使我们备受鼓舞。但是，对我们而言，这家顾问公司的存在是一种明显的利益冲突，它让我们感受到无所适从。在一个竞争高度激烈的商业环境中，你显然不希望自己的秘密被泄露，更不希望这些关乎业绩好坏的保密材料落到竞争对手的手里。如果这个竞争对手能弄到账号和密码，上网去浏览我们的内部资料，他们就可能把我们的成人培训课程与教学设计情况调查得一清二楚，最后利用这些本应属于机密的信息为他们自己服务。另外还有一点让我们深感不安的是，奥驰亚居然没有在招标流程一开始就主动透露这家顾问公司的存在，我们还是通过自己的渠道了解到这一事实。

这之前，我和戴维之间已经建立起了某种程度的相互尊重，所以我主动找到他，向他表达了我们的不安。我告诉他说，那家顾问公司的存在对我们意味着一种潜在的利益冲突，虽然这种冲突并不一定会爆发，但我们仍然感觉到自己的地位受到了冲击。戴维和我就这个问题展开了争论。他认为这件事就像聘请一家全国性的律师事务所来协助选择某位地区性咨询顾问，但我认为这更像是雇用一位自己就在种植烟草的农场主来帮你选择应该去收购谁的烟草。最后，戴维提出了一个折衷方案，他承诺，那家顾问公司将不会参与价格事项的商定，并且也不会得到我们内部网络的密码。我接受了这个对双方都比较合理的提议。

不久，我们便收到奥驰亚发来的邮件，向我们索要内部密码，而他们所有的顾问公司都在转发人名单里。奥驰亚的做法与当初戴维的承诺截然不符，这一事实严重影响了我们的竞标流程。我对他们保护我们不受冲击的承诺失去了信心，甚至认为这次保密事故反映出了他们管理层存在的纰漏。戴维对我解释说："我还以为那些信息是可以严格控制的，以为自己设置了转发障碍，但却没有。也许是某人回邮件时不小心错点了'回复全部'，结果让你们的资料传到了某个不相关的人手里，而这个人不知道我们之间有协议，于是在不知情的情况下让密码泄露了出去。"让我更担心的是我们的竞争对手。为什么我们的竞争对手以及跟它关系密切的招标顾问公司不主动回避这种可能导致双方利益冲突的尴尬局面？为了避免冲突，他们应该不想知道我们的密码才对。所有这些疑虑开始互相放大，严重影响了我们参与竞标的激情。不久，这种疑虑发展成了一种直接对奥驰亚集团的担忧：奥驰亚的人到底值不值得信任？

我开始为这些问题失眠。一方面，我实在没法开口让一家《财富》10 强企业呆一边凉快去，我想接下这单生意，我不希望看到它落到竞争者手中。我们是这一行业的佼佼者，我们有能力为其他行业的佼佼者（比如说奥驰亚）打造解决方案。我真的相信 LRN 会赢得这次竞标。但在另一方面，现实情况正在与我的信仰体系中的某些信条产生很深的抵触。不管奥驰亚的人是否真的把这当作一种冲突来看待，戴维和他的遴选委员好像都不尊重我们的想法。

最重要的是，我觉得他们完全错了，那两家顾问公司根本就不应该参与遴选。我们和他们有切实的利益冲突，如果我们要继续竞标，他们就必须让出道来。于是，我给戴维打电话，表达了这一观点。我告诉他，尽管奥驰亚并没意识到我们面临的利益冲突会对我们的竞标资格产生实质影响，但我们已经深深感受到这种影响，没法继续在会面时表现出应有的开放度和透明度，没法继续坦率地和奥驰亚探讨方案的优点、缺点或是需要改动之处。总之，我们已经没法继续向奥驰亚展示出我们实际拥有的能力。

戴维很认真地听取了我的意见。但他表示，这个问题必须经过集体讨论后才能给我答复，而集体讨论的结果却是，奥驰亚认为那家顾问公司的存在没什么问题，不打算对此采取行动。戴维后来解释道："尽管我没有独立决策权，但我是合规团队的头，而且深信自己能率领团队公平地完成竞标过程。所以，尽管多弗说的一切从理论上讲都是正确的，但我觉得，如果LRN或者其他哪家公司就是最好的方案服务商，那它最后一定可以通过我们的考核。我认为这件事给我的教训之一是，我们当时的认识竟然如此不同。我相信，也许听起来有点狂妄，没有人会因为这种程度的利益冲突就放弃赢得我们公司业务的大好机会。我对奥驰亚的吸引力很有自信，并且认为，不管招标顾问公司和某位竞标者之间有什么样的利益关系或内幕交流，在我们公司声誉与管理绩效的担保下，大家都应该对我们抱有足够的信心，应该相信我们会公平地选出最适合奥驰亚的合作伙伴。"

后来，我咨询了LRN决策小组的其他成员，因为我们接下来要采取的行动将对公司的未来产生很大的影响，或者说，受影响的还不止公司这么一个抽象的集体概念，更包括了公司背后的个人与他们的私人生活。在咨询过他们的意见后，我作出决定：正式通知戴维和奥驰亚，LRN将退出这次竞标。这一决定让我感到很为难，也很痛苦。我给戴维发去了一封电子邮件，在信中，我小心翼翼地避免让他误解，避免让他觉得我是在指责他的诚信乃至他与整个奥驰亚管理层的领导能力。我简单地向他解释说，我们之所以退出，是因为我们觉得自己与招标顾问公司之间的利益冲突使我们丧失了竞标资格，我们非常认真地思考了这个问题，基于我们公司的信仰、价值与基本原则，我们觉得退出竞标是正确的选择。

戴维后来说道："当时这个消息让我很震惊。我完全不能理解这一决定。我对自己的公平态度充满自信，并且认为自己有能力为了公司的利益而保证整个遴选过程的公平公正。我无法接受多弗邮件里的言外之意，感到很气愤，因为LRN已经为这次竞标付出了很多努力，而且有很大机会最终赢得招标。我无从得知他们这一举动的真正用意，觉得这就像一个永远无法找到答案的悬疑故事。后来我又觉得LRN也许是在玩诡计，试图通过唤起我们对这方面问题的注意来控制竞标的部分过程，让我们受到指责，为自己赢得优势。也许LRN是在耍小聪明，想让自己与众不同。我从来没想到他们作出这一决定的原因是出于原则问题。”

收到我的邮件以后，戴维主动给我打了电话，说：“我觉得为了奥驰亚，我有义务确保没有任何一家合格的竞标企业中途退出。”这个电话让我印象深刻，因为我并没有在邮件中请求他给我电话，他也不需要这么做。我的邮件的意思很简单“我们退出”，而不是“如果你想商量就主动联系我”。但是，在这次电话交谈里，戴维有些心烦意乱，甚至问我是否在指责他的诚意。也许因为他原本就觉得我们是在耍小聪明，因此开始觉得我的做法很无礼。这让我很痛苦，我不得不向他解释说，我只是就事论事，绝对没有指责他本人的意思，我们退出的原因是在于LRN自己的信仰体系，与他的诚信没有关系。戴维说：“但当时我很难做到不介意。他们的举动明确地向我传递了一个信息：至少有人认为，作为奥驰亚的首席合规官，我的某些行为让他人遭受了严重的利益冲突。这个信息让我感到很不快，很想为自己辩白，你知道的，还有其他感觉。”最后，我和戴维只能承认彼此认识上的分歧，就那样结束了通话。

现在回顾起来，我认为当时我们都没做到用人性化的眼光看待对方。这种情况在商业经营中绝不罕见：商人们总是倾向于把与自己打交道的对象看做是商业行为的执行者，而不是活生生的人。我当时就把戴维当做了这种典型的商人，我以为他放下电话后可以马上投入其他工作。我并没有意识到他会因为我的举动而受到伤害。同时，他也很可能没有认识到我是那种会为原则问题感到痛苦，甚至失眠的人。后来，戴维对我说：“当时我确实只是把你当成了一张活动的资产负债表或盈亏报告。我很难相信奥驰亚的行为会对LRN的价值或标准造成冒犯，我当时没法接受这种说法。”

几年之后，奥驰亚终于选定了另外一家方案提供商。对于我们双方来说，这样的结果都算得上是一种损失。我觉得那家合规咨询公司也理应和我们一样退出。在我心情最郁闷的时候，我甚至认为他们两家的合作是双方妥协的权宜结果。戴维后来说：“我当时抱着一种来日方长的态度。我们和LRN都没有因为这次合作不成功而作出过激的反应，也没有为自己的选择后悔。我们都用一种职业的态度在低调处理这起不愉快事件。”在这段时期里，戴维已经成长为一名行业的传奇领袖，经常会接到演讲邀请，为大家讲述自己在奥驰亚的改革经历（这一点显然加深了我对错失那笔业务的失落感）。我经常能碰见他在各种商务会议和会谈里发表演讲，这让我很尴尬。有时他会上台讲话，有时我也会，但我们互相却不多谈。我们的声誉都在不断增长，并在对方心目中形成越来越深的印象。我开始折服于他的激情和执著。他看起来像是一名卓越的领导者。

后来有一天，我收到戴维给我的语音留言，他希望能和我见一面。后来，戴维解释道：“在那段时间里，LRN开发出了一套全新的、先进的、独一无二的合规解决方案。我不是一个教条主义者，也从来不认为自己永远不会犯错。随着我在奥驰亚合规官这个职位上工作时间的增加，我逐渐融入到了合规管理者这一群体当中，并因此开始了解一些过去无法了解的道理。我觉得自己有义务帮奥驰亚找出最优秀的合规解决方案，于是决定忘记过去的不愉快经历，主动联系LRN，这符合我做事的原则。”

虽然那次事件已经过去了好几年，但我仍然不时为它感到痛心，我想：生意场上的磕磕碰碰总是难免的。而现在的机遇是一个全新的篇章。于是，我们针对奥驰亚的需求制定了一套强有力的执行方案，并开始同他们的合规管理小组频繁地会面。戴维这次抛弃了所有形式过场，亲自和我们探讨方案的细节问题。这次合作很融洽，不久之后，我甚至有幸在奥驰亚的一次全球管理层会议上发表演说。戴维对此回忆道：“到了这个地步，我们已经完全抛开了过去的不愉快经历，并开始以一种专业的、就事论事的态度建立新的合作关系。对我而言，说服我的团队，让他们同意请多弗在我们的全球管理层会议上发表演说是一个重大举措，对我有两层重要意义：首先，我们应该拥有一种虚心学习的态度，这是主要的；其次，我觉得自己给员工们传递了这样一个信号：'我已经做到了虚心学习，但这还不够，我们还应该做到为了公司的利益而忘记个人恩怨和历史瓜葛。我们和LRN的确有过一段不愉快的经历，那次事件的伤疤仍然没有痊愈，但这已经是好几年前的往事了，我们现在应该为了公司的利益而作出正确选择。'"

那次会议结束以后，我们双方团队共进晚餐。席上戴维表现得很坦诚，他谈了自己的想法、领导力，还谈到不少自己作为奥驰亚这种大型企业年轻领导人四处奔波的个人经历。在这次宴会上，我们分享了关于宏观商业环境、企业经营，以及领导力的很多意见与展望。这种分享促进了我们的相互了解。戴维主动向我们表现出他的弱点和善于反思的经营理念，这样的坦诚态度为他带来了力量，同时也使我们可以用人性化的方式相互交流。

数周之后，我和戴维又一起用了晚餐，这次只有我们两个人。用餐时，我的公文包不知为何没有关上（现在我觉得当时我是有意为之）。然后，在某个适当的时刻，我从里边抽出一份LRN的《领导力理论框架》(*Leadership Framework*)，这是我们公司的"基本宪法"。我和戴维分享了我们的这些观点：价值本位的领导者角色、我们对自身信仰的执著，以及这一理论框架是如何指导我们日常工作中的一言一行的。这是一次很棒的晚餐，我跟戴维都非常坦诚。戴维回忆道："离开饭店时，我突然有了一种顿悟。我叫住多弗，并对他说：'你知道吗，你给我的感觉是，你真的是个表里如一的人，在那次事件里，你真的像自己说的一样，完全凭着自己的原则在行动。我承认，直到现在，我才真正相信了这一点。'"就是在那个时候，我觉得那次招标事件才算真正画上了句号。从那时起，我和戴维不再把对方视作机械的商业行为执行者；从那时起，奥驰亚和LRN不再是两家因为商务合作才联系到一起的独立组织，而是同一个人浪的组成部分。

在接下来的几个月里，戴维和我在很多方面都建立起了亲密无间的合作关系，我们在这些方面协同行动、共同创新。当时正巧奥驰亚与他们第一家合规咨询商的合同也已经到期，他们又开始了新的招标流程。对此，戴维说："局面已经变得很清楚，LRN成功地展示了它自己，它的经营态度使我们相信：这家公司在缔造价值本位经营方式方面有独到的眼光。"对我而言，局面也变得同样清楚：在我们恢复联系的这段时间里，戴维和我或许在不经意当中就创造出了一种合作气氛，这种气氛使双方团队都能通过协作，通过相互信任和理解，迸发出强大的力量。我们成功地建立起了一种合作伙伴关系，这使得我们可以把价值本位的经营态度推广到奥驰亚集团分布在世界各地的分支机构里。

戴维和我通过长时间的互动成功地发展出了一种亲密合作关系，我们各自在长期的经营过程中熟悉了对方，并最终超越了阻隔我们的商业分界线。在这一过程中，我们共同走过了深谷C。许多我们珍视的东西：原则性、诚信度、声誉与诚意都经受了重重考验。然而，尽管我们的旅程经历了种种挑战，我们都始终没有偏离自己信仰的方向，都把握住了方式的力量。虽然从一开始合作就碰到了麻烦，但双方的人际突触始终没有被斩断，所以数年后我们才有机会重新走到一起。在整个过程中，我们双方都能感觉到对方身上某种真诚而又强有力的态度。所以，在经历了时光的磨合和自身的反思之后，我们终于能够重新建立起联系，并让这一联系更加坚韧、更加持久。也许我们在比赛第三局时试图发起的人浪夭折了，但到第七局时，我们还是成功地动员起了所有人，让大家一起欢呼呐喊、舞动双臂。

第四部分

自我管理的企业文化
掌控未来管理新方向

为美国总统生产座驾的通用达拉谟中心不加任何管理，却年年突飞猛进，非凡何在？

花了10年时间编写而成、仅有薄薄一张纸的“强生信条”，100多年来深深烙印在每位员工内心，这究竟是一种负担，还是一张通吃王牌？

麦当劳引以为豪的“三角凳文化”，我们能否真正理解？

性格决定个人命运，文化决定企业命运。IBM公司CEO路易斯·格斯林曾说：“建立并巩固一种正确的企业文化是在当今市场环境下脱颖而出并取得可持续成功的根本驱动力。”

整合个体力量，壮大组织力量

商业经营就像一群前往同一个目的地的人搭上同一艘船，为了顺利地航行而共同付出努力。这艘船装载了许多我们推崇的美德：执著、投入、理想、抱负，以及为了更崇高的目标而无私奉献的精神，同时船上也有阴暗的一面：贪婪、自私、巧取豪夺、物质至上以及滥用规则的行为。企业及其他人类组织的目的就是利用群体的力量实现个人无法实现的目标。所以，如果企业想以最积极的一面取得最伟大的成就，就必须学会更有效地组织和管理，只有这样，它的整体力量才会远远超越单个员工力量的叠加。现在，所有人都面临着这一挑战，那些懂得整合个体力量的组织，总是可以吸引商业精英并开发出他们的全部创造力和生产力，并借此达成崇高的目标，获得最丰厚的回报，不管是物质的还是非物质的。

前三部分主要内容都是在试图为大家建立一种新视角，透过这一视角，我们能够更清晰地认识并面对当前日常工作与生活中不断出现的新挑战，而这也让我们产生了深刻的思考。如果方式是人类沟通和进步的新推动力，那么我们能否构筑一种新的经营管理准则，一种新的企业组织形式，使我们的小组、团队乃至整个企业都更加擅长制造人浪？或者更简单地说，我们能否把方式的意义推广到企业的所有方面，并利用它来提高日常工作的效率？

让我们来看看在20世纪发生的商品质量与生产流程管理的革新运动，它与当前的方式变革一样，对商业领域产生了划时代的影响，它使我们更透彻地理解方式的意义。80年代中期以来，全球商业经营者都开始引进内化质量控制与流程再造概念。当时，日本先进的制造业工艺促使管理革新运动在全球范围内展开。在此之前，世界其他地区的制造业普遍陷入了“三角形制约论”的泥潭（见图4-1）。

三角形的三边分别代表了生产进度、产品质量和生产成本。三角形制约理论认为，你只能同时顾及这三种生产要素中的两种：你可以快速地生产出高质量的商品，但这时成本会升高；或者可以做到低成本加高质量，但却无法保证进度；而如果要做到快速低成本的话，就不得不牺牲质量。

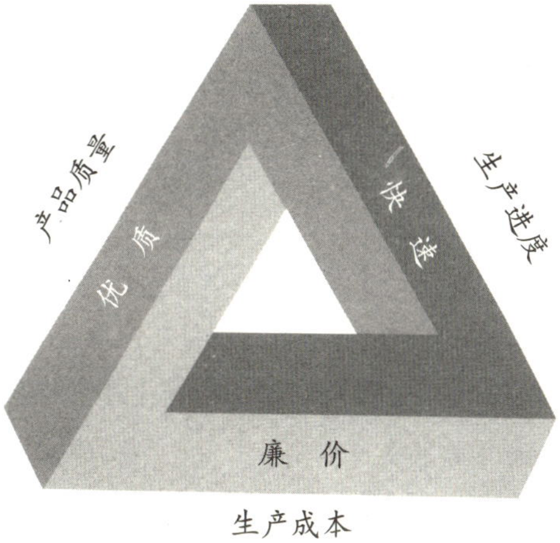

图 4-1　三角形制约论

这个理论建立在这样一个事实上，即认为质量控制是生产工序中的最后一个环节。当你的产品最终滚到生产线传送带的末端时，等候在那里的质检员才会检查它们的质量，并扔掉其中所有不合格品。当时的企业确实能生产出高质量的商品，但这会给他们带来额外的成本，因为高质量就意味着在生产线末端扔掉更多产品。更重要的是，当时的企业界普遍认为质量是一种美德，是一种不可捉摸、很难通过量化标准检验的“软”素质。

日本人的崛起推翻了这个观点。他们意识到，所谓的质量问题实际上就是生产效率低下。日本人通过把质量控制的角色从生产线末端融入到生产线内部，构造出一种生产流程，以更低廉的价格和更快的进度制造出高质量的产品。日本人取胜的关键词便是“质量”。

全球其他地方的经营者便奋起直追，福特汽车宣布质量是公司的“首要任务”，制造业巨头通用电气则快速建立起全面质量管理和六西格玛管理等新的流程管理手段，迅速改变了公司的整体企业文化。质量不再是一个孤立的竖井式概念，也不再是那些徘徊在生产线末端的质量保证/质量控制专员（QA/QC）的专职，而是每一道工序、每一个步骤、每位员工的责任。质量控制的权力由等级阶层的顶端下放到了底层，生产流程中的任何一个环节、任何人都可以为了阻止质量事故而停止整条生产线。通过将质量控制内化到流程中的每一个步骤，各行各业的经营者们都挤掉了生产系统中的低效水分。最终，这一革新运动大大地提高了社会的整体生产力水平。

质量管理运动解决了纠结西方制造业已久的成本－进度－质量的三角形困境。突然间，大多数企业可以在三个方面都拿到高分：廉价、快速、优质。今天，这三项素质早已成为所有一流企业的基本功，它们是这些企业加入现代商业竞争行列，并最终获取成功的最基本条件。

这些企业是如何做到的？它们通过何种方式将质量由一种主观的美学概念转化为可衡量的客观标准？首先，他们尝试的是对这一概念建立一种系统的理解：影响质量的因素有哪些？为此，他们深刻地检视了那些可以提高或降低产品质量的机制和动力，并建立专门的理论语言来厘清这些机制与动力。正是基于这种系统化的理解，他们才开始设计提高质量的新方法，系统检验这些新方法的效果，并最终将质量管理演变为一种精密的商业管理模式。他们解除了QA/QC部门在生产线末端的独裁，并把夺取到的权力下放到整个企业系统范围内。在这个过程中，企业成功地把质量这一虚无缥缈、无法计量的主观素质精确量化到了六西格玛这种程度的细微环节。这些举措不但直接提高了产品和服务的质量，而且还在世界范围内唤醒了消费者和社会大众对质量的认识，并成功地用终端零售价格上的差距直接体现了产品和服务的质量差别。后来，消费者将把更多注意力集中到那些可信赖的商品规格数据上，并因此让那些产品质量可靠的企业获得了声誉。关于某件商品长期质量表现的信息越来越充斥于市场，而市场变化也针对性地体现了这些信息的影响。在很大程度上，那个时代所发生的惊人的经济飞跃都归功于这次实质型的方式创新革命。

商业经营者当初追求质量提高时所采用的方法论：从量化的标准

出发，收集即时信息，在长时间内建立严格的行为规则，使他们能够严密地掌握影响产品制造、销售及其他环节的一切人力资源、生产流程与信息流动。今天，绝大多数这些方法都可以系统地应用到人的行为方式领域中。为了在即将到来的时代中茁壮成长，我们必须像当年进行质量管理改革时那样改善组织内的人际沟通、交流和行为方式；我们必须借助更多的方法来建立起强壮的人际突触，并借此把所有人都紧密地团结到同一个TRIP中来；我们必须找到这些方法，掀起更多的、影响范围更广的人浪。而要做到所有这一切，我们就需要对企业内部集体运作的规律有一个系统的认识，我们必须理解文化。

有多少个不同个体构成的项目小组，就有多少种不同的组织文化，尽管这些文化大都彼此相似，但每一种都有其独特之处。每当有一群人为了达成凭一己之力无法的目标而联合到一起时，文化的交融便会发生。每个公司的董事会都有一种文化，每个项目单位都有一种文化，每个执行小组也都有自己的文化。然而，当我们深入地探讨文化从何而来，如何运作，如何影响公司绩效，我们如何才能主动地改变它时，我们便会发现，一直以来，这是另外一个主观的、无法定量的概念，一个传统上那些呆在企业等级阶层顶端的少部分人才会去关心的概念。但在方式时代，这一概念不再捉摸不定，也不再是少数精英分子的专有话题。每个人都必须学会方式的创新，不是生产流程的方式创新，而是日常工作和生活中一言一行的方式创新。我们越来越多地在团队的环境下工作，也越来越多地获得创造并领导人浪的机会。方式，这个在当今连线世界中仍然未能被完全驯服的力量，呼唤我们更深入地理解和掌握它，这就是我们在新时代得以发展和成功的关键所在。

思考方式、行为方式的转变最终会指向管理方式的变革。在第四部分，我们将探讨企业的四种文化频谱，以及领导力的11种属性，并探索企业确立全新领导力框架的有效途径。

第10章

重塑企业文化

> 在IBM任职期间，我发现，企业文化并不仅仅是游戏的一个方面，它就是游戏本身。（路易斯·格斯特纳，IBM董事会主席、CEO）

通用电气有一个飞行器发动机生产基地，位于北卡罗来纳州的达拉谟，专门负责为世界最先进、最复杂的飞机生产引擎。从远处看，这个生产基地非常普通，只是北卡州500多英亩广袤荒野上的两座飞机棚一样的巨型建筑物，每座占地3英亩多，有多层屋顶。在通用电气搬来之前，这里是一座大型的蒸汽机生产厂，工厂四周的波浪状金属外墙和水泥屋顶让外界很难看清这座21世纪最先进的制造中心内部的真实情况。

这里没有办公室，没有娱乐设施，也没有华丽的职工食堂，但每年都有400多台世界上最大型的发动机从这里走向世界。这些发动机将用于武装大型商业客机，比如波音777和空客A320，其中当然也包括了美国总统座驾空军一号。通用达拉谟中心生产的每一部发动机的重量都超过8.5吨，由1万多个大小不同的零件组成，每个零件的组装都要求达到最高的专业标准：每个质量不过1盎司的小部件都要用扭矩控制空气冲击式扳手固定到规定的松紧程度，每个直径不到3英寸的机件允许的最大误差范围不超过人的发丝直径的一半，不然就有功能失常的风险，并可能最终导致空难。这样的发动机每次托载起客机升空，数百名乘客便完全依赖这些机械的完美质量安全到达目的地。

《快公司》（*Fast Company*）在一篇深刻的采访报道中指出，通用达拉谟中心的最特殊之处并不在于产品，而在于运营方式。中心共有 200 多名员工，只占通用这个巨型集团企业员工总数的很小一部分。在这些员工里，除了 10 多名后勤职员以外，其他人都是得到美国联邦航空局专业认证的技师。所有的生产任务都由不到 20 名工程师组成的项目小组完成，而管理层对生产任务的唯一硬性要求就是按买方的提货期限交货，其他一切事务都由小组自行商定。每一个项目组都会推选出一名成员加入中心的 9 个理事会之一，这些理事会将负责人力资源、供销以及培训等方面的问题，而理事会成员则全部由各小组定期推举轮换。中心关于生产安全、产品质量、生产流程和人事等方面关键决议全都由这些专门的理事会裁定。

在通用达拉谟中心，你会发现你无法找到任何对普通企业来说必不可少的东西，比如作息时间安排。在这里，每天有一次小组见面会，目的是让项目组和理事会两套机制可以协同运作，除此之外，没其他任何工作日程安排，员工们可以自行决定上下班时间。这里没有清洁工，每位员工都得自觉维持整个工作环境一尘不染。而且在这里你还找不到带锁的工具柜。如果你能信任这群人制造的发动机，你也能信任他们不会倒卖公司的扳手。整个通用达拉谟中心只有一名专业管理人员：中心主任，每个人都向他上报情况，或者更准确地说，人们从不需要上报什么情况。通用达拉谟中心在一个相互信任程度和沟通程度都非常高的环境下生产着世界上工艺最复杂的产品，而整个中心只有一个老板。她需要做哪些工作呢？从这个中心创立至今，葆拉·西姆斯当了 6 年的中心主任。她说在那里她只注视那些宏观的图景，只注视公司的长远发展和进步。当然她还注意到这家公司永远不缺乏的另一样东西即信任。她是好不容易才学会信任员工的。她说："中心刚创建不久，一位下属找我谈话，他说：'葆拉，你应该清楚，你不需要跟在我们身后监视我们做那些我们本来就愿意做的工作。如果我们答应做一件事，我们就会照办。'于是，我坐下来回想这个问题：'这个道理其实很简单，如果我一直跟踪监视员工，就是在向他们传递不信任的信号。'"

在它并不算长的历史里，通用达拉谟中心这种看似缺乏管理的企业文化让它获得了非凡的成就。在 20 世纪 90 年代后期的短短 5 年里，中心将飞机发动机组装成本降低了约 50%，质量隐患率降低了近 75%。1999 年，中心生产线开始组装 CFM56 发动机，当时世界上 40% 的喷气式客机都在使用这种发动机，而通用旗下的其他制造厂也早已开始大量生产这种型号的引擎。然而，当达拉谟中心在接到订单 9 周后交出第一件成品时，它花费的组装成本居然比那些拥有多年生产经验的地方低 12% ~ 13%。这一事实让鲍勃·麦克尤恩感到非常吃惊，他当时是通用埃文代尔组装基地的总负责人，而这一基地当时也在生产 CFM56 发动机。在 1999 年《快公司》的那篇报道里，他这么评价道：

> “在达拉谟，你听不到有人谈论生产流程改进，他们每个人每天从事的工作就是流程改进，就连他们的垫圈，都井井有条地放在对应的容器中，就像洗好的扑克牌整齐地放在牌盒里，你随时都可以轻松拿取到要用的垫圈。他们的环境就是这样，员工们不需要做任何请示，他们只管做自己认为必要的工作。在那里，你花一周的时间就能取得其他地方一年都无法完成的流程改进。”

达拉谟超越兄弟厂家的地方还不只生产成本。2002 年全年，埃文代尔基地总共向空气中排放了超过 2 000 磅有害化学物质，而达拉谟的排放量仅为 10 磅。截至 2005 年，通用达拉谟中心已经连续 8 年实现零工伤赔偿。这家企业的生产方式既高效，又环保，同时还保证了员工安全。

从以上这些优异的表现数据里，你也许会得出结论，通用达拉谟中心一定采用了员工配股机制，用金钱收入激励员工的表现，或至少有某种分红手段，让员工有动力去提高质量、降低成本。但达拉谟中心实际上并没用采用配股和分红。在这里，只有三种薪酬等级，即技术一级、技术二级和技术三级，它们之间的差别仅限于技能熟练度和培训时间长短。在这里，唯一增加收入的手段就是接受更多的培训，用员工的话说就叫“技能多样化”。技能多样化使得项目小组内部不容易出现技术空缺，某位技术三级员工休假时，其他员工也能造出涡轮机来。更重要的是，在这里，没人想脱产挤进中层管理层，因为压根就没有中层管理层。技师们需要对所有的日程安排、订单管理、生产流程和成品交接等事项负责，而且这一事实让他们备受激励。技师比尔·莱恩（Bill Lane）对此评价道：“这（技师直接责任机制）很重要。我有一个 3

岁大的女儿。我想，我们制造的每一台发动机将来托载的飞机上可能都会有3岁女儿的父亲搭乘。”

在整个通用电气的庞大行政管理阶层中，达拉谟中心和它基于项目组、注重成员合意的自我管理机制就像是一个特色鲜明的前哨站。达拉漠中心从员工的共有价值观和共同长远目标出发，建立起了独特的企业文化。“在达拉谟，参与到生产中的员工不再是简单的车床操作工，他们每个人都会独立思考。我认为他们在达拉谟体现出的价值才是真正的人类价值。”

文化就是企业的DNA

通用达拉谟中心之所以能取得成功，就在于中心内部员工的互相沟通、共同努力以及自我管理的独特方法，也就是说，在于他们的企业文化。文化就是一个企业的DNA，是企业一切历史、价值、激情与努力的总和，是影响和决定企业内部所有人际突触运作的操作系统。但与现实中电脑操作系统不同的是，你不能仅靠一些命令，比如说一段规章制度或者一个创新中心，就改变企业文化。文化具有生命力，它可以在长时间内自我演化。从这种意义上说，企业文化就像是一个生态系统，一个充满了各种复杂内部联系，各个器官相互依存的小宇宙。或者更简单地说，企业文化就是企业的每件事情真正发挥作用、真正作出某个决定、真正撰写电子邮件、真正获得和给予晋升机会，以及员工每天被真正对待的方式的总和。

这个方式的总和非常重要。企业文化就是企业的独特个性，企业的新鲜血液。它的存在决定了企业取得每一步成就的方式，也决定了员工们面对逆境和萧条的方式，作出重大决定的方式，以及取得业务发展和最终获得重大成功的方式。**性格决定了个人的命运，文化决定了企业的命运**。在独特集体环境下成长的文化总有自己的特色，并且无法复制到其他任何地方。其他人也许会学到你们企业个别的运作方式，但整体意义上的文化背景与文化质量却只能在特定的人群中存在。

尽管大型企业都有一种普遍的文化特色，但在更低层的项目单位中却总存在着自己特有的基层文化，这些基层组织的文化在企业与企业之间、小组与小组之间各不相同。那些通过不断并购形成的跨国大型企业，要面对高度规范化的国际与国内市场，并要随时应对各个国家的地区性危机、法规和行规，在这些企业中发展起来的文化就会和那些家庭作坊式的本地化企业截然不同。家庭作坊式企业生来就具有高度透明度，家庭成员们每天晚上共进晚餐，互相交流企业的情况，在杯盏交错间就建立起了企业文化。然而对于规模更大的企业而言，改进自身文化是一项更严峻的考验。

作为个人，我们对如今高度连线、高度透明化的商业世界格局能作出的最好回应，莫过于掌握个人行为方式的力量；而对于企业而言，要在这样的世界格局下茁壮成长并最终取得长远成功，秘诀就在于掌握文化的力量。IBM 公司 CEO 路易斯·格斯特纳曾说过："现在，商业领袖及跟随身后的金融与行业分析家们都已经意识到，建立并巩固一种正确的企业文化已不仅仅是避免越轨行为的手段，而是在当今市场环境下脱颖而出并取得可持续成功的驱动力。"

掌握文化的力量不再是公司高层一小部分人的专责。企业文化代表了它所有组成分子集体行为方式的总和。所以，要开始一段使企业适应现代商业社会新环境的旅程，我们就必须让每位愿意与企业一同进步的员工都清楚地了解文化发挥作用的复杂机制。要在日常工作中掌握方式的力量，让方式为你服务，这不仅需要改善你与周围直接联系人之间的人际突触，更需要改善你所在集体内的所有人之间的突触。这样，当你突然接到命令去完成一份季度营业报告，或者与重要的客户共进商务午餐，又或者对前期促销活动做总结汇报时，不管观众只有寥寥数人或者塞满整个体育馆，你都可以轻松地掀起人浪。在高度互联互通的新环境下，不仅企业的精英需要掌握方式，每位基层员工也都得学会制造人浪。你可以通过一种复杂的专门途径，通过自上而下的影响，帮助手下的员工掌握方式的窍门，最终使他们可以互相借助对方的力量。其实，你也可以掌握文化的秘诀。

文化是系统性的，但这并不是说我们对文化的发展方向毫无影响力。为了认识文化的各个组成部分是如何通过自增强效应相互作用的，我们先来了解一下这些文化的组成部分，即推动事情发展的部分。我们首先讨论当今商业领域中最普遍的几种文化模式。你也许会觉得这一部分内容和家庭作业一样枯燥，但如果你能理解其背后的理论框架，那么接下来的章节将会使你对文化的作用获得更深刻的认识，并最终借此在未来的旅程中一马当先。

企业文化的 4 个频谱

人类组织的文化成型过程受到许多细节因素的影响，其中有些是企业的内在因素，外力作用无法改变它们。比如，在一家货场里，人人都习惯面对面或通过对讲机互相喊话，而另外一家公司在方格式的写字楼环境办公，员工在多数时候通过举行会议或互相发送电子邮件进行交流。那么，这两家企业所形成的文化必定不同。第三家公司，员工都独自在家或者在卫星型的私人办公室内通过远程通信技术沟通，它的文化又跟前两家不一样。商业经营内涵上的差别（公司具体生产什么、销售什么或提供什么服务）直接影响企业文化。生产变压器的公司的文化一定与从事市场数据调研的公司的文化有差别，而一家从事新型行业、富有竞争力的年轻企业的文化，也会有别于那些传统行业的龙头企业。其他看似间接的因素，比如员工年龄层，工作服的选择，对待裙带关系的态度，甚至是否支持公司内部员工结婚等，都会对企业的独特文化造成深层影响。这些次要因素本身就是企业文化的外在表现形式。企业文化一直在寻求下面一系列问题的答案：企业通过什么方式实现决策过程？通过什么方式实现执行能力？又通过什么方式实现信息流动？或者归根结底，企业通过什么方式制造出人浪？这些问题的最终答案都将受到外在表现形式的影响。

大体说来，企业文化可以分为 4 种。像通过频谱仪看到的光谱一样，这 4 种不同的文化相互平行，并且都能从企业历史发展的角度反映出自身的组织结构复杂程度与人际成熟程度。2004 年，在为美国联邦判决委员会做证时，我首次提到了企业文化的频谱观点。这一观点听起来很牵强，但接下来的讨论里你会发现，自己见识过的绝大多数企业文化都适用于这一解读标准。为了形象地理解这四类光谱式平行企业文化的概念，让我们假设以下场景：

4 家工厂，4 种文化

我们将走访一系列机械制造厂，以对它们的运作方式有一个清楚的概念。每一家这种机械制造厂都忙于生产一种重型的，同时有潜在事故风险的机械，这类机械很受市场欢迎，所以每家工厂都在全力开工，以应付络绎不绝的订单。这些厂家都在宣传自己的产品给整个人类带来更光明的未来（或者只是给他们自己带来更多的利润）。我们想走访一下这些工厂，清楚地了解他们的运作方式。

在访问1号工厂时，我们遇到了一位车间负责人，他同意带我们参观整个工厂。工厂充满了切割机的轰鸣声和电火花，而我们注意到的第一件事是有的工人戴了安全帽，但大多数工人没有。伴随着嘈杂的机器声音和四处溅落的铁渣，我们问车间负责人，作为参观者，我们是否应该穿戴什么防护用具。“随你们的便，”负责人回答说，“这是你们自己的生命，和我无关。”这时，头顶洒落的电火花提醒了我们生命的可贵，于是我们打住继续参观的念头，匆忙撤退了。

我们来到2号工厂，并立刻注意到，几乎每个人都戴上了安全帽，但直到参观开始，却没人发给我们一份，而且似乎现场根本没有多余的防护用具。当问到这一点时，2号工厂的负责人回答道：“是啊，老板让我们戴上这帽子。我自己并不喜欢，可如果他逮住有谁没戴，就会立刻炒谁的鱿鱼，我还需要这份工作。另外，他还定下了规矩，让我们都得穿蓝工装，还要戴上姓名牌，因为他喜欢蓝色，而且得靠姓名牌才能叫出我们的名字。”

3号工厂既整洁又明亮，一切都显得井然有序。走进厂门时，我们发现那里有专门标有“来访者”字样的安全帽，帽子上方是一张巨大的公告，上边详细地列出了所有的安全生产步骤与行为准则。其中一条就是“所有人都必须戴安全帽！”，还有“非操作人员不得触碰机械！”等。于是，我们都立刻戴上了亮黄色的帽子，只有一位首席销售代表例外，他向工厂的负责人解释道：“我今天下午需要会见一位非常重要的客户，所以不想把发型搞得一团糟，我能不戴安全帽吗？”负责人看了看四周没有其他人监视，然后琢磨道：“这人真的需要戴帽子吗？他看起来来头不小，老板一定乐于见到我好好接待他。到底哪一种选择对我自己最有利？贯彻规则，还是讨老板欢心？”她清楚地意识到我们是重要的客人，并且不想冒犯我们，她也知道负责生产安全的主管老是在厂区四处巡逻，但现在应该不是对方出没的时间。于是，她回答道："如果我能作决定的话，我会同意你不戴安全帽，但你也知道这里有规矩，而我不想惹麻烦。如果这里我说了算的话，我当然会通融一下，但现在我只能去请示一下其他人。"说完这些话之后，她消失了整整15分钟，然后神情紧张地回到我们面前。"我没找到有权作决定的上司，"她看上去明显不想冒犯我们，"所以我猜你可以不戴这玩意儿。"

我们刚一走进4号工厂的车间大门，旁边一位工人立刻停下了手里的工作，为我们递上了安全帽和防护镜，然后负责人才出现，向我们热情地问好。我们的销售代表仍然像在上一家工厂时一样关心自己的发型，并提出了同样的请求，但负责人毫不犹豫地回答道："在我们公司，安全第一，如果你不戴上安全帽，我恐怕无法让你进入工厂。"我们这位销售代表出人意料地发了火（他有些敏感，并且觉得自己高人一等），并且高声抱怨说，他是工厂老板的朋友，他有权按照自己的意愿行事。而负责人则有礼貌地回答说："对不起，先生，但我要为你在工厂内的人身安全负责。我无意冒犯您，您也可以给我的上司或工厂老板打电话。但我始终相信，您以及其他每个人的安全才是该最优先考虑的。"

1号工厂对待生产安全的态度完全是一种无章可循的无政府主义状态。在这种状态下，个人完全出于自身的利益行事，丝毫不考虑集体的权益和企业的道德。显而易见，这种状态下的工厂事故率高得惊人，并且后果通常是肢体残疾和脑震荡，但没人会关心这一点，因为他们根本就没有安全制度，并且当工人因为受伤而无法继续工作时，总会有大批的现成劳动力等着填补这个空职。从本质上来说，这种企业文化无法为生产规模更大的资本密集型企业提供取得商业成功所必须的稳定性和预见性。当人们都各行其是时，你没法让他们集体踏上TRIP。在我们的视野范围之内，很少有这样的企业文化能苟延残喘到今天。但我们必须注意到，直到现在，它的少数残余行为和习惯还在某些地方产生影响。

2号工厂的企业文化要求全体员工对生产安全的规章盲目服从。盲从行为在工业时代早期的资本主义企业当中随处可见，比如19世纪欧洲的大型制造工坊，20世纪早期美国的旧式组装工厂，以及他们在封建时代的雏形。在过去，工作岗位奇缺，而劳动力十分充足，并且大多数劳动者都缺乏足够的训练，只能从事简单的手工劳作。那时候的大实业家、野蛮资本家和垄断经营者都竞相在各自的势力范围内夺取霸权，并不约而同地用铁腕政策统治自己的下属。在2号工厂里，所有人都得照老板的吩咐办事，没人敢挑衅老板的权威，不然就自食苦果。他们并不一定懂得为什么要戴安全帽或穿蓝工装，也不关心这些，只需要盲从于老板的吩咐，他们便能达成个人目标。于是，他们把问题藏在心里，戴上了安全帽，穿上了蓝工装。

3号工厂尽管看起来既整洁又明亮，但它的企业文化中充满了默认和顺从。默认与顺从的文化是一种规则本位的文化，想加入这一文化，首先需要学会规则并恪守规则。在3号工厂，各种详细的规章条款都早已制定规范，工人们能做的事就是要么对规则千依百顺，要么花额外的时间来与规则共舞，并从中牟利。在20世纪资本主义商业世界中，默从式的企业文化占据了主导地位，因为相对来说，规则本位的文化体系更适合高效率和大规模生产活动。在自上而下的企业组织模型里，高层管理者发出的指示可以轻松透过组织的脉络渗透到整个底层，而且一般都能达到可预估、可控制的效果。这样一来，尽管生产规模不断扩大，新增的员工也都能接受到有效的培训与管理。规则本位的企业文化大大减少了生产过程中的不确定因素。正是由于这种文化具有高度可预估、可控制的决定性特点，那些了解这一文化运作规律的企业精英们就可以在企业等级阶层的任意角落里崭露头角，并沿着规则的道路爬上成功的顶端。总的来说，默从式企业文化是一种比较有利于系统管理的文化，它为企业建立起了一套森严的等级阶层体系，位于体系最高层的少数管理者可以利用这一体系很有效地统治整个企业。

与2号工厂的企业文化相比，默从式文化体系算得上是一个积极的、有开创意义的巨大进步。直到几年前，绝大多数的企业都可以靠这一文化体系成功地开展经营和管理活动。在这一体系下，人们可以获得更多的信息（尽管是受控制的信息），并因此享受到更大程度的稳定性，更好地相互协作，大多数员工在这一体系内都能做到自我定位。默从式企业文化是理性主义文化体系的最高发展阶段，它将所有人都当做完全理性的个体来对待。它认为人们喜欢胡萝卜而讨厌大棒，物质的成功对人们来说是终极动机。在这一文化体系所取得的所有成就里，理性主义都在通过一种非人性化的途径解读错综复杂的人为行为领域。在这种解读方式下，人类世界看起来更加黑白分明，而且没有交界处的灰色地带，这也正是这种文化体系易于开展管理、易于发挥控制力的原因所在。从一开始，员工们便被理性地告知了企业对他们的规则与期望，以及遵守规则并完成这些期望后将会获得什么样的物质回报。然后，他们便选择默默顺从这些规则和期望。默从式企业文化为人们规定好了行程，人们只需要沿着规则默默前行即可。在这一过程中，我们已经创造出了无法计量的物质财富，不少伟大的企业因此而繁荣强大，很多人的生活水平也因此得到了提高。最终，整个人类都因为这一文化体系而获得了进步。

但是让我们最感兴趣的还是 4 号工厂。**在 4 号工厂，每位员工都自觉为维护安全生产的环境而负责，因为他们确信，生产安全符合工厂内每个人的利益。或者简单地说，生产安全即是他们的价值观。**这种价值观也为我们呈现出 4 号工厂企业文化的特点——价值本位的自我管理。对员工来说，被动遵守一组规则与主动信仰一组价值之间有着本质的区别，后者象征着这些员工信奉的标准是“应该或不应该”，而不是“可以或不可以”。当 4 号工厂的负责人说出“保障所有人的人身安全是我崇尚的价值观，所以人人都应该戴安全帽”这样的话时，她确实就抱有这样的信仰，她的一言一行都和自己的价值体系保持一致，所以她才达到了自我管理的境界。这样，当面临抉择时，信仰便能明确地为她指明方向。

那些只关心规则的默从式员工生活在“可以与不可以”的世界里，但是由于规则系统对于他们永远只是一种外部存在，所以他们的日常行为便被局限在遵从规则或者博弈规则的二分法关系里。因此，当面对一位不愿意遵守规则的 VIP 以及其他很多既定规则无法适用的情况时，他们便只会依照自身利益的得失来决策，或者说，他们根本无力决策，于是便不得不转而求助于他人，比如说经理或老板。决策责任就这么沿着等级阶层一步一步向上推卸，直到出现某个人必须承担这一责任为止。在这种被规则局限的人际关系隔阂里，我们损失了大量的时间、效率，甚至还损失了本来应该被规则妥善保护的生产安全。

默从式企业文化各个等级阶层间的功能界线也加深了规则的局限性。在这种企业里，某一部门可能会颁布一条禁令式的规则，规定员工在产品销售和市场竞争等事务上可以对外界透露哪些方面的内容。同时，另一个部门则会出台另外的规则，指导员工如何对外鼓吹自己的产品。在两条规则中间，销售代表们就很可能找到一些漏洞，并利用这些漏洞。她可能会想："我不可以说这些，但透露这些信息真的对我的销售业绩有帮助。也许我可以通过暗示的方法来达到效果。"但如果类似的规则是作为一种自我管理式的整体价值观传达给员工，那么就没有人会钻空子，因为根本就没有空子可钻。价值观，在这个销售代表的例子里具体表现为真诚与坦率的价值，毫不含糊地告诉了他们到底应该还是不应该。受到价值观指引的员工永远不会说："我得请示我的老板之后才能确定我可不可以这样做。"这些员工可以根据自己的信仰快速而高效地作出适当的反应。无论从个人还是从制度的角度讲，个人和最佳行为之间都没有漏洞（图 4-2）。

价值体系促使人们为了比自身利益更高的目标而努力，它的推动力超越了物质利益的诱惑力，是一种发自内心的激励感。价值催生信仰。**价值本位的自我管理式文化生来就有双重责任，它既能约束员工不做出与价值冲突的行为，又能鼓舞员工做出他们崇尚的行为**。在这种意义上，价值体系比规则体系更能有效地定义我们一言一行的正确方式。因为只要我们真诚地拥护某种价值观，并将它融合到实际行动当中，我们便会对自己的所作所为充满信心。出于价值目的的商业经营比单纯的牟利行为更崇高，因为从一开始，它的目标便是超越物质收入的更高层次的商业成功。出于共同价值观而与企业紧密结合的员工，也更不容易出现越轨行径，因为越轨不仅意味着违反企业规章条款，更意味着自我背叛。这种共同价值体系正是自我管理式企业文化的基石，它指导着企业与员工之间的每一次沟通与互动。

20 世纪 90 年代早期以来，全球商业领域的生产安全标准得到了极大的提高，主要原因在于大多数企业已经在无意识中将生产安全由干涩的规章条款转变为企业自身核心价值体系的一部分，并设法把这一价值体系传播到整个员工群体当中。或者说，这些企业将生产安全由一张自上而下执行的、外在的安全条例表，演变成一种在员工基层平行推广的、内在的力量，将规则演变成文化。这一演变取得了实质性成果。1999 ~ 2002 年，美国工伤死亡率下降了 11 个百分点，其中私有企业的工伤率更下降了 34 个百分点。这些成就不是来自更多的安全监督员，而是来自更深层的安全价值观。

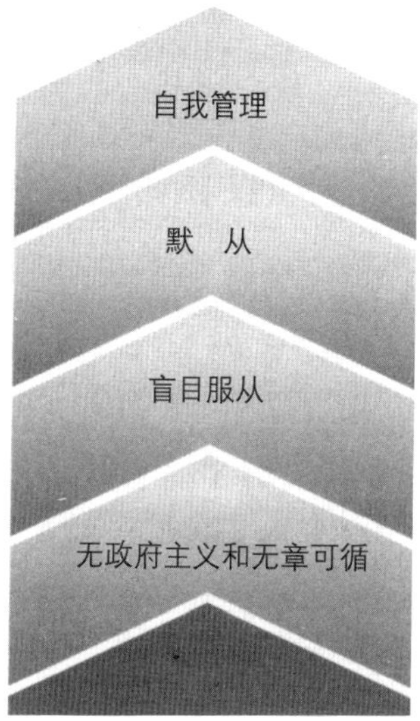

图 4-2　文化的频谱

无章可循的无政府主义、对权威的盲目服从、对规则的默认与顺从，以及价值本位的自我管理，这就是我所说的四类不同层次的企业文化。然而在现实生活中，几乎没有哪家企业、哪个部门、哪个项目小组的内部文化仅由以上单纯的一类文化所组成，一般而言，这些文化会在不同方面体现出不同层次的特征。

如果我们的首席销售代表认为企业公费消费上限对自己不适用，并在某次商务晚餐中点了最昂贵的红酒，他内心便有无政府状态的思维在作祟。他也许会说："这些规矩不适合我，我自有主见。"尽管在商业经营史的某些时期里，这些独行其是的人曾发挥过特殊作用，但大多数人总是倾向于在组织范围内推行某种规则制度系统，所以，在本书的讨论中，我们不会太详细地分析无政府主义的混沌状态。

如果某位老板向下属发送一封电子邮件，内容是"我要你下午 4 点前把事情办妥"，她所依赖的力量不外乎独裁的权威，这种权威能通过盲从式企业文化里下属害怕受到惩罚的特点来迫使他们听从老板的安排。

这四类基本企业文化并非互不相容，大多数组织结构都是逐渐成型并完善的。在这一过程中，你可以发现所有四类文化的元素，既需要一点盲从式文化的高压政策，比如说用来预防某些严重不当行为，也需要一些默认式的规则，特别是那些明智的规则，也许时不时还会看到无政府状态的影子，同时也能看到一些自我管理式的价值体系。

在那些更大型的企业里，也许会有多种相互关联的企业亚文化并存，比如说高层管理者们的文化体系具有某些基层项目组文化所没有的特征等。通用达拉谟中心是一个很好的例子，它是通用电气这家大型企业集团内部独特亚文化的代表。类似的例子还包括传媒巨头维亚康姆集团下属的 MTV 网络电视频道。

乍一看，企业文化似乎缺乏长期稳定性，就像另一种人们无法完全掌握的"软"素质。我们已经初步了解了商业领域里占主导地位的4类最基本文化。接下来，我们将更深入地解析文化的各个内部特性，解析组织的各类行为方式，我们将试图让这种"软"素质变得更坚硬，让它更好地为我们服务。

企业文化的 5 个方式特征

文化现象产生于人际交流的突触之中。我们知道，突触可以同时接收多源的信号，就好像钻石可以同时接受多个角度的入射光线，并将这些光线折射到不同方向。所以，现在就让我们把文化进入突触的过程想象成光线投射到钻石的切面上。钻石，或者说我们文化的本质与特性决定了哪些光线能够透射，透射之后将会沿哪些方向继续行进。很多因素都会影响到文化的发展方向和运作方式，但其中某些因素比另外一些因素具有更深刻的影响力。表 4-1 列举了我认为最有影响力的 22 种文化因素，我们的人际能量将透过这些文化的切面实现传递。图中每一个因素都将和我们最关心的这 3 种企业文化类型结合在一起考虑。

为了更清楚地检视这些因素，我将它们归纳成企业文化的 5 种方式特性：认知方式、行为方式、沟通方式、认同方式、追求目标方式（见表 4-1）。该表将揭示这 5 种方式特性如何在上述的 3 种企业文化中（之前插入的企业频谱图中已经显示了"无政府主义"企业文化的地位，而这种企业文化在今天已经很少见到，所以在此不再分析）发挥作用。

表 4-1　企业文化的 5 个方式特征

文化维度		无政府主义文化	盲从式文化	默从式文化	自我管理式文化
认知方式	◆ 信息的利用		◆ 囤积信息	◆ 相关者知情模式	◆ 完全透明
行为方式	◆ 组织结构		◆ 竖井式的结构	◆ 专业职能部门组成结构	◆ 基于高度互信的一体化结构
	◆ 行为原动力 ◆ 行为诱因 ◆ 行为责任归属		◆ 独裁式领导 ◆ 强制型 ◆ 中央集权	◆ 规则型 ◆ 自身利益的刺激 ◆ 单个的组织单位	◆ 价值 & 原则型 ◆ 长远价值的激励 ◆ 组织内的每个成员
	◆ 决策权归属 ◆ 主导权结构		◆ 专制的权力形象 ◆ 绝对权威	◆ 规则式权力形象 ◆ 自上而下的决策体系	◆ 信奉价值的个人 ◆ 授权与个人负责制
	◆ 合规的原动力		◆ 外在强权	◆ 自愿遵守内在 / 外在规则	◆ 共同信仰
沟通方式	◆ 角色与技术分工 ◆ 员工素质发展		◆ 追随者和执行者 ◆ 死记硬背	◆ 管理者 ◆ 培训	◆ 领导者 ◆ 教育
	◆ 互信程度 ◆ 规则 VS. 价值		◆ 严格监视与有限授权 ◆ 极少遵守规则，漏洞百出	◆ 契约式诚信约束 ◆ 遵守基本要求	◆ 高度的诚信 ◆ 受正确价值的引导
	◆ 人际关系本质（与员工） ◆ 人际关系本质（与顾客） ◆ 人际关系本质（与供应商或第三方）		◆ 猜疑 & 惩罚机制 ◆ 猜疑 & 严密监测 ◆ 保持距离的交易	◆ 体面的工作——报酬和奖励 ◆ 公平标价 - 合理利润 ◆ 基于合同的、公平、公正的持续合作	◆ 社会契约——共同成长 ◆ 超出客户预期的附加值 ◆ 共赢的相互协作
认同方式	◆ 奖励与认同		◆ 群体一致	◆ 奖励个人 / 组织成功	◆ 实现使命和价值后的满足感
	◆ 戒律与处罚		◆ 监督者裁定——恐惧	◆ 规章和流程	◆ 内疚、同僚压力和制裁
追求目标方式	◆ 时间导向		◆ 短期的目标	◆ 短期目标和长期目标	◆ 持久的企业传统
	◆ 使命与目的 ◆ 价值意义的定位		◆ 为了生存，被迫参与 ◆ 本能地去做，毫不关心意义	◆ 追求成功，努力取得回报 ◆ 成功之旅	◆ 使命感、承诺与个人价值 ◆ 意义之旅
	◆ 认识市场趋势 ◆ 认识法律法规		◆ 注重强权 ◆ 肤浅的认识——盲目博弈	◆ 受制于奖惩机制 ◆ 迅速反应并行动	◆ 主动性预防 ◆ 引领市场潮流

特征 1：认知方式

区分企业文化本质的首要因素就是它产生、利用和影响信息的方式。这一因素对我们的方式旅程非常关键，所以我们单独把它列为一种特性。

盲从式企业文化将信息封闭在几个少数精英成员的圈子里，普通员工通常只需要应对自己分内的工作，企业领导自上而下地发布各种命令，不附带任何解释。在这样的文化里，让他人知道自己那一份信息对双方都没有什么好处。

随着企业组织结构日趋复杂，默从式企业文化开始占据主导地位。这种文化倾向于用一种高效而有序的方法来传递信息。在与生产经营相关的必要信息的共享方面，这些企业一般都表现出色。比如项目组成员们通常都能得到足够的培训，并能方便地查阅各种规章条款。但是，管理层仍牢牢控制着其他方面的信息，他们认为："透露任何一点多余的信息都是危险的事情。"

价值本位的自我管理式企业文化则与上面的情形截然相反，它需要有一种透明化的客观环境才能生根发芽。只有在既拥有无拘无束的信息流通渠道，同时又拥有自主而理性的评判空间时，员工个人才能体会到组织核心价值观的激励作用，并在信任感的驱使下达到自我管理的层次。

自我管理式文化中的认知方式减少了企业的沟通成本并且提高了企业运行的效率。在这方面，不乏成功的企业案例。

零售业巨头企业文化的秘密武器

零售业巨头诺思通(Nordstrom)就是一个很好的例子。在诺思通，新员工加入时都会收到一本薄薄的小册子，上边几乎全是有关企业文化的介绍。手册的第一页就开门见山地表达出了诺思通的基本经营理念："为顾客提供不一样的消费体验。"紧接着就是诺思通规则："自行作出明智的判断。我们信任每位员工的能力和诚信，所以我们唯一的规则便是在一切环境下作出明智的判断。"

这段短短的员工指南也许是自我管理式企业文化的最好写照。然而，诺思通文化的关键还在于手册的下一页，也就是这份手册向新员工发出的最后一道指令："在任何时候遇到任何问题都可以询问就近的部门经理、分店经理以及片区总经理。"于是信息流通不受拘束的理念已经植根于诺思通自我管理式企业文化的深处。

特征2：行为方式

通常来说，人类有3种方法驱使他人按自己的意愿行动：第一，强迫对方，使用恫吓、胁迫或威逼利诱等手段让对方违背自身意愿行动；第二，发动对方，向对方承诺某些回报，或是威胁对方，如果不照办的话会有哪些负面后果，这样对方便会在做出自身利益权衡之后按你的安排行动；第三，激励对方，设法与对方沟通，让他们相信你与他们有共同的行动目标。企业文化的第二个特性对员工个人以及组织集体的行为模式都有着广泛影响。为什么人们要做出这样或那样的行为？是什么原因使他们选择这样而不是那样的行为？

在盲从式文化里，人们必须服从上级命令，而居于上位的专制者们则通过强迫手段让手下听从自己的安排。"所有人必须穿蓝工装，否则就会被炒鱿鱼"，这类语言充分说明了专制者与下属之间的强制关系。这种文化影响他人行为的手段是我们这里检视的所有企业文化中最外在的控制手段。在这种文化里，位于专制权力源头的上位者可以单边作出各种决定，并且他的权力来源完全与专制对象无关。这种盲从文化中的权力结构通常都是一种极为垂直的单向管理结构，权力永远握在少数精英的手中，管理结构中各级别的大小头目都有自己的封地，总头目掌管整个企业，决断是非，并下达清楚的前进号令。

这听起来像是在说军队。是的，第一次世界大战后建立成型的现代部队非常推崇绝对服从的精神，并因此取得了巨大的成功。他们相信，只有对最高指挥权的无条件服从，才能产生必要的部队稳定性、可控性以及向心力，士兵们才会为了胜利而前仆后继，不惜付出生命。尽管这种文化听起来不大适合商业经营，但令人吃惊的是，当年的电影制造业正是借助这一军事化模式发展到了今天。"一战"结束后，电影制作成为一门产业开始展露雏形。当时有一大批"一战"退伍的老兵看到了这一行业的前景，蜂拥至美国西海岸，投身到这个新兴领域。当时的电影制作者就如同军队一样，是一种大规模的流动性团体。为了满足不同需求，他们经常需要将人力与器械从一个拍摄地迁移到另外一个拍摄地。所以，对于这些已经习惯于军队生活的新职员来说，把部队文化照搬到企业中来，正是他们最好的选择。在这样的背景下，企业下属的各个职能部门——配音、后勤、灯光、道具、制片等都拥有独立的领地，在自己的领地里，各部门都实行一种僵化的、命令式与征服式的统治手段。到今天，尽管整个行业都已经历了很大程度的演化，世界上绝大多数的影视业者仍然沿用着这套经营理念。

与人人都听命于老板的盲从式企业文化不同，在默从式文化体系里，人人都听命于规则。人们试图利用规则为一切人为行为搭建起一套客观的、公平的标准。这种文化倾向于构筑一种基于专业知识和实践能力的等级体系，那些最有知识或能力的人会被快速地吸纳到管理层，并参与到自上而下的实际经营管理中去。在这样的等级体系里，管理者们试图让自己的行为和规则保持一致，同时符合理性，而实际上，体系内部通常还会设立一个专人或者专门的职能部门，通常是法律事务顾问或者规则管理部门来监视所有人对规则的忠诚度。默从式企业文化通过一种回报与惩罚兼顾的机制来发动员工，而员工们顺从机制的动机是自身利益。这种文化对行为影响的手段兼具外在性与自发性。人们之所以会对上级命令表现出顺从，是因为他们觉得这种行为会带来利益回报，乃至于物质上的成功。于是，这种企业文化中的管理者们通过一种胡萝卜加大棒式的手段来发动员工，影响他们的行动。

在自我管理式的文化体系内，员工行为的基本推动力来自于价值观，价值观为人们带来激励。在共同价值观的指导下，我们信任自己的一举一动，并会为付出的努力感到一种成就感。自我管理式企业文化完全通过内在的、自发的方式来影响员工的行为。随着员工个人与企业核心价值观的紧密结合，管理的权力也完全下放到个人手里。在这种平行化权力结构中，管理的重点就变成了解放个人能力，强调个人尽责。人们由于共同的理想追求和核心价值观而团结在一起，这是一种比胡萝卜加大棒式人际沟通更紧密、更不受外界环境变化影响的联系方式。自我管理式文化中的企业结构更加一体化，或者说更加平面化，个人之间以及小组之间的人际突触都在一种高度互信的状态下健康运转。自我管理要求全体员工都主动参与维持组织集体行为的正当性，因为在这种自我管理式的项目小组里，每个人的一举一动都代表了整个项目组的集体动作。美国宪法之父、个人自由权利的拥护者托马斯·杰弗逊曾说过："自由的代价就是人们必须永远自觉维护它。"受到共同信仰指引的个人行为很难受到外来因素的控制。就像在通用达拉谟中心一样，没人是你的"老板"，因为大家都是老板。那里的一位技师基思·麦基就这么对记者说："我有15位老板，我们小组的每位成员都是我的老板。"当所有人都把集体的成功当做自己的责任时，便没人能够容忍拖沓行为。最终，这种文化构成了一种积极向上的自反馈、自增强式的博弈系统。

特征3：沟通方式

企业文化的第三个内部特性描述的是它如何管理和影响集体内各个成员之间的人际突触。每个个体在集体中扮演什么角色，发挥什么能力？集体如何利用这些角色和能力？决策过程中体现出何种程度的信任感？员工、企业、顾客以及供货商之间相互关系的本质特点是什么？以及在这样的关系下企业如何正确地行事，或者概括地说，我们怎样相处。

盲从式企业文化的沟通方式是一种自上而下的命令链，权力几乎不会沿着这道关系链下放到底层。命令链上的大小各级干部都是老板的追随者，而基层员工们则会感到自己的辛勤劳动正受到老板和他的追随者的严密监视。在这种文化中，企业经营行为的推动力是严厉的惩罚措施，这些措施迫使员工们踏着正步向前迈进，通常人际关系里充斥着猜疑，独裁式领导结构的善变性让人人为自己的饭碗担心。这种猜疑还漫过了企业的城堡，延伸到供货商和顾客那里，使后者也产生同样的猜疑，并竭尽全力地注视企业的内部运作，而企业则尽其所能维持信息壁垒。在这样的文化背景下，企业与外界的合作看不到任何善意成分，于是合作双方都倾向于为了达到短期目的而相互利用。

默从式企业文化从下属中选取代表担任企业实际运作的管理者，这些管理者必须时刻与组织结构下严密的规章制度保持一致。企业主要通过培训的方式来实现员工职业能力的提高，他们向员工提供一些经过刻意筛选的信息，以期在对方身上培养出必要的专业技术或能力。这种文化强调的是绩效与绩效管理。想要在这样的文化体系里获取自我发展，你就得去读那些取名为《达成某个目标的 14 个必不可少的步骤》或《伟大的某企业的 50 条至关重要的规则》等参考书。在这种文化中，人们可以互相赚取信任感，但信任感本身的作用通常被视为检查和平衡机制；用来敦促管理者们恪守规则，并对自己的下属负责，那些坚持完成本职工作的下属，则可以从这种胡萝卜加大棒式的企业文化中获得期望的物质回报。这就是我们熟知的经典资本主义世界。在这里，你与顾客和供货商的关系不像是合作伙伴，更像是单纯的买主与卖主的关系。在这些外在关系中，契约模式占据了主导地位，就算是有长期合作关系的供销双方，也免不了标书与竞价的繁文缛节。在这种文化背景下，人际关系和组织间关系追求的终极目标是公平与无私。

在自我管理式企业文化里，每个人都需要扮演领导者的角色。这种文化要求每一个人都有能力基于价值观做出适当的决定，所以每一个人都需要受到相应的教育，更重要的是，拥有相应的决策经验去处理突发事件。默从式文化里那种固定程序的培训方法没法为员工们提供足以实现自我管理的理论工具。而本书在很多方面可以起到这种新企业文化的教科书作用。

自我管理式企业文化是一种高度互信的文化。葆拉·西姆斯在通用达拉谟中心的经历揭示了一个道理：不信任的行为会损害员工的尽责精神。信任唤起信任，反之亦然。作为对信任感与自我管理的回报，员工自发地在集体中表现出一种强有力的社会契约式的人际关系，这一关系会直接为企业带来超越物质利益的巨大成功。

与此相似，供货商与顾客在这种文化体系中更像是合作伙伴，供货商积极协作的态度可以通过企业为顾客带来更多的价值。驱动这些文化的价值观语言可以激励人们自觉地在规则与契约的标准之上自律地行事，进而提高取悦顾客的能力，超越每种关系的期望值。

本书试图展现关于企业文化的整体图景，并用大量的现实案例对这一图景加以充实。读者们需要自己从图景和案例中归纳出适用于自己的新观点，也许对你来说，这需要花更多的时间去寻找想要的答案，但这样的方法能让你对现实中的商业领域文化现象有一个全面的认识，可以借用书中的知识对身边的实例作出独立的评判。

从这个意义上说，本书如同一副为读者订制的眼镜，通过它，读者可以更准确地把握日常工作中海量多变的实时事件。在自我管理式文化里，TRIP 的方式永远不会只有一种，每个人或每个集体要升华到自我管理的境界，都需要经历一段独特的过程。其他人也许可以为你指出大致的方向，但你始终需要亲自攀登上这座顶峰（并在之前的深谷 C 中花费一点时间）。

特征 4：认同方式

企业文化的第四个内部特性指的是它回报商业成就和回应商业越轨行为的方式。**盲从式企业文化会用显而易见的方式回馈那些顺从或违背上司意志的人。**上位者全然凭个人的好恶实施奖励或惩罚，这种回馈方式的本质是随心所欲、反复无常的，它缺乏定数的本质让下属们产生恐惧感，并因此不得不规范自己的行为。

默从式的企业文化采取了一种更为理性化的途径，它试图构筑一套清晰的、标准化的规则系统，所有的回报与惩罚都可以依照这套规则中的条款来执行。**那些最终为企业和自身获得物质成就的人将得到规则规定的回报。**

自我管理式企业文化会回报那些体现企业长远共同价值的个人，这种长远价值的体现过程有时甚至意味着牺牲短期物质利益。人际的紧密联系让这一文化体系更加重视长远的、深层次的成功，而不是短期的投机式收益。这种人际紧密联系可以持续保持下去，同时给文化体系本身带来了自我监督、自我修正的特点。在这种文化里，个人对共同价值观的背叛不仅意味着他将被绑在耻辱柱上接受来自周围所有志同道合者的道德审视，同时还意味着将受到自我背叛的负疚感的煎熬。

企业文化中庆祝个人成就的回馈方式（获得公司表彰，成为公司新闻通讯里的封面人物，赢得项目组里唯一的年度带薪休假名额）是这个文化体系非常重要的组成部分，但在许多组织中都或多或少地被忽略了。很多公司因此无法适当地对员工取得的成就做出回馈。

30 多年以前，我的朋友、通用电气与高盛银行前首席学习官史蒂夫·克尔首先就这个问题写过一篇论文，论文发表在《管理学学术通讯》（*Academy of Management Journal*）上，标题为《论错误回报员工成就的企业愚行》（*On the Folly of Rewarding A,While Hoping for B*）。

一天，克尔对我说："建立一个小规模的理论模型，以展示企业文化对员工成就的回报模型。在这个模型里，如果你根据手头的信息并冒一定的风险做出行动，最终就会取得成功，你将会得到小额的回报；如果你根据这些信息冒险行动，但最后却遭到了失败，你将受到中额的惩罚；而如果你完全不主动承担任何风险，只是跟着上司的指令行事，你最后会得到小额回报。在这样的环境下，你会怎么做？"

我花了一点时间来考虑这个模型，并稍微计算了一下，答案就变得很清楚了：冒险行动并取得成功所能换取到的回报与完全不冒风险所得到的回报没什么两样。然而，如果你拒绝冒险，你就规避了冒险行动可能导致失败的概率。

克尔总结道："在这样的系统中，你最终将表现得极度不愿承担风险。缺乏察觉能力的领导层总是无法意识到，正是他们自己的回报机制造成了这一局面，他们总是埋怨手下那些'胆小'的员工们缺乏开创精神，但实际上是企业文化的成就回馈模式出了问题。"

最近 Gantz Wiley 调查公司的一次职场调查显示，在许多企业文化深处存在着类似的不协调之处。尽管有 60% 的受访者认为其"公司高层管理部门在职业道德操守方面要求非常高"，但只有 1/3 的人认为"除非某位员工的行为很清楚地展现了企业价值，否则他不会得到破格提升"。而《职场 2000》（*Workplace 2000*）上登载的一次员工透视调查的结果显示，尽管大多数员工希望自己的工作能为公司带来经营突破，但这些人中有 75% 都不相信自己公司是真的按照对外宣传的企业宗旨进行经营的。

惠普总裁为违抗命令的员工颁奖

查尔斯·汉普登特纳是一位为全球多家企业提供企业文化咨询服务的专家，他给我讲过一个关于惠普公司的故事，让我印象深刻。

直到最近的董事会丑闻为止，惠普都是一家以独特企业文化与光明正大的经营方式闻名于世的企业。

汉普登特纳说："我在惠普工作的一位朋友卡尔·霍奇斯曾因公然违抗公司老总戴维·帕卡德的命令而从后者手里获得过一枚金质奖章。惠普当时正在从事阿波罗登月工程里某项产品的研发工作，而帕卡德想终止这项研究。'我再也不想见到这个项目了！'帕卡德告诉霍奇斯。于是霍奇斯把项目从研发计划里取消掉，但却直接把它投入生产。这使得帕卡德对他相当的不满。后来，帕卡德对这事也无可奈何，只得默认项目继续。最终，人类成功地登上了月球，而惠普公司也因此获得了丰厚的收益。事后，帕卡德当着公司众人的面为霍奇斯违抗命令的行为颁发了奖章。这样，所有人就知道帕卡德承认了自己的错误，而霍奇斯是正确的。"

特征 5：追求目标方式

人们是为了达成更高的、依靠一己之力无法实现的目标才相互组成集体的。这说明企业文化最后也可能是最重要的一个内部特性。在特定的企业文化影响下，我们将出于什么样的长远追求而从事企业日常工作？我们付出的一切努力所追求的目标到底是什么？

在盲从式的企业文化体系里，员工倾向于追求短期的工作回报。他们通常只关注手头的任务，而不会多花时间去思考自己所从事的事业的长期影响，或者自身的长远发展。如果你将全部心思都花在短期内征服与统治尽可能多的资源上，你就根本不会考虑自己的行为在很长一段时间内会对他人及外界环境造成什么样的实质的或心理的影响。盲从式文化不会把市场当做一个整体来看待，也很少顾及自己与顾客的互动会造成怎样的公共影响。这种文化里的员工只会听从上级的指示，而上位者们则倾向于相信，权力与成功来自于对下属的有效控制，如果有任何事物影响了他们的控制力，哪怕是政府法规或公众舆论，他们就会把这视作实现权力的障碍，并想尽一切办法加以征服或回避。这种思路在市场上带来了各种各样的幕后交易与恶意竞争现象。

这种企业文化的终极目标是生存，而且企业内部的员工通常都出于胁迫而不得不追随领导者的旅程。在盲从式文化背景下，很少有人会对这一文化的本质展开本质思考并超越它，也没人会因为日常付出的努力而有丝毫成就感。这只是机械劳作，而不是人为行为，只是对命令的执行，而不是对长远目标的追求。

这种只顾短期利益的文化并非只存在于古老的工业时代初期阶段。就算在现在，也能发现它的影子。例如，一家刚起步的互联网公司，或类似的新兴企业，为了在瞬息万变的市场中站稳脚跟，可能就不得不在与时间的赛跑中受到这种文化体系的影响。沉重的压力使得他们必须尽快争取风险投资者或金融市场的青睐，这迫使他们忽视自己的短期行为可能造成的长期影响。只要经营者看不到这些长期影响，那些古老的盲从式文化的某些力量便会渗入到这些新兴企业的最现代化的文化体系当中。

默从式企业文化试图在短期收益与长远成功之间找到一个平衡点。因为长远成功可以让企业更好地占领市场，并赢得消费者群体的好感，所以这种文化会对市场需求和市场形势的变化作出快速的回应。在这个文化体系内部，企业管理者通常通过胡萝卜加大棒的途径来控制手下的员工，这种途径还被用来对付各种外在政策或法规，企业想方设法与规则共舞，尽可能地避开大棒，并把胡萝卜弄到手。默从式文化是一种规则本位的文化，在这种文化中，每一家企业都有专门的规则管理人员，他们拿规则条款注明的物质回报或惩罚当做杠杆，试图约束企业内部所有员工的行为。所以，在这一文化背景下，企业与员工对长远目标的追求受到了规则本位系统先天局限性的影响，并且总是处于外部监管者的控制之下。默从式文化的旅程是一次通往物质成功的旅程，这种文化会用实际收益来衡量员工努力的程度，会用物质奖励来回报员工取得的成就。

在自我管理式企业文化里，为了相互紧密联合，得到建立共同价值观所必需的向心力，人们就不得不把目光放在长远利益上。企业用过去的光辉历史和坚忍不拔的奋斗过程来定义这种文化的发展方向，并将目标放在追求将来更大的光辉成就上，它必须永远有超前思考的意识，因为这样才能激励内部高度互信的员工们为了共同的长远目标而无间协作。这种超前思考的特性让这种文化体系在很多商业领域里都从容地度过了景气循环带来的负面影响，为企业创造领导市场，开拓了市场的环境。在这种文化中，人们总是以"应该"或"不应该"的价值取向来定位自己的行事方式，所以可以主动阻止违反政策法规的越轨行为。自我管理式文化将使命感、承诺和对自身存在意义的追求结合到一起。从很多方面讲，这个旅程本身就是一种回报。

在这一章，我们尝试了将文化解构为各个组成部分，并建立起了一套专门的语言来描述企业在这些文化组成部分中发挥的作用。这些文化的零件可以通过无数种方法相互组合、相互增强，并因此构成了现实生活中多姿多彩的企业文化体系。每一种文化体系都像一片雪花那样独特，绝不可能被他人复制。这一独特性使得企业文化可以成为我们赖以脱颖而出的宝贵工具。

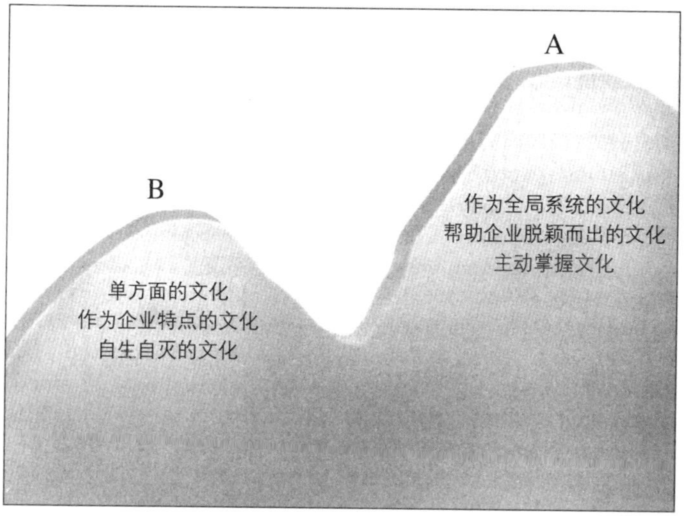

图 4-3　从"被动式文化"到"主动式文化"

在这里，我们已经了解企业文化为我们在新市场环境中取得发展壮大时起到的关键作用。同时，我们还意识到，我们可以改变文化，可以通过个人行为实质性地影响文化。企业成员每一天每一件琐碎小事集合起来，就形成了这家企业的独特文化。在这种意义上，文化的方式特性就像是一个生态系统，我们可以培育灌溉它，为它施肥锄草，并对它进行足够的鼓励，以敦促它的健康成长。主动掌握文化的发展规律就意味着你能亲手为文化添砖加瓦，并依靠它最终在市场竞争中脱颖而出。

第11章

树立自我管理式企业文化

> 如果我们出于浮躁、自我放纵和无政府主义而放弃了对自己的统治，那最后必然会有外来力量统治我们。（西奥多·罗斯福）

不管是大脑里的神经元突触、项目小组里的人际突触，还是大型企业集团的各个下属单位之间的突触，在宏观系统范围内，只要有突触存在，便会有文化扎根于这些个体单元的缝隙之间。我们已经了解商业领域中最常见的几种文化体系，以及这些文化体系如何通过其内部特性来左右体系内员工的个体行为。然而，这些东西对我们有什么实际用处？它将以何种方式帮助我们掀起人浪、踏上TRIP，并在21世纪新的商业经营环境中发展壮大？

盲从、默从以及自我管理，并不仅仅被我们当做文化体系的分类标签，它们还被我们当做实际的管理手段与途径。我们通过它们来制定企业规章、企业结构、运营政策以及生产经营流程，而后者都会直接影响到员工的行为与表现。

正如我们所讨论的那样，在盲从与默从式文化体系里，这些管理手段与途径对于员工而言大多是外在的存在，它们的权力源泉要么是上位者本人，要么就是他们亲手拟订的某套规则。这类管理手段与途径就好像是保龄球初学者使用的护轨，从头到尾把球限制在一个固定的方向内，避免它掉入球沟。然而，当今高度互联、高度透明化的世界结构让这些依赖外部力量来控制员工的文化体系都不再适用。仅仅保证保龄球能撞倒球瓶已经不够了，因为现在每个人都能清楚地观察到球行进的路线，我们现在必须脱离护轨的帮助，凭自身的实力打出全中。

正如我们讨论过的那样，在如今这个平面化、连线化、透明化的世界里，要想打出全中，我们需要一个全新的企业环境，这个环境鼓励沟通和信息的自由流动。

在这个环境里，个人之间以及小组之间都可以产生更加深入、更加紧密的联系；全公司的每一位员工都将得到更多的信任和自主权。只有这样，当面对瞬息万变的市场环境的时候，企业成员才能够迅速、独立地作出恰当的反应。

在现实商业领域中，尽管伴随着通信科技的发展，一大批关系结构更为紧密的新兴职业模式相继出现在我们面前，但我们的主流管理文化结构并没有针对这些新模式而发生相应的改变，护轨仍然被放在球道里。

要在 21 世纪的资本主义新商业环境中茁壮成长，企业就必须革新管理体系，将管理权下放到每位员工手里，而这一革新过程的关键就在于重新定位管理与文化之间的相互关系，前者是我们试图控制事情的方式，后者则是事情实际发生的方式。

要做到这一点，正确的途径不应该是通过管理手段来建构文化体系，而是通过文化体系来实现自我管理，或者还以保龄球为例，就是将管理的护轨融入到文化的球道中。

通过文化体系实现的自我管理，是一种方式的自我管理，也就是通过定义组织内所有个体相互关系与行为模式的基本结构来实现的管理。这种管理新模式与我们熟知的盲从式或默从式企业文化管理手段有着本质的区别，新的管理模式不再是一种食物链意义的模式，而是将权力贯彻到拥有多样化文化背景的员工群体中去。它不需要在企业结构以外再添加繁杂的规章制度和合规机构，只需通过结构本身就能实现管理。

当我们通过文化体系来实现自我管理时，规章制度将不再发挥关键性作用，取代其地位的是价值观。外部的控制手段也将变得越来越低效，自我约束的效率反而会越来越高。这种通过独有的方式将新现实条件转化为新机遇的文化被称为——价值本位的自我管理式企业文化。

为何要选择自我管理式企业文化

自我管理式企业文化不仅已经触手可及，而且有3个理由促使我们选择它：我们可以、我们必须，而且我们应该这么做。

我们可以（We Can）

21世纪商业领域中出现的很多新型客观条件，比如通信革命与透明化趋势，信息壁垒的倒塌，以及我们在前面讨论的其他所有变化，都使我们作为文化体系内的一分子，可以更深入地接触和影响这一体系。我们第一次做到了认识文化体系的内部特性，并将这些特性定量化、系统化，这些都使我们有机会利用和驾驭文化体系的力量。

我们必须（We Must）

参加联邦判决委员会为修订《联邦判决指导条例》而举办的听证会时，我热切地提出了一个观点，那就是企业文化在企业管理中起到了关键作用。当时，委员会还听取了其他许多出席者的意见，并根据这些意见对《联邦判决指导条例》做出修正，以便法官们能更有针对性地对付企业的越轨行为。根据这些最新的修正，法官们在确定企业过失程度时，将考虑他们是否“拥有一种鼓励员工遵守职业道德的合规组织文化”。美国司法部则对委员会的这次修正给出了更清晰的解读：“企业在其管理层的指导下运作，管理层有责任确保自己的企业文化不会姑息任何犯罪行为。”

后来，我到法官鲁宾·卡斯蒂略位于芝加哥的律师事务所去拜访他时，他告诉我：“委员会的工作就是一场战役，我们为了所有企业员工的心智而战。”从1994年开始，卡斯蒂略一直担任北伊利诺伊州联邦地方法官，同时也是委员会的副主席。他继续讲道：“我们的《联邦判决指导条例》不仅是减少企业因越轨而受到的罚款与处分的方式，它将激励起商业经营者更高的价值觉悟，并使他们更加注意一言一行。”随着世界变得越来越透明，创造并维护企业文化已成为每一位员工的责任。

我们应该（We Should）

文化无法被拷贝。人们在每一个特定组织中的每一段特定集体经历都是一首独一无二的叙事诗，它生动地弥漫于整个组织的办公室、会议厅、生产车间。企业的成长或消亡取决于它内部的各种突触，这些突触象征着员工之间沟通和彼此鼓励的方式，靠这些方式，企业才能不断创生新观念或改进旧观念，不断克服困难、迎接挑战。每个企业的内部突触都各不相同，这就像社区里不同的家庭一样，或许两个家庭碰巧会有相同数目的小孩，但是小孩与各自父母的关系却大不相同。正因为企业文化作为员工行为方式集合所表现出的独特性，它就成为我们从竞争中脱颖而出的最好工具。许多人都同意这个看法。查尔斯·汗普登特纳说：“**企业文化是一种很难被模仿的竞争优势，如果你能有一种独特的企业文化，那么就算有对手能搞到你的专利并仿制你的产品，你也仍然能够靠文化来保持领先，因为那些深刻理解企业文化的内部员工可以借由它来创造出真正的价值，但外部的其他人员却几乎不可能仿效**。文化的效应无法被‘放大’，因为文化本身并不是一种终端产品，而是一种行为过程。”

时装业巨头的竞争优势：为各户提供一种别人无法模仿的用户体验

我们都知道，社区里的每个家庭都各不相同。类似地，商业市场里每家企业也都有独一无二的文化。有一次，我跟玛西莫·菲拉格慕谈起这个问题，他说：“你没法复制家庭关系，你也没法复制企业结构。”玛西莫是时装业巨头意大利菲拉格慕公司北美分公司的负责人，也是这个品牌创始人萨尔瓦多和万达·菲拉格慕6个孩子中最小的一个。从15岁起，萨尔瓦多就在意大利开始发展家庭的制鞋生意，到今天，萨尔瓦多的兄弟、孩子，以及菲拉格慕家族的许多其他成员，都投身于这个在全球拥有超过200家分店的时装帝国。在他们将一个家庭作坊式的企业逐渐改造成为跨国时装巨头的旅程当中，玛西莫有足够的机会来思考和摸索如何让企业在新世纪的商业环境下继续顺利发展，最后的答案就蕴涵在企业文化当中。他告诉我："企业结构之所以无法被复制，其根源就在于他人很难模仿文化体系中的价值观与其他一些深层次的观念。这些观念都是在企业日常经营的一举一动中自然而然发展成型的，有时甚至连企业员工都没有意识到这一成型过程。这些观念会通过企业的内部人际脉络被灌输给那些理解企业文化、尊重企业价值观的员工。所以我敢说：尽管我们在日本和美国的分公司与意大利的总部之间距离遥远，但它们比起同在佛罗伦萨却与我们毫不相干的企业来说，倒更有可能继承我们总部的文化。"

"那我就讲讲我们公司里一位可爱女员工吧。有一次，她休假的时候路过我们的一家零售分店。她本人并没在那家分店工作，可是当天那里忙得不可开交，她走进去对店员说：'我来帮帮你们吧。'结果，她从早上10：30一直忙到下午5：30才离开。那天，有位顾客来到店里对她说：'我正在为圣诞节购买一些礼物，但现在完全没有头绪，而且我时间不多。'她回答道：'那你有购物清单吗？'对方给了她一张清单。这位顾客随后端着一杯饮料在一旁休息，而她为他买来了所有东西。最后，这名顾客在我们店里消费了6 000～7 000美元，我确信，我们公司的这位女员工帮了他一个大忙。这件事情对我提出的挑战是我应该如何才能把它普及化，让这样的行为不仅仅是偶发事件，而是成为员工们的一个行事标准？我应该通过何种方式创建出这种文化，在这一文化体系里，我们所有的人都能主动加入到伟大的竞争比赛中，竞相为企业得分？结果，我们建立了这种文化，这就是我们能够在竞争中脱颖而出的原因。"

企业能够靠文化取得成功，因为文化能指导企业的一言一行，并帮助员工掀起创新与追求目标的人浪。在今天，商业成功意味着超越他人对你的期望。成功的企业早已不满足于简单地履行商业协议，他们总是能做得比协议条款规定的更好，并因此在严苛的竞争环境中脱颖而出。玛西莫对此的评价是："这就要求你能为客户提供一种别人没法模仿的用户体验，这一点极具挑战性，因为这需要你在各个方面都做到精益求精。"

在一个默从式的企业文化氛围里，你用尽一切胡萝卜或大棒式的手段，使出一切规则杠杆，都永远无法取悦顾客，或让顾客得到意外的惊喜。自我管理式企业文化将自由下放到每位员工手中，让他们可以独立地、有创新意识地行动，而这同时也解放了他们取悦顾客、给顾客带来惊喜的能力。在当今方式时代里，通过文化来实现自我管理，就意味着把机会交给那些有创新潜力的员工，并依靠他们的能力，让企业经营超越所有人的期望。

自由与约束并重，收益才能最大化

大多数人在粗略思考自我管理的概念时，也许会认为这不失为一个好主意，但当他们开始具体考虑实际应用自我管理式企业文化的细节问题时，就不免心生恐惧。他们会问，当员工拥有随意行动的自由时，企业将如何保持正常的组织功能？

要回答这个问题，首先需要定义自由的概念。什么是自由？有些人认为，自由就是外在束缚的缺失。这些人的想法是："如果我真的可以按照自己的意愿行动，我就能达到自己期望的一切目标。"然而，丹麦哲学家索伦·克尔凯郭尔对此有不同的想法，他说："自由会让人产生一种眩晕感，这就是焦虑。"

德国埃尔福特大学的研究人员设计了一套投资博弈，以确认自由对人们到底有何意义：一种可以用金钱衡量的实质意义。他们招募了 84 名实验对象，并给每一个对象发放了 20 枚代币。为了确保实验对象能真心投入到实验中，实验者告诉实验对象：最后，每一枚代币都能兑换到真实货币。投资博弈由若干回合组成，每一回合里，实验对象都可以自由决定是否将一部分代币投资到某一基金中。每一只基金都有高低不等的回报率，而在每一回合结束时，实验对象的投资回报都将会被平均分配给同组的所有人，包括那些没有做任何投资的实验对象。实验过程完全透明，每位参与者都能看到其他人的行为。以上就是这次投资博弈实验的基本规则。

然后（从这里开始情况变得有意思起来），他们把实验对象分为两组，其中一组的成员有权对其他投资行为失当的组员进行惩罚，而另外一组则不会，换言之，前者有一种自我管理机制，而后者的参与者则完全自由。

所有实验对象都自行选择加入其中一组，并且可以在每个回合投资结束后选择换组。

最初的情形也许并不使人吃惊，大约 65% 的参与者选择加入了完全自由的一组，因为大多数人都错误地认为自由即代表着束缚的缺失。但从第 5 回合开始，情况发生了改变，大约一半自由投资组的成员选择了换组，而从自我管理组跳到自由投资组的人数则更少。到了第 20 回合，几乎所有人都到了自我管理组，自由投资组已经空无一人。在拥有自我约束机制的投资组里，人们普遍能获得更多的回报。实验显示，在有选择的条件下，缺乏约束机制的投资组成员更倾向于独来独往，而不会与他人合作。虽然最初大多数人都认为绝对自由的投资行为可以稳获收益，并避免承担不必要的风险，但随着操作回合数的增加，人们逐渐意识到，小组约束机制的压力会促使成员们互相合作，在这样的投资组里，更多的人更积极地参与到了投资中，而每位成员的收益也就随之提高了。

这一实验显示：当人们追求某一目标时，会更倾向于选择一种自我约束式的组织文化，而不是完全自由独立的个体文化。这次实验的负责人贝蒂纳·罗肯巴赫对《纽约时报》记者说："我们发现，如果人们拥有一种共同的价值标准，并且其中一些人具有非正式地约束别人的道德勇气，这种社会结构就可以顺畅地运转。"

自由并不意味着无政府主义。自我管理意义下的自由是利用所有参与者的共同价值观和长远目标将所有人拴在一起。赫伯·克莱赫（Herb Kelleher）曾写道："有一次，一位财经分析家问我是否害怕失去我们公司的控制权，"西南航空的员工以享有高度自主权而著称，而克莱赫恰恰是西南航空的前 CEO 与现任董事会执行主席，"我告诉他说我从来就没有这种控制权，也不想要这种控制权。如果你能创造出一种环境，让人人都主动参与企业经营，那么你根本没必要控制他们。他们自己清楚眼前的任务是什么，然后就会自行完成这些任务。当越来越多的员工可以自发地、自愿地为公司的事业作出奉献时，你需要的管理人员与控制机制也就变得越来越少。我不需要盲从者，我需要的是那些出于自身动机主动投身于当前事业，并真诚相信事业价值的员工。我始终认为，最好的领导即最好的仆人。如果你是一名仆人，你当然就不会去控制自己的效力对象。"

在今天，当个体员工为了共同的企业价值与长远追求而相互紧密联合，并自我规范、自觉承担责任时，过去那种自上而下的集权式统治模式中的很多基础观念，如控制、指导与合规就都失去了意义。因为价值本位的自我管理是一种主动管理，它的内容是激励性的话语，而不是强制性的禁令，这种管理模式为追求企业整体战略目标提供了一种积极的解决方案。

相对于盲从式企业文化下庞大的政令执行机构，以及默从式企业文化中条件反射式的规则制定机构而言，价值本位的自我管理企业文化能为员工提供一个更底层的行为准则框架，而且这一框架可以适用于各种无法预期的客观新环境。**自我管理式文化体系更广泛、更系统地协调了员工们多样化的行为模式，并让这些模式可以在与企业整体价值观一致的前提下得到自由的发挥。**

斯维尔试驾企业文化：信任越多，成本越低

乔·斯塔勒德是斯维尔汽车公司分管人事的副总经理。这家公司是美国规模最大的私有汽车销售企业之一，它之所以能取得今天的成就，在很大程度上取决于自己独特的企业文化。斯维尔公司共有 1 500 多名员工，他们负责销售各类全新和二手汽车，并提供配套维修服务。这家公司成功的秘诀不仅在于为顾客提供优质的产品与服务，还在于和顾客建立起良好的关系。

自 1911 年公司成立以来，斯维尔就不断为用户提供远远超过顾客期望值的消费体验。当我问及这家公司的文化时，乔回答道：“我们的企业文化里当然有自我管理式的成分，也有一些默从的成分。默从式管理是一种高效的管理手段。如果你需要下属很快就学会做某件事，你只需要制定一个条款迫使他们那么去做就成，但这样的管理手段无法取得长期效果。如果你肯花更多时间让这些下属明白为什么要去做那件事，以及如何才能做好它。更重要的是让他们信任这件事成功后的价值。那么，从长远的角度来说，这比单纯的规章条款要更有效率。”

斯维尔公司的规章条款其实并不多。乔对此解释道：“我认为，

过多的规则会在很多方面让员工感到不被信任。要贯彻规则，你必须得使用大棒式的手段（‘如果你们胆敢违反某个条款，就会受到相应处罚’），这些手段说明你不相信自己的员工。在斯维尔，我们有3条指导精神。我们经常说，如果员工都确实遵从了这3条精神的指导，那我们根本不需要什么规则。”这3条指导精神代表了将所有斯维尔员工联系到一起的一整套核心价值观：在所有工作行为中表现出专业精神、真心关怀、最高的道德标准。乔接着说：“如果每个人都深信这一套强有力的、有指导意义的行事原则，那么，这套原则就会让他们变得富有创新意识和开创精神，更加灵活，不拘泥于现状，勇于承担风险。”

尽管这3条指导精神都很简练，但对于斯维尔的员工来说，这些价值观包含了很多东西。当你把汽车开到斯维尔的维修店时，受过专业培训的技师会直接与你沟通，并为你解决所有汽车故障。每一组技师都会推选出一位领导来指导工作流程，但除此以外，几乎每个人都完全自觉地工作。基层技师对具体操作拥有绝对处决权，他们有权决定采取何种手段来实践公司的价值观。在必要的情况下，他们甚至有权无视预算，自行使用公司额度。

乔为我举了一个例子：“假设你开着你的雷克萨斯来到我们店里，车窗升降器已经坏了，店里坚持这不属于保修范围，但你并不那样认为。碰到这种情况时，大多数修理店员工都需要请示分店经理，而后者则会调查你的修理记录，或者再联系他的上级，然后才能做出决定，这是汽车经营业里一般的处理方法。然而在我们店里，你碰到的第一个技师就可以作出决定，为你弄好车窗。当然，你也许会问，我们为什么让员工们这么做。他们会不会花光公司所有的钱？实际情况正好相反，员工们花掉的钱反而更少。”

花得更少？允许所有基层员工自由支配公司开销，并且还不必为公司的损益平衡负责，在这种情况下，怎么可能做到花费更少？

“是的，想想看，如果你把自由支配权下放到公司大多数人手里，他们花公司的钱现在就有了责任感，那他们会有什么想法？他们会想：‘我不能胡乱花钱。我可不想让别人觉得我的账单数目异常。’

于是，他们就会自发地更关心公司的收支问题，甚至比我们刻意要求他们紧缩开支时做得还要好。有时候，有些新雇员会向分店经理询问，比如请示应当如何处理某位客户自己尚未发现的尾车灯上的小问题等，因为这类小故障可能给客户带来安全隐患。管理层对此通常的答复是：‘如果车上坐的是你的母亲的话，你会怎么处理？你觉得我们应该怎么处理？’最开始的时候，雇员在采取行动之前都倾向于取得上级的确认，后来，当他们开始信任这种制度时，便学会了自行决策。如果你把支票簿交到他们手里，而非从他们手里把支票簿夺走，他们反而变得更节俭。”

乔继续说道：“我们的规则更少，这是否意味着我们的机制有更多漏洞呢？看起来确实是这样。让我再举一个例子。我们为所有的销售代表都配了车，并配套提供了汽油和各种车险。从第一天在公司任职开始，你便可以到任意一家雷克萨斯专卖店，试驾任意一辆豪华轿车。这是否等于我们的管理机制有漏洞？可不可能出现这样的事：某人开了我们的新款雷克萨斯出去，喝得酩酊大醉，然后把车撞成废铁，甚至弄出人命，最后让公司承担巨额的赔偿责任？当然，这一切都有可能发生，但从来没发生过。许多同行都告诉我说：‘你们一定疯了，怎么能这么做？你们怎么能确保手下不利用机制的漏洞去闯祸？’我们的答复是：我们的手下都很棒，他们珍视公司对他们的信任。’”

斯维尔的企业文化的每一个细节都在加固他们的基本指导精神，都在利用一切实践机会体现这些精神。通过对话，乔已经让我深刻体会到了这家公司的文化体系。然后，他又继续讲另外一个实例：

“有位技师从一家同行的维修店跳槽来到我们这里。有一天，这位技师要求顾客为一项虚构的维修服务买单，他的一位同事发现了这一情况，就对他说：‘嗨，你在干什么？在我们这里，你不能这么做。’他回答道：‘真对不起，在我以前工作的店里，我们常用这一招来赚点外快。’接着，同事提醒他说我们的维修店不搞这一套，这名技师也为此道了歉。但是，团队开始留意这小子，并在第二天逮住他又玩这招。这一次，更多的同事对他发出了警告，他又回答说：‘好了，我很抱歉，我现在知道了，这是一个坏习惯。’于是，团队对他更加留意。到了第三天，同样的事情又发生了一遍。这一次，大伙直接就让他收拾东西走人。整个事情发生的过程中都没有上级在场，也没有谁去向管理层汇报。他们只是说：‘我们不会容忍这样的家伙混到我们队伍里，坏了我们的生意。’所以就自作主张炒了他的鱿鱼。”

还有一次，某家门店的一名技师得了重病，不得不在家休息，而医疗保险只会赔偿他离职一个月之后的误工损失。他的同事们自愿每人每天捐出一小时的薪水来帮助这位病人。卡特林娜飓风席卷了新奥尔良之后，当地一家斯维尔门店的114名员工中有40多人无家可归。尽管与这些受灾员工素不相识，斯维尔位于达拉斯和华兹堡的分公司却捐出了自己全年的娱乐经费和奖金，迅速为这些无家可归者募集了168 000美元，并将自己的消夏别墅主动提供给受灾员工使用，帮助他们在城里找到临时住处，还帮助这些同事重建家园。尽管他们素不相识，但他们把受灾同事都当成了斯维尔大家庭的一员。

如果你已经习惯了写字楼式的工作环境，上面的故事似乎会显得有点粗暴，但在维修车间这样的工作环境里，企业文化通常会塑造出另外一套行事方式。乔承认，那名被炒鱿鱼的技师有理由为此提起劳工投诉，但事实上，他选择了默默离开，因为他意识到自己不属于这种企业文化。

自我管理式企业文化既能促使员工们更加紧密地团结在一起，又可以自发过滤那些无法适应这一文化体系的人，这也是斯维尔可以在一个平均跳槽率高达184%的行业里维持22%的低人才流失率的原因。乔告诉我：“我们会大力宣扬那些值得肯定的员工个人行为，同时还为他们准备了物质奖励。在汽车销售业，有一个重要的衡量指标，就是顾客满意指数（Customer Satisfaction Index，CSI）。我们根据各门店的CSI排名奖励顾客最满意的店里的所有员工，包括汽车推销代表、电话接线员以及清洁工。因为我相信，所有这些员工都参与了构筑消费者满意形象的工作。我们把这个指标数据张贴在各个工作领域里，让每个人都心里有数。如果我们二手车销售部门的

CSI 一时落后，其他部门的人，比如说会计部，就会直接告诉他们：‘我们能帮你们做些什么来提高排名吗？’”

价值本位的自我管理本身并不是一个终点，它是一种途径，是我们赖以建立适用于 21 世纪商业新环境的先进企业文化的必经途径。只有通过适当的文化，企业才能保持自身组织的团结、员工长远目标的一致，并在此基础上最大限度地利用员工个体背景丰富化与才能多样化。

文化体系之间并没有不可逾越的高墙，它总是在逐渐演进，在不断地发展和变化。例如，斯维尔的文化体系就并非纯粹的自我管理，乔·斯塔勒德自己也承认，其中有强制性的成分，有时，他们也需要借助规则的外力来管理。但通过把这些外在规则体系建立在自我管理式的核心价值观之上，斯维尔成功地让它们与企业集体行为方式相互促进，共同价值体系仍然是激励与影响员工行为的中心力量。在那种情况下，当高层管理人员的确需要为员工们设立护轨时，员工们也会相信，这些外在防护措施与他们做其他任何事情时信仰的核心价值观是一致的。

从规则的被动者到价值的主动者

如果基层项目组有机会亲自迎接挑战，并享有信息资源、主导地位与决策权力时，这样的基层小团体就会变得反应敏锐，并且善于应对外部环境变化，而这两样素质正是在当今瞬息万变的市场竞争中取得长远发展的关键。然而，自我管理式企业文化能带给我们的还不止这些，它还会在另外一个方面让企业经营效率产生飞跃，能够弥补员工与企业之间的差距。

我们已经见识过一个差距巨大的反面例子，也就是美国最近一次试图依靠规则规范企业行为的尝试：《萨班斯·奥克斯利法案》以及它为整个企业界带来的庞大合规成本。《华尔街日报》对此报道说：“甚至在这项执行起来花费巨大的法案正式颁布之前，经营者们便已经开始抱怨，由于更为严格的会计审核标准，他们当年的审计成本开销上升了差不多 30%……企业不得不设立专门的会计监察小组。对于某些大型企业来说，光这一项支出就高达每年 200 万美元。”财务经理人协会的一次调查结果显示，对于那些年营业额不足 2 500 万美元的中小型企业而言，每年花在新法案要求的合规程序上的平均生产力竟然超过了 2 000 工时；对于那些营业 50 亿美元的大企业来说，这一数字则是 41 000 工时。

所有这些投入都取得了什么回报？普华永道会计公司的一次调查结果表明，有 85% 的跨国企业采用了新法案要求的合规程序，但其中只有 4% 的企业在守法经营行为方面取得了明显改善。整个商业领域都在花费巨量的成本弥补规则与企业实际行为的差距。为了提升企业的合规标准，不断地颁布新法案，或者举行各种员工培训班，但所有这些努力似乎都没有什么成效。企业越轨行为照样时常发生，而司法介入率也从来没有真正下降过一点。

世界最大医药公司有着近乎完美的合规机制

辉瑞集团副总裁、执行总顾问兼首席合规长官道格拉斯·兰克勒对此表示："我们有很完善的合规机制和管理体系，并且对员工进行了足够的相关培训，但是在辉瑞，还是无法避免越轨事件的发生。"我是在访问辉瑞纽约总部时遇见兰克勒的。他的父亲是一名联邦地方检察官，从小就对他讲述自己把坏蛋们送进监狱的故事，这些故事显然打动了兰克勒，长大之后他自己也成为了一名助理检察官，并开始亲手对付那些坏蛋。

辉瑞是世界上最大的医药企业之一，同样为世人所知的，还有它严格的行为标准与企业责任感。这家企业有着近乎完美的合规机制，这一机制在长期的经营活动中得到了充分实践。尽管如此，兰克勒仍然随时能感觉到维护这种规则本位式合规机制需要面对的挑战。他对我说："到了 2007 年，人们已经比 6 年以前更加注重合规问题，他们更清楚这方面的重要性，并且也知道自己正受到比以往更多的公众注视。但我们的合规热线还是和 6 年前一样热闹，而且我认为这并不完全是因为人们更加习惯于利用这些热线。我们仍然可以在热线里听到有人反映某些理应早就被杜绝的行为。我想，这一问题应该在企业界普遍存在，辉瑞并不是特别糟糕的个例。"

我们一直以来都在重复这类不理智的浪费行为，并且每一次都期望得到不一样的结果，这就是企业在处理合规问题时面临的困境。在书面规则与员工实际行为的鸿沟里，我们到底损失了多少生产力？为了推行这些外在的合规机制，管理层到底浪费了员工多少工作时间，并给员工带来了多少认知失调？管理层的期望与员工的实际表现之间，老板的要求与下属的行为之间，以及员工与整个规则体系之间，都存在着无法弥补的差距，而且这一差距对于一切外在管理式企业文化来说最终都不可避免。正如兰克勒所说："这就像一场装备竞赛。你不断地加强对下属的控制，而下属却变得更加针锋相对，并试图在规则条文中找出更多漏洞。这样的恶性循环永远不会结束。"

但自我管理式企业文化可以消弭这种差距。它会把 100% 的时间与资源投入到 98% 的守法员工身上，激励他们，使他们产生信任感，并且给他们足够的空间发挥全部才能。为什么这些员工会自觉按照合规要求行事？因为违反合规不仅意味着背叛公司，而且意味着背叛自己的价值观。规则体系对我们行事的方式做出种种限制，而价值本位的自我管理系统不仅能达到规范行事方式的作用，更能激励我们向着正确的方向不懈进取。当企业与员工基于某种价值而相互联系到一起时，员工的行为便得到了自身信仰的指导，这是最强有力的一种指导方式。在这种环境下，自我背叛的行为会让人遭受失神效应的困扰，并进而带来认知失调。所以，价值本位的自我管理途径必然带来和谐的企业文化。

让我们想象一下，如果能创建一种和谐文化，并通过它消除企业管理机制中的认知失调，我们将获得多么显著的收益。之前，我们不得不花费大量的时间、精力与物质成本来弥补企业与个体员工之间的差距，但现在这一切都不再重要。兰克勒评价道："我现在想对我们公司的营销团队讲的是：'我所关心的不是你们的规章、政策、营运流程以及一切外部规则限制。我没兴趣控制你们。你们都是心智成熟的员工，清楚自己应该做什么或者不应该做什么。而且我相信你们的真诚，你们会按照我的期望适当地自我决策。所以，我们之间并不需要设置刻意的规则，因为我信任你们。'如果我们能够在辉瑞内部成功推行这样的文化氛围，我们的员工就将拥有更多的自主权力，同时公司整体的竞争力也会大幅提升。辉瑞的所有员工，以及企业日常运作的每一个方面，都将从这样的文化体系中受益。这就是我的最高追求。"

当你向一种企业文化体系中引入更多的自我管理成分时，你就同时减少了对规则条款、流程工序以及呆板政策的依赖，你不再需要靠胡萝卜或大棒来充当合规工具。这又是一种功效提升，因为胡萝卜和大棒都需要成本。相反，你得到了共同价值观，得到了相互激励，还得到了员工们以前用在寻找规则漏洞上的时间与精力。所以，自我管理是保持员工与企业齐心的最有效率的手段，也是使他们为企业整体目标长期奋斗，并在这一奋斗过程中自觉遵守行为规范的最有效率的手段。合规使企业得以生存，而自我管理则使企业茁壮发展。

联合技术公司（United Technologies Corporation，UTC）的副总裁迈克尔·蒙茨是一位在国防工业界备受尊重的思想领导。UTC很早就开始追求一种价值本位的企业文化，而蒙茨正是当时帮助公司认清合规本位式文化局限性的人。他对这种文化的观点和评论对我产生了很深的影响，他说："建立一套合规程序的确可以提高企业的整体合规表现，但你总会碰到瓶颈，这时就只有价值本位的企业文化才能让事情发展到更高的层次。因为首先，这种企业文化让人们不再专注于寻找体制漏洞。在自我管理式的企业文化里，每一个人都在积极扮演领导的角色，价值观会促使他们追寻一种更有意义的目标。这时为员工提供前进动力的就不再是对规则的恐惧，而是一种主动追求长远意义的自发激情。**当你的长远理想、价值观、使命感和领导权都与员工们不谋而合时，你便可以通过相互协作来驾驭你们共同的力量，你和员工都会一心一意地投入到这种协作当中。**这种企业文化最终带来的将不止是合规成本的降低，它最终将使员工们主动加入到能为他们带来非凡成就感的长远经营活动里。"

在企业的日常经营中践行共同价值观

价值本位的自我管理总是从构筑一套共同价值观开始，企业的共同价值观应该是一套用以定义其内部成员集体行为本质和行动目标的基本准则，这套准则应该用最清晰的、人本的语言表达给每位员工个体。在通用达拉谟中心，这种语言被称作"指导原则"，它所包含的内容就是这家企业最基础和根本的法规。

在这份原则里，通用达拉谟中心强调了相互尊重的多样化价值观，倡导了一种相互学习相互交流的文化，并且确立了恪守承诺、对社会与环境负责的经营态度。斯维尔汽车公司也有一种类似的指导精神，在所有工作行为中都表现出专业精神、真心关怀及最高的道德标准。这些价值取向构成了整个斯维尔企业文化体系的坚实基础。在上面两个例子中，企业共同价值观都在两家企业日常经营的一举一动中得到了充分体现，并最终让他们掌握了借以取得长远成功的独特行为方式。

然而，斯维尔公司与通用达拉谟中心都算不上是行业巨头。于是我们自然会好奇地问："这一套在那些大型企业身上行得通吗？"幸运的是，我们身边正好有这样一个例子。

强生：信条是我们成功的引擎

在将价值观融入企业文化的革新过程中，强生公司一直是佼佼者。强生的第二代领导人小罗伯特·伍德·强生是公司创始人的儿子，后来因为在"二战"中担任陆军准将而闻名。从他 1932 年接任公司领导职位起，强生花了 10 年时间编写出了一页薄薄的文件，这就是著名的"强生信条"，它把追求社会责任感确立为强生公司的核心经营理念。"信条"明确指出了强生应该首先对那些使用公司产品与服务的顾客尽责，然后应该对员工尽责，同时还要对维护市场环境与自然环境尽责，最后才是对管理层与股东负责。这些内容完全颠覆了传统商业习惯中企业首先对股东负责的主流观念。但是强生准将和他的继任者们都清楚，如果他们能在实践经营中尽到前 3 种责任的话，那么股东的权利也会自然而然地得到保障。

"强生信条"从面世的那一天起，便成为了这家企业日常经营行动中不可分割的一部分，这并不是因为它对员工们强加了什么外在的体制束缚，而是因为每一个人都把信条的内容铭记于心，并在一举一动中反映出它的价值观。罗杰·法恩是强生的一位高层管理人员，他对我说："我们不会在每次开会时都事先花 5 分钟来宣读信条，公司也没有任何规则刻意要求我们学习它。当初我进公司时第一次听到信条的经历更有代表性。那还是 1974 年的事，当时我正在和其他几位高层经理开会，突然其中一位说道：‘这是信条问题。’后来，我逐渐熟悉了这种典型的强生式表达，它就像是一张通吃的王牌，每一次都有人靠着一句‘这是信条问题’来结束各种争论，然后争论者们的讨论话题就会转移，接下来的谈话内容将会是：‘那好，让我们来解决信条问题。我们的信条面临了什么问题？我们有哪些有利和不利因素？我们面临了哪些困境？’如果我们真的面临了什么困境，那么争论双方会一起着手来解决它。”

罗杰第一次告诉我这些时，我觉得这种信条是一种负担，是强生经营系统不得不定期支付的额外管理成本。于是我向他指出，如今商业经营的节奏非常快，管理层开会时，不会有人愿意为了一些与会议主题无关的话题而浪费时间。

罗杰解释说：“每年我都在世界各地出差，所以有机会和很多异地的项目组讨论强生信条，每次我都会纠正他们关于信条的几处误解，而你的观点通常就是我最后纠正的一个，也是误会最深的一个。强生从来都是非常强势的市场竞争者，我们渴望竞争，公司上下所有员工都应该参与到竞争当中。但是，在竞争过程中，他们应该受到信条的指导与激励。所以，强生信条的最后一句话就是它最关键的内容：‘如果我们依照这些信条的原则进行经营，股东们就会获得合理的回报。’意思就是说，信条不是我们成功的刹车系统，而是成功的引擎。强生历史上所有的成就都可以证明，我们的准将编写的信条是明智的。”

对企业价值的坚守与实践催生了强生如今的成功。而凭借这点获得成功的企业，也并非只有强生一家。

更近的一个实践价值观的例子发生在施乐公司，他们最近把“实践我们的价值”作为了公司5个关键经营目标之一。公司总裁兼CEO安妮·麦卡伊将这一举措评价为施乐最有意义的转折点之一。

2004年，麦卡伊在全美企业社会责任年会上说：“我们的企业价值帮助施乐度过了历史上最大的危机。而且，我们的企业价值绝非只是空谈，我们把它当做具体的经营目标，并为它设立了硬性的衡量标准。”

当员工们都能清楚理解一套价值的含义时，他们便会因为这套价值而紧密团结到一起。价值观将管理手段内化到每位员工个体，使他们不再需要外在束缚，这一转变为发展一种全新的企业文化创造了条件。

自我管理式企业文化中参与者都能掀起人浪

那么，我们应该如何在企业中建立与塑造自我管理式的文化呢？首先，让我们来回顾一下两个著名的案例。

MHS 如何将抽象的价值观转换成可操作的行为方式

1998 年，这家公司的董事会认识到一个问题：其下属的医院已经不再像非营利性机构，而像其他大多数营利性组织一样过于关心账面盈亏的问题，这一趋势在很大程度上会使它们丧失本应具有的价值本位。为了扭转这一趋势，董事会投入了大量的精力，以期从本质上改变这些下属医院行为方式。他们的做法不是颁布新规则、新政策或新经营流程，然后把印有这些内容的公告张贴到每一间办公室的墙上。

相反，他们采取了一种通过文化革新改善管理方式的由内及外的做法。《劳动力管理》杂志曾在 2005 年对这次开拓性的企业改革做了专题报道。

MHS 从最重要的基层开始了这次改革的进程，它的底层医疗机构中大约有 8 600 名员工，他们每天与医院同呼吸，共命运。MHS 通过已有的培训与研究小组，向所有这些员工清楚地传递了企业的三项声明，分别阐述了公司的前景规划、企业信仰与未来使命。所有这些声明都包含一种内涵广泛同时毫不含糊的价值观，他们为这一核心价值观取了一个非常适合医疗系统的名字，叫做付出关怀（ICARE）。这个首字母缩略词包涵了 MHS 这次文化改革中倡导的企业价值：正直（Integrity）、怜悯心（Compassion）、责任感（Accountability）、尊重（Respect）以及专业表现（Excellence）。

正如我们已经讨论过的一样，构筑价值本位的文化体系不仅需要企业有一种完善的教育机制来推广共同价值，还需要员工有一种自发的警惕感来主动维护这些价值观。

所以，MHS 采取的下一个步骤就是建立一种体制，以促进全体员工对新企业价值的深刻理解。他们进行了集中的民意调查与员工投票活动，以此为基础收集了一套基线数据，并建立了理论模型。然后，他们用这些数据和模型来全程衡量价值观普及的过程。后来，这套模型被当做一种强有力的人力管理工具在这家公司被保存了下来。

要通过这些价值观催生出自我管理，最关键的一步就是帮助那些基层员工们把 ICARE 实际应用到日常行动与决策的过程中去，或者说，帮助他们完成方式与实质行为的嫁接，因为价值本位的自我管理文化最核心的效果，就是在这些实质行为中体现出独特的价值观。公司要求每一个基层工作组都尝试解读这些价值观，并把它们和小组的纪律进行实践结合。他们都要面临这一类的问题：什么是怜悯心？应该怎样在日常工作中体现出对患者的尊重？每一个小组都要设法通过自定的纪律体现出自己独特的答案。比如，护理部门便将责任感的价值内化为这样一条纪律：“不要问为什么，而要问为什么不。坚持到底，改正错误。”信息技术部的答案是：“不懂就要虚心请教。”药房职工是这样理解正直的：“不管有没有上级监视，我们都将努力做到最好”。最后，包括 CEO 在内，这个由 5 家医院和多个医疗机构组成的大型企业的整个管理层都参与到了这次行动中，并同时立下了这样的座右铭：“用尊重的态度面对每位下属和患者。”这一解读过程帮助 MHS 上下员工将抽象的价值观转换成了可实际操作的行为方式。这样，他们便可以在日常工作中实践这些操作。

有时，预先确定文化革新带来的管理改进成果是十分困难的，有些人可能会说 MHS 这一改革的动机和当年摩西跳红海时（出自《旧约·出埃及记》，海水挡住了以色列人的去路，如果摩西不带头跳海，神迹便不会发生。——译者注）的想法一样，并且认为他们后来果真是碰巧撞上了神迹。就连这次改革方案的领导者汤姆·多赫迪自己也承认，当时他们对改革的前景持怀疑态度。他说："你不能老是指望企业文化革新和经营绩效之间有必然的积极联系。"但是，MHS 的绩效却证实了这种积极联系。在不到两年的时间里，公司的人才流失率降低了 38%，病床空置率下降了 50%；员工、医生和患者的满意度都达到了有史以来的顶峰。后来，MHS 被《美国新闻与世界报道》评选为全美百家最佳医疗机构之一。2007 年，它又在《财富》杂志 100 家最佳就业选择机构中排名第 9。

超大跨国企业用何种方式追求卓越

就经营地区范围和行业影响来说，MHS 的规模不算大。于是，我又询问了辉瑞集团的首席合规长官道格拉斯・兰克勒，想知道他在辉瑞这样的巨型跨国企业中会用何种方式追求他心目中的"最高境界"。他立刻回答道：

"我想这并不困难。首先你得循序渐进。比如说，我们公司有这么一条规定，特定区域的销售代表对当地医院的医生进行产品培训与举行交流活动时的开销预算有一个上限，比如说 10 万美元。这条规定并非法律要求，而是由我们自己制定的，因为我们担心如果没有限额，销售代表就会无拘无束地在大夫们身上花钱。这种做法会让公司陷入尴尬处境，因为到时大家都会觉得我们是在用金钱影响大夫们开具处方的客观性。公司的形象显然不容这样被破坏。所以，我们要求销售代表花在大夫身上的每一分钱都是出于培训目的，都是用来向医院和患者普及关于产品使用的必要信息。所以，你可能会对某个地区的销售代表说：'我们将把开销上限调整到 20 万美元，同时我们要帮助你了解如何恰当地使用这些款项，而且相信你会按照公司的价值观来使用它们。'这样，你就向他们下放了更多的自我管理权力。

接下来，如果他们确实照你的期望在做，那他们的销售业绩很可能就会上涨，因为这时他们有更多的资源来向医院及患者推广与产品相关的必要信息了。同时，他们的合规表现将变得更好，因为他们已经感受到你的信任，并将努力不辜负你的信任。然后，我们会根据他们的业绩而嘉奖他们。”

领导能力是这一放权过程的关键因素。兰克勒接着说：“我们公司有很多领导角色都曾有过扭转管理颓势的记录。比如我们的亚洲区 CEO，在他接任这一职位之前，亚洲区曾经深受腐败问题的影响。2000 ~ 2003 年，这个区域每年都会发生差不多 90 起合规事故，而在他上任之后，这一数字下降到每年一两起。在他的任期内，这位 CEO 实践了公司关于诚信经营的价值观。他要求下属优先考虑经营行为的恰当性，而不是最终结果。然后，他的下属达到了他的这一期望。他曾对手下说过这样的话：‘如果不顾公司长远利益地疯狂推销，我们的确可以取得更可观的销售数字，但只要我们采取了任何不恰当的经营手段，违背了任何法律或道德标准，我们就永远不会达到公司期望的经营目的。’而且，他自己在行事方式和诚信表现方面都做到了以身作则。”

加深自我管理的程度将不断凸显企业价值，并将在日常决策中占据越来越中心的地位。通过你给予员工的回报与奖励，你们之间的相互沟通，你们对共同的长远目标的不懈追求，这些价值观最终将成为企业全体成员的精神指南。这一转变过程并不仅仅是领导与管理层的事，现在企业的每一名成员都可以为企业文化的转变作出贡献，每个人都可以帮助文化变得更加成熟，更加适应企业特点，更能反映当今瞬息万变的市场需求。

另外，企业文化并不是一块单晶体，企业内部的不同组织可能会有自己不同的亚文化，比如通用达拉谟中心的企业文化就与通用电气的其他部门迥然不同。不过，就算这些文化体系存在多面性，达拉谟中心和通用所有下属部门还是存续并拥护着同一种核心的通用式价值观，这说明了为什么所有这些文化表象各不相同的分支机构都能在同一企业内部和谐融洽地共生共荣。

我们之前已经知道了洞穴人部落首领乌克的故事，他最终繁殖了一大群富有合作精神的小乌克。在方式时代，领导能力也能够通过相似的原理唤起更多人的领导能力。在企业文化体系的革新过程中，员工们首先目睹和效仿他人的改变，然后自己又为更多人作出榜样。方式的力量就在员工间不断增强的突触里传递，最终在全局范围内孕育出自我管理式企业文化。所以，要增加文化体系中自我管理的成分，你就必须意识到：**文化并非外界对你的某种作用力，而是你通过自身行为影响外界的作用力，在革新过程中，人人都需要有参与感，每个人都得像是赛艇上的桨手，只有齐心合力、同舟共济，文化的力量才能得以体现。**

在自我管理式文化里，领导力会在每个人身上自发产生。在这种意义上，人浪就是这种能力的爆发现象，一旦参与者的自我领导力超过临界，就会掀起巨大的人浪。

未来领导者走向卓越之旅

各种企业文化都需要更多的价值本位式自我管理成分，原因有很多。

平面化世界提倡平面化的企业管理结构

价值本位式自我管理有助于精简企业内部的管理阶层。比如在通用达拉谟中心，决策层与基层直接联系在一起，在这里根本不存在中间管理层。结果，达拉谟中心避免了信息孤岛式的决策行为，同时还在很大程度上实现了企业功能一体化。达拉谟中心的决策者同时是基层工作者，每位员工都对企业有影响力，所有员工都充满了主人翁精神。再比如说斯维尔，自我管理式的技师小组对客户汽车的每一个方面都负有全责，可以通过更高效、更有针对性的手段为客户提供胜人一筹的消费体验。

信息的自由流动为自我管理式文化提供了基础

盲从式企业文化全面囤蓄信息，默从式企业文化则只把有限的特定信息配发给特定员工。自我管理式企业文化完全不一样，在这种文化体系里，信息流动对所有成员都不设门槛，信息推动生产力发展，员工团队变得越来越富有自主精神，要想发挥出这些团队的最大创造力和生产力，就需要为他们提供一个信息自由流动的企业环境。

在各种商业交流活动中，人际透明度对企业的每一个层次都造成影响，这一影响使自我管理式企业文化能够更加体现经营效率，也更加有说服力。信息的相互传递加深了人际信任感，并因此推进了自我管理式企业文化。

员工的自我领导力铸就企业的市场领导地位

那些革命性的创新总是建立在每位员工日常工作的基础之上，规则本位式文化把规则的界线当做员工合规行为的最高标准，这些条框拘束着他们的思维空间，很容易就扼杀掉那些规则范围之外的思考方式。自我管理式文化要求每位员工都充当领导，主动为自己的行为以及集体的表现负责。在这里，员工生活在条框范围之外，或者说，这里根本就没有条框，只有作为行为方式指导的价值观。就像在通用达拉谟中心，每位技师都以小组为单位工作，并对小组负责，但同时，他们中的任何人都可能成为某个公司理事会的成员，并在更宏观的公司事务方面发挥领导能力。这些理事会采用成员轮换推举制，所以每位员工都有机会为全中心的经营运作负责。自我管理式文化使员工们主动自我领导，并主动为集体行为尽责，它能催生员工的自我领导力，有益于企业整体的长远成功。

价值本位式自我管理文化利于员工素质的整体发展

盲从式企业文化迫使员工死记硬背上位者的教诲，默从式企业文化则通过各种培训手段提升员工团队的素质。这两种途径固然有助于员工处理那些黑白分明的信息，比如说污染物排放指标或安全生产守则，但却不足以教导员工如何面对日常工作中永远无法避免的灰色地带。

你也许无法教会别人怎样从深谷C中脱身，但是你可以提高他们的能力，使他们自己能够更容易地走出迷局。驯兽式培训手段只会为你带来看门狗一样的跟班，而能力发展式的手段则最终会使员工们具有宝贵的自我领导力。

陶氏：用阳光方法解决灰色问题

陶氏化学公司的全球职业道德与合规事务指导顾问托马斯·R.

迈克科米克是员工关系与企业价值营造方面的思想先锋之一。

有一次，他给我讲了一个关于陶氏为下属项目组进行培训的故事。他说："我们要求公司对每位中级地区主管（大约有 2 000 人）都直接参与到下属的培训课程中，并对他们进行几次场景模拟教育，这些场景可能发生在现实管理或销售的各个环节，也可能是当地其他企业的真实案例，它们再现了各地项目组可能遭遇到的合规灰色地带。

在这样的灰色地带里，职工会面临事关切身利益的选择，而公司规则条款无法对这些选择给出黑白分明的参考答案。模拟教育的目的就是让员工们有机会公开讨论这一类的场景，并通过集体交流找到自己的处理办法。这些活动的根本目的是培训员工，但它同时也为员工提供了一个沟通的机会，让他们可以跟顶头上司们平等畅谈。这种沟通方式更有效地将公司领导层对员工的期望传达下去，并帮助基层员工更好地处理灰色问题，只有在员工身上发展出价值本位的自我决策能力，才是处理这类问题的根本办法。"

在当今互联互通的新商业环境下，员工只需轻点鼠标，便足以获得海量信息。与此对应，企业也需要投入更多的努力借助这些资源达到提高员工素质的目的。对此，通用达拉谟中心的途径是"技能多样化"，而斯维尔的途径则是树立员工榜样，并将这些榜样作为其他人日常经营行为的楷模。

自我管理使员工自发维护企业良性运作

有时，尽管某人并不赞成组织的整体目标，他仍然可能加入这个组织。在默从式企业文化中，这类组织成员可以设法在某种程度上做到与规则共舞，甚至与系统直接博弈，但他们的行为很可能处于合规监管系统的雷达视野之外。于是，尽管合规部门明知他们是那 2% 害群之马中的一分子，却仍然不得不坐视他们拖累整个系统的发展。但在价值本位式自我管理文化体系中，这些少数分子就无法躲开集体其他组织成员雪亮的双眼，员工们对企业良性运作的自觉警惕性使这些少数分子无法安稳藏身。在这样的文化体系里，那些并非真心实意出于共同价值而与组织紧密结合的个体，会自然受到组织的排斥。在斯维尔的故事里，那位多收顾客修理费的技师是付出了沉重的代价才吸取到这一教训的。98% 的成员会自发地关注 2% 的异己分子，并在他们造成足以危害企业的实质性合规事故之前把他们排斥出组织范围。

员工们自发警戒的范围不仅仅包括预防合规事故，它还有助于维护组织成员自身联系的紧密性。某位成员表现欠佳时，其他成员不会因此对他多加责怪，而是义不容辞地以集体的方式来面对问题、解决困难。所以，在这种人人都自发为集体成功尽责的环境里，永远不会出现消极怠工的场面。

支撑麦当劳企业文化的“三角凳”

在国际快餐业巨头麦当劳，我们见不到那种集权式管理结构。这家企业看起来更像是一个生态系统。公司 CEO 吉姆·斯金纳(Jim Skinner) 很喜欢把他们的企业文化比喻为一把三角凳，作为支撑的三条凳腿分别是管理者、供货商和广大的员工。这三方的背景悬殊，利益取向也各不相同，麦当劳只有深入发展他们的企业价值观，才可能把这些人紧密团结在一个共同的长远目标周围。而当他们确实团结到一起时，他们的企业文化便在各个层面都演进到了自我管理的层次。

斯金纳对我说：“我的手下总是在讨论‘器官排斥反应’，这一反应通常发生在那些新近加盟的中高级职员身上，如果他们没有像员工们期待的那样去理解与接受我们的企业价值标准，便会遭到排斥，这种排斥和行政程序无关，它的源头完全是企业文化，就像有人不停对他们讲：‘不管你有多聪明或者多有能耐，你必须设法理解我们代表的价值观。’”

这种层次的文化体系已经发展成了一种自增强系统，它不需要过多的外在管理手段来控制它的发展方向。在这种体系下，员工们总是能够真诚地交流互动，自我管理机制便可以借用他们的集体智慧来修正整个体系的发展过程。

自我管理使决策过程不再是短视的投机行为，而更注重原则性

声誉，始终如一的经营理念，以及信守承诺的经营态度，这些我们已经讨论过的、在现今透明化市场环境下每个人和每个企业赖以生存并取得长远发展的关键品质，都不可能从只重视眼前利益的投机式决策机制下产生，它只可能来自一种注重原则的决策过程。价值本位式自我管理企业文化正是这么一种充满使命感与价值标准的文化体系，所以它能使其成员在短期行为中也不会忽视长远目标，并要求决策者们在行动中时刻不忘实践基本原则。在当今波涛汹涌的市场海洋中，这种有坚实原则作后盾的决策正是企业赖以稳健前行的基本保证。

自我管理是一种更高层次的概念

自我管理式企业文化体系建立在信任感、信仰以及价值观的基础之上，它也跟这些美德一样，代表了个人更高层次的追求。它的管理手段不是僵硬的规章制度，而是原则与价值观，而只有原则与价值观才拥有激励他人主动创新的能力。与事事听从权威者的安排相比，如果你自己就是规则的建立者，是规则的一部分，你是否会感受到更多的激励感和创造力？

是的，这种体系里的每一个概念都可以激励它的成员。价值本位式自我管理机制使用的是一种与人沟通的语言，是一种“应该或不应该”的语言，而非“可以或不可以”的语言。激励来自于信仰，而我们都想信仰我们所做的一切。正因为如此，价值本位式自我管理机制才成为当今及未来最优越的一种企业文化体系，它鼓励我们把最高的理想与追求和日常工作中做每一件事的方式紧密结合起来。

如果说价值观已经成为文化体系发展的源动力，那么，自我管理机制就为企业全体员工提供了一套脚手架，使他们可以冲破阶层结构的限制，无拘无束地在日常工作中拥抱价值。企业中不同的下属团队，如 MHS 旗下的各个部门，可以根据自己不同的功能定位采用某种独特的方法来吸收企业的共同价值。同时，跨国企业也可以在保持共同使命感的同时，通过更加平面化的方式使影响力穿越国境与文化背景的障碍，与更多合作伙伴展开亲密无间

的协作。另外，高度发展的共同价值体系可以协助企业更有效地借助各种外部新兴从业者的力量，如自由职业者、独立顾问、远程办公人员，以及其他很多不受企业结构局限的劳动力，共同的长远价值有助于企业和这些劳动力建立更紧密的相互联系。价值观是集体旅程的导航系统，比规则更高效，也更实用。价值本位的自我管理体制能为企业带来更多的市场发展空间，同时还能帮助企业在发展过程中始终保持使命感，不迷失旅程的方向。

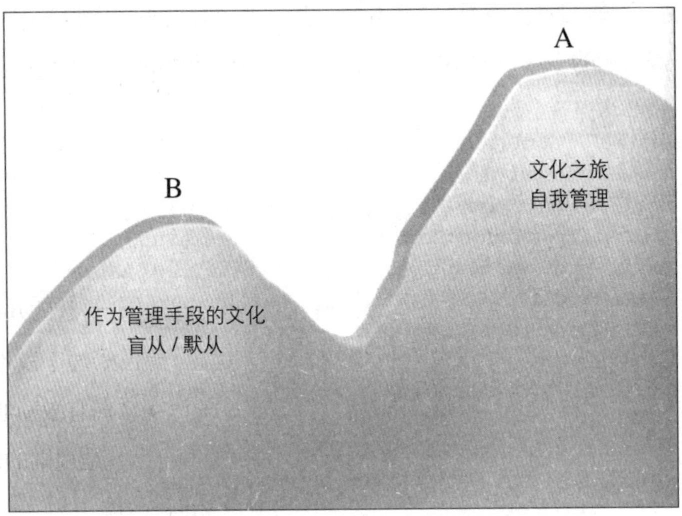

图 4-4　从“盲从”到“自我管理”的企业文化

只有不断地积极追逐核心使命感的文化才是健康的文化。文化就是旅程，因为文化本身不是一潭死水，它总是在接受挑战和欢庆成就的过程中不断变化，总是向更理想状态进化。所以，通过主动积极的手段改变文化，就意味主动投身于旅程之中，在旅程中的每时每刻都努力与周边其他成员建立起更有力的相互联系。这段旅程的第一步是认识到自我管理的重要性：你与团队的相互联系是从你及你的行为方式开始的。

要开始文化的革新，并不需要公司专门发布公告，宣称“我们现在是拥有自我管理文化的企业”。**只要你做到了正确管理自身的行事方式，催生和延伸信任感，追求主动积极的透明度，通过共同价值团结其他团队成员，并且认识自己的旅程，文化的革新便会自然而然地全面展开。**不管你在旅程中的具体分工如何，领导整个团队也好，只是担任砌砖匠也好，你都将拥有一种比个人利益得失更伟大的前景目标，这种伟大使命感将使你和你所在的整个企业一起，顺利完成旅程的转向：从行为转向到方式，从被动到主动，从默从到自我管理，从规则到价值观，从品牌意识到品牌承诺，从追求物质成功到追求更深层的价值意义。最终，这次旅程将把我们带向成功。

第12章 成就未来卓越领导者

> 人们通过反复行为定义自己。优秀不仅仅是一种表现，而且是一种习惯。（亚里士多德）

我们已经探索了许多人际空间中正在发生的重大转变。同时，我们还探讨了人们的思考方式、行为方式、组织管理方式，以及当今世界如何促使我们重新审视这些方式。如果你理解并同意我的这些观点，无疑你已经可以站在更高的层次重新思考方式的理念；或者能够意识到老板的言论无意中带给你的激励；可以注意到与同事的交流中存在的认知失调；也许你会重新审视收发的一封邮件，并思考一封邮件可能会对自己或他人造成的影响；又或者，在一家商店获得了良好或差劲的消费体验后，你将思索这种体验差异背后的原因，并试图寻求一套更有效的解决方案。这些都是你在方式之旅中迈向成功顶峰的初期经历，最终你会达到人际互动的新境界，并深切体会到方式的力量。

也许你还没有能够理解这些，也不知道到底该怎样运用方式的力量，当然，这与你的理解能力无关。不论怎样，这本数百页的书中并没有任何关于实践技巧的描写，没有对于如何起草一封邮件的指导细则，也没有对怎样更巧妙地表达观点进行的详细说明。总之，在本书中，我没有提供任何具体的让你在生活中实践方式的方法。

原因很简单，我办不到。更准确地说，我们之前所有的讨论本质上就是对于实践指南的否定。也许你还记得，在本书一开始我就说过，此书并非一部“方法攻略”，里面没有类似《关于某甲的6条规则》和《达到某乙的24个必备步骤》的内容。不过既然你读了这本书，而且一直读到最后一章，我想为你展现另外一些内容：一种思考世界的新视角。借此，你可以重新审视自己和他人在日常生活中的一言一行。

但是，要让这套思想体系真正奏效，我们必须找到一种方法，把它融入现实生活并付诸行动，即方式的实践（Do How）。尽管无法制定行事的步骤和细节，我还是要展现一种理论框架，以便于读者可以借此集中时间、精力、注意力和激情，更好地规范自己的行为，作出更恰当的选择，并最终为自己掀起一波人浪。我们把它称作“领导力理论框架”，并且用它指导LRN每位员工的日常工作。公司创办之初我便建立了这一框架，并在之后的经营过程中不断对其进行完善。目前，它已涵盖了本书讨论的所有方面，也将有助于对方式进行实践。

为什么要把它叫做领导力理论框架？要成为自我管理的个体，首先必须成为自己的领导。你必须从领导者的角度书写每一封邮件，参加每一次会议，做每一份述职报告。作出怎样的选择，如何与他人交流，怎样看待这个世界……每一天都奔走在追求自我意义的旅途上。这种领导者的心态将促使你积极主动地与周围的人和事建立联系，从而扩大影响范围。领导力框架将更好地帮助你延伸人际空间。

新视角：领导力理论框架

首先，让我们来看一个历史上关于领导力的著名事例。

肯尼迪8分钟改变世界的人浪

1961年5月25日，为了给数项“紧急国家开支”争取到拨款，当时的美国总统约翰·肯尼迪参加了一次国会特别听证会。在会上，他做了45分钟的发言。总的内容并没有给人留下太多印象，但其中的8分钟却让全世界的听众至今记忆犹新。在那8分钟里，肯尼迪向所有与会者传达了一个关于人类登月的构想。虽然这段讲话只有短短的1 000来个词，但肯尼迪却通过它发起了一项在随后数十年里影响成千上万美国人的庞大工程。

在听证会当天和之后的很长时间内，人们都为这个共同的梦想激动不已。肯尼迪并没有向众人保证这项计划可以轻易达成，相反，他说："这将是一个沉重的负担，除非我们准备好承担这一重任，并有信心取得成功，否则关于美国在外太空取得主动战略地位的一切想法都是空谈。这项计划需要举国上下的科技、人力、资源、设施等各方投入，因此需要我们从有限的资源中划分出足够的份额给它。登月的实现需要以往科研计划中并不特别看重的高尚精神：高度奉献、通力协作和坚持原则。"此次演讲的听众不仅包括参与整个项目的科学家、项目商和宇航员，还包括美国民众。他继续说道："我可以很现实地说，即将登上月球的不是某位宇航员，而是全体美国人民，因为宇航员的登月需要所有人的共同奋斗。"仅在这8分钟内，肯尼迪改变了整个世界。

不仅构建出了一个登月的梦想，而且能够发动100多万人超越狭隘的个人意识，使他们在思想和行动上为这一梦想的实现共同奋斗——这就是领导力！如果大多数美国人认为："虽然我对登月有兴趣，但要视情况而定：如果有一艘现成的宇宙飞船，而我还能坐前排右侧靠窗的位置，不妨去月亮上看看。"如果每个人都感兴趣的只是挤上宇宙飞船，没人愿意去卡纳维尔角（Cape Canaveral，美国最著名的航天基地所在地。——译者注）从事地勤工作，估计飞船连新泽西州都去不了，更不要说登上月球。所以只有将100多万美国人团结到一起，形成一个互助增强系统，才能将这一梦想变成现实。

组织就是个体为了实现凭借自身力量无法实现的目标聚到一起而形成的互助增强系统。由此可见，领导力与CEO头衔无关，而是关乎态度、性情以及迎接生活挑战的方式。尽管很多人掌握着领导他人的权力，但是随着世界变得越来越平，开始有更多的人在无阶级结构概念的环境中工作。同时，由于组织内部有效沟通的能力对于获取成功变得越来越重要，这种趋势还将一直延续下去。自我管理事关领导力，而其基础在于个体的自我领导。首个挑战是监管好自己的一言一行，审问内心，并按照自己信仰的价值行事。这样才能在周围营造自我管理的氛围，从而实现自我管理式企业文化。本章要引入的这个理论框架会更好的帮你实现这一目标。接下来，通过一些关于卓越领导者的案例，我们将对这一理论框架的各个元素进行详细的分析。这些领导者之所以会取得如此辉煌的成就，是因为他们都采用了制造人浪的方法，这些方法无时无刻不在鼓励身边的人为了更长远的目标一起奋斗。这就是领导力的核心内容，而它的起点就是自我领导。

本书一开始，我们讲了克拉茨·乔治·亨德森的故事。我认为这位人浪的发明者是世界上最伟大的领导者之一。要想在21世纪高度互联的商业世界中生存，一次人浪的发起远远不够。我们必须每天制造人浪，就像在体育场中加油的球迷一样，在需要的时候任何人都能自发地成为人浪的“带头人”，它既可以是一个明智的建议，也可以是一封振奋人心的邮件。领导力就是正确的方式，你可以透过领导力的视角看待任何事情。比如每天刷牙可能是由于父母从儿时就帮你养成的一种习惯，也可能是因为你主动意识到了拥有健康牙齿以及迷人微笑的重要性。

领导力框架并非大堆规则的罗列，不要求你强行记忆或照搬。可以和不可以都是外在动机，而领导力框架存在于应该的语境中，它源于个人的核心价值观，而这些价值观会在每一次的决策和行事过程中得到实践，并被传递给团体内的其他成员。应该是作出选择，同时为日常行为赋予价值的基础。只有行为和价值观始终保持一致，二者才会彼此呼应形成良性循环，激发斗志。如果将人生分为做什么事和做事的方式两个部分，领导力框架描绘的便是一个通往做事方式的路径：与他人交流、沟通和相处的方式，作出决策的方式，与市场互动的方式以及行为始终如一的方式，它将引导并激励我们以正确的方式行事。这个框架只是用以描述理论系统的另一种方法，它会让系统内的每一部分都紧密咬合，如同建房子时的梁、椽和铆钉，或者棋盘上的棋子，当所有部件一起运作时，各自的力量就会放大10倍。

虽然它叫领导力框架，你也可以把它看成一个视角：方式的视角。透过它观察整个世界并做出相应的行动，你可以催生出更多的信任感，建立更持久的声誉度；变得更主动真诚，思维更清晰，反应更及时，并最终掀起更多的人浪。这些都是同步发生的，所以你不必担心无法做到其中的任何一个。

由于最大限度地激发了他人的潜能，你会发现自己成为了行为典范，你的文化影响力也由此产生。方式的视角是你攀登成功高峰的必经之路。

当然，这个框架对于你的方式之旅并非唯一选择。这只是我针对 LRN 内部信息高度集中、人际沟通十分频繁的工作特性而设计的。由于结合了我在商界多年打拼中获得的想法与概念，所以它与 LRN 的核心经营模式相得益彰。这个框架中的某些内容在车间或者类似的专业环境下会显得多余，但不管你从事何种工作，了解它所描述的行为特点，都会让你在正确行事的方式上获益匪浅。

领导力的 5 种属性

为了更清楚地展示这一理论框架中各种的不同概念如何相互呼应，我把它们归纳到示意图 4-5 中。

图 4-5 由三层环状空间组成，结构最中间部分就是核心价值。这里，我用了对于 LRN 来说最核心的价值观，你可以用自己的核心价值将其替换，但这必须是那些深层次的基本价值：公正、诚实、廉正、团结，以及其他可以在人类互动交流中真正激发最大潜能的荣誉感。所以，你的选项其实并不多，但不管居于此位的是何种价值，最重要的是，它们必须是可以激发所在团队斗志的基本理念，必须是团队全体成员都能够真正认同拥护、为之团结一致共同奋斗的指导原则。

核心价值的外围是各种领导力属性："自我领导"的个体行为、态度和处世方法。最外围则是一些"非领导力"属性，如果在追求方式的过程中偏离了航向，你的行为就会表现出这些属性。我们就从这个框架的起点开始，看终点到底在哪里（当然，我知道一个圆并没有起点——这正是它的独特之处，所以，我就指定从 9：00 方向开始这一探索之旅）。同时，为了更好地理解我的叙述，请随时参照这个示意图。

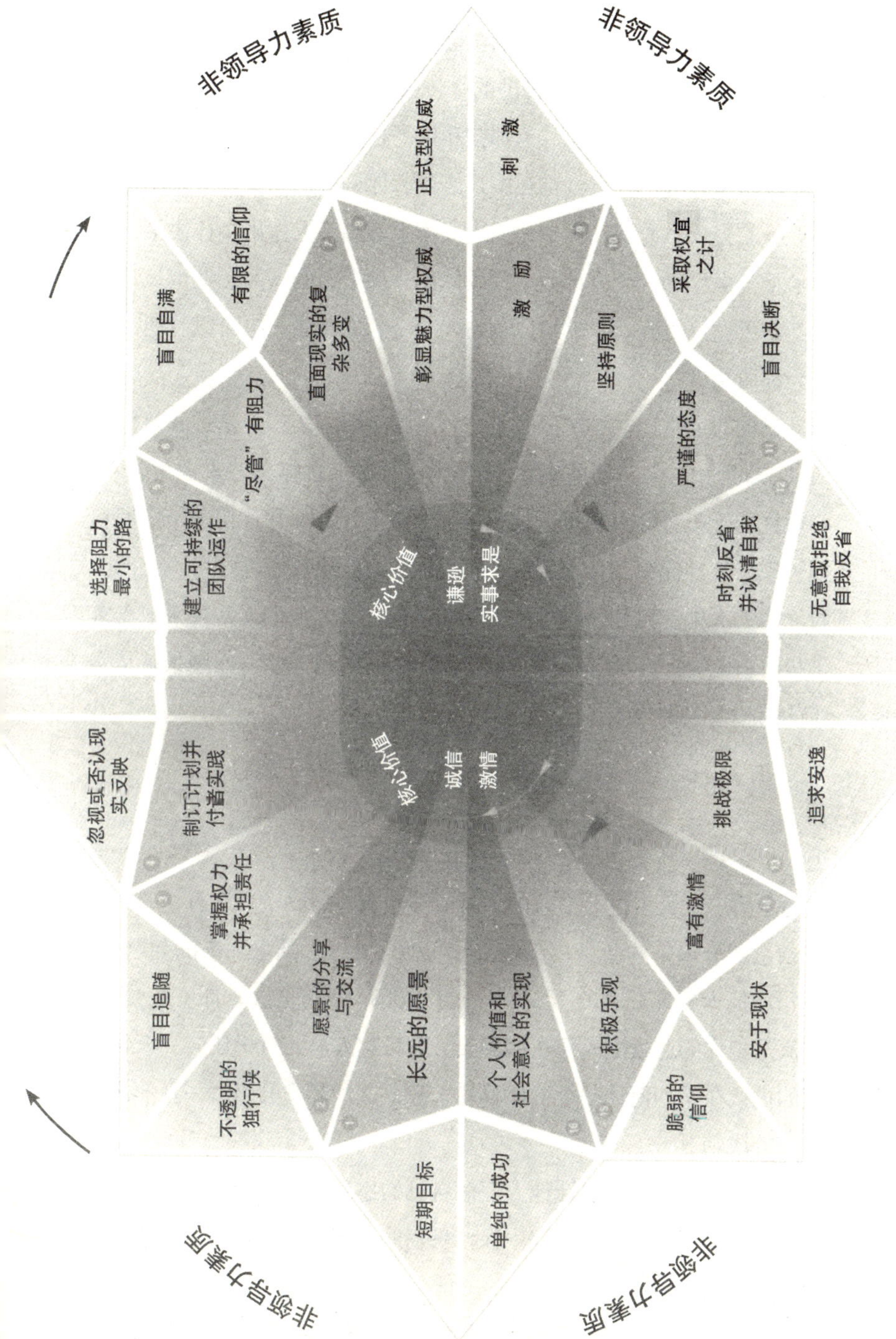

* 这些就是LRN的核心价值。
你可以用自己的核心价值来替换它们。

图4-5　领导力理论框架

设立愿景

领导力框架图以5种基本属性开始，这5个属性是整个行为理论架构的基石。第一个就是“愿景”。自我管理的个体会花时间思考未来，拥有领导气质就意味着会为自己、为工作、为那些和你一起劳作的人构建愿景。领导力始于愿景，而领导者每时每刻都在构筑愿景。你构筑的愿景可大可小，想举行一场更好的会议，或发动世界范围内成千上万名工人作出最佳决策，要为大型技术平台中添加一个零部件，或设计出一项全新的产品，甚至只是想让某人在某一天过得更开心。你可以创造一个全新的愿景，也可以将他人的愿景拿来为你所用。

在取得成就的道路上，构筑愿景是一种高瞻远瞩的姿态，是追求目标过程中的活动、行为和意向。如果缺乏一个愿景，你就会徘徊在方式视角之外，成为一名短视的管理者，盲从于上级，只关注眼前任务，并且执著于短期利益。短视管理者受本能驱使作出反应，不但无法点亮暗夜中的灯塔，反而会扑灭前行途中的火把。比起团结他人主动解决问题来，他们常常会采取息事宁人、消极防御的姿态。关注他人是获得正确方式的第一步，而愿景就是实现这一步的第一个关键要素。

愿景的交流与分享

值得追求的愿景大多远非个人的力量能够达成。所以，如果有了一个自认为可以创造美好未来的愿景，你就应该与他人分享。随之而来的问题是：怎样分享？让他人与你分享的方式是什么？威吓、强迫他人，都不是分享。分享的本质是把你的愿景注入他人的愿景，即掀起人浪。对于任何一个领导者，最大的挑战在于如何让整个群体目标一致，这种紧密的团结一旦形成就会促成最大的成功。

要达到这一目标，你需要让他人理解自己的愿景。一开始，你就要胸怀开阔、态度友善。同时，交流过程中保持足够的透明度。这会让他人感受到你想与之分享愿景的诚意。

请你回想一下，在最新收到的50封邮件中，有哪些邮件在邀请你与之分享愿景？其中有几封能让你在阅读时这样想："哦，明白了。这很有意义，我愿意帮忙。"相反，又有哪些邮件让你抱怨道："这是在说什么？我们不同意这种观点。为什么要抄送给我的老板？对方到底想要干什么？"邀你分享愿景的邮件在创造人际关系，同时，由于在你和发件人之间建立起了坚韧的人际突触，它们使你愿意为对方提出的愿景出一份力。

愿景的分享可以通过每一封邮件、每一条短信、每一通电话、每一个电话会议、每一次面谈或者其他任何你能想到的行动来实现。在起草一封邮件之前，你是否会为它的有效内容、它的答复结果分别设立过愿景？领导者会和你进行高质量的沟通，允许你的分享和参与，并将你的想法纳入他们自己的愿景范围。所以，在点击发送之前，请花点时间多检查一下邮件的措辞吧！这并不多余，也不会降低工作效率。相反，它让你所做的一切更加有效。交流过程中，这会让对方与你充分地互动并保持目标一致，而你就会事半功倍。举例来说，假设为了减掉 5 磅体重，你要节食，而节食对你来说并非增加的一个负担。不管采用什么样的方法，进食所花费的时间是相对不变的。节食就是面对食物时决定吃与不吃的一系列选择。一个好的减肥食谱就是在健康、锻炼和营养平衡的基础上确保你作出的上述选择能够达到减肥目的。与他人沟通的时候，你可以邀请他人分享你的愿景从而制造人浪，又或者选择另一种可能让这次沟通无疾而终的方式，使人浪夭折。

如果不去分享愿景，你就会像个独行侠一样，你的愿景也仅仅为自己所有。当个独行侠也没什么不好（事实上，我们很崇拜这样的独行侠），领导力框架示意图最外围的多数行为也并没什么不好，有时，它们或许还是最合乎时宜的选择。但是，它们并非自我管理的、领导力行为，也不是可以在高度互联的世界中开始 TRIP，建功立业的行为。发生了深刻巨变的世界环境更加强调我们的相互关联与人际沟通。我们这里要讨论的，正是那些最适应这种巨变的，也是构成领导力框架系统的行为方式。

掌握权力并承担责任

自我管理式的领导会表现得积极踊跃。在会议中他们总是举手发言："我有一个想法""我愿意领导这个工作组""我想完成这次任务"或者"我觉得我们的目标是这个而不是那个”。领导者勇于表达自己的愿景，而且并不惧怕偶尔在聚光灯下亮相。领导者毛遂自荐，抓住领导权并承担随之而来的责任。他们的口号是“抓住时机”。如果不主动出击，你的职业生涯只能追随他人步伐。

对于领导力的追求并不意味着必须在每一个场合都充当领导者的角色，你完全可以在接受他人领导的情况下依然保持自我领导的心态。每一个团队和工作组都会由特定的成员进行总体领导，这一目标的实现也意味着每一位成员都有机会进行领导。在宣讲项目的时候，你可以通过以下两种方式为自己设立愿景：和团队的其他成员一起设立目标，或者提供一些核心数据以便于作出更好的选择。 在一个团队中，不论你是在领导别人或是在被指定（或不指定）的人所领导，领导者的心态会让你从更高层次的付出中获得更好的回报。**自我管理式领导的企业文化允许每位员工有领导的机会，当你主动向前一步抓住了这一机会，领导的机会也就抓住了你。**

制订计划并付诸实践

沃尔特·迪士尼是一个幻想家。他幻想了一只被赋予人形的老鼠，让它动了起来。这让动画制作、电影产业、商品零售、游乐园经营，甚至家庭娱乐都发生了翻天覆地的变化。但是，世界上最大的娱乐公司并非仅靠他的白日梦就建立了起来。正如他的一句著名格言：“一切都始于停止空谈、着手实干”。领导力就是将计划付诸实践。

如果你有了一个愿景，并且就此和他人进行了分享，接下来要做的事就是将它付诸实践。商场中的失败者就是那些拥有极好的愿景却无法将其付诸实践的眼高手低者。他们总是空谈高明的点子，却因缺乏实干精神而无法将它们变成现实。很多人都梦想过开创一项事业，投身于一个改变生活现状的项目，或者只是简单地寻找可以实现目标的更好方法；不少人梦想过通过各种方法登上月球，这样的人你肯定遇到过，但你肯定也遇到过那些真正致力于通过团队合作将梦想付诸实践的人。在方式的世界中，后者才是赢家。一个得到实践的小愿景比未实现的大点子强 10 倍。

自我管理者总是主动出击，抓住机会，并且设法将愿景付诸实践。乍看之下，这会让你的工作量加倍，但事实却恰好相反。这种将自己或他人的愿景付诸实践的单纯热情，便会为身边所有人树立良好的榜样。目睹你表现出的这些方式，他们也会深受鼓舞，并且加入进来。整个团队一旦凝聚到一起，便会事半功倍。在橄榄球比赛里，一旦跑卫（Running Back）奋力地撕开对方防线，截锋（Tackle）便会更卖力地进行阻截，而四分卫也会奋力传出更漂亮的给球，接着，每一个人都会竭尽所能帮助四分卫触地得分。

建立可持续的团队运作

我的业余爱好是收藏手表。我觉得它们美丽异常，可以让这么多微小精妙的零件作为整体自行运转，这是对于人类希望世界井然有序的意愿的深刻表达，同时也反映了我们追求尽善尽美的悠久传统。但是，如果你问我时间，我的第一反应多半会是掏出兜里的手机，因为我知道，它在和某个原子钟服务器保持联系，所以，通过它我能知道最准确的时间。我是公司的 CEO，是企业的最高领导人，假设某次会议中我迟到了，其他与会人员能否知道我迟到了多久？当然知道。

领导者的出现并非为了报时。在《基业长青》（*Built to Last*）一书中，作者詹姆斯·柯林斯（James C. Collins）与杰里·波拉斯（Jerry I. Porras）作了这个机智的隐喻：**领导者应该制造一个时钟，无论他是否亲自出现，下属都知道正确的时间**。如果登月计划需要完全依靠约翰·肯尼迪才能实现，那么他被刺杀的悲剧会为这一计划带来怎样的后果？领导者不是超人，他们不会建立一个为下属准确报时的个人机制，他们的每一份努力都具有可继承性与可持续性。

这一理念是领导力框架最核心和最有力的内容之一，但同时也是最容易被忽视的一点。我想是因为它强调了与大多人的想法相冲突的观点，世界并不需要英雄。商业世界总在号召我们成为英雄：多付出点努力！开夜车！多加班！不可否认，世界当然需要这些英雄。而且，某些事情缺少了英雄主义的努力是无法达成的。但悖论在于，虽然时不时地需要英雄的帮助，但是只有在自我持续运作的同时，企业才能真正生存下去。明白了系统需要通过动力生成而非资源耗尽来前进的道理后，你就会明白个人英雄主义是不必要的。仅仅依靠超人无法建立一个持久成功的大公司，无论他是多么强壮，最终都将在重压面前倒下。想要建成一座摩天大厦，不仅要成百层楼的垒砌，还得有允许你向上垒砌的“可持续性”地基。

迪士尼的“梦想接力棒”

1964年，为了“佛罗里达项目”，沃尔特·迪士尼开始在奥兰多市附近收购一些贫瘠的橘子园。这是沃尔特最伟大的构想之一，但是，在实施这一计划的进程中，他却患上了肺癌，不久后便与世长辞。他的哥哥罗伊·迪士尼与其他数位沃尔特亲手挑选的设计师拿过了接力棒，完成了这项事业。

1971年，迪士尼世界——世界上前所未有的大型主题公园开业。沃尔特·迪士尼不仅和设计师们分享了自己的伟大构想，而且把它变成了这些设计师的共同愿景。3个月后，罗伊·迪士尼也逝世了，但后续的计划并没有因此而中断。作为第一位非家族成员，多纳·塔图姆（Donn Tatum）担任迪士尼的CEO，梦想因此得以延续。

另外，有一个很现实的问题：你想得到提升吗？不妨从上司的角度来考虑这个问题。如果你是团队中唯一胜任当前工作的人，他会提拔你吗？如果这个岗位因为少了你这个英雄就无法顺利进行，管理层就完全没有理由将你从那里提拔上去，你只能继续呆在原位并完成现有的工作。但是，如果你为自己的工作建立了一种自我持续运作的机制：一个你不在场时也走得很准的闹钟，那么获得提升的可能性就会大大增加；事实上，由于在履行了职责的同时，为整个团队作了超越自我的贡献，你肯定会得到晋升。

举例来说，很多大中型企业都要求他们的销售与服务团队使用诸如Salesforce.com一类的网络化客户关系管理（CRM）应用软件。从本质上说，这种集成化数据库平台可以为公司提供一些详细记录客户联系方式、销售小结以及当前谈判细节的方法。我总觉得，作为工作繁忙的象征，这个工具会为那些差旅途中已经被电话和黑莓纠缠了一个星期的工作狂增加额外的负担——出差归来后，还得花时间把所有资料输入系统中。但是，如果从方式的层面出发，你会发现这其实是一个培养领导力、建立可持续性、知会团队并与其分担责任的良机。假设在某个产品推介会的前一天，你碰巧得了感冒，但通过 CRM 应用软件建立的可持续性系统足以让团队的其他成员拿过接力棒，并赢得新的客户。

如果你建立了一个可以由他人运作的系统，同时教会他们勇于承担更多的责任，或者能够让其他成员精诚合作，形成一个高效运作的团队，上司便会说："这里不需要你也能良好运转，所以，那个新职位可能会更适合你。"所以，获取提拔并得以进步的核心在于，先打好坚实的继任基础。

领导者必备的 11 种心态

上述 5 种行为：设立愿景、愿景的交流与分享、掌握权力并承担责任、制订计划并付诸实践、建立可持续的团队运作，构成了自我管理的基本素质。领导力框架的其余内容都是对这些基本概念的引申、提炼和加强，从而和它们一起形成领导力要素的环状结构。

环状结构对于框架图有这样的意义：我们知道，人浪做的是环状运动。研究显示，在闭合式环型体育馆内，观众可以互相观望，人浪也更容易形成，但是在其他场合，比如观众席设在车道沿途的赛车场内，人浪形成的概率就非常小。在某种意义上，领导力也展现了这一几何学特征。就像在体育馆中掀起的人浪一样，领导力框架也能创造出自我持续生成的能量循环。当两个小孩手拉着手，身体后仰（信任对方不会突然松手）时，只需花少许力气就能以很快的速度旋转起来。只要他们不松手，旋转的动力就会越来越强，而一旦松手，所有的动力就会在转瞬间消失，领导力框架也有这样的特点。你会注意到，在领导力框架图对于一名领导者的行为要求中，平常人并不一定具备。所以，你的行为一旦偏离了这个领导力框架，那么，框架中蕴含的自我推进的能量便会消失殆尽。而你就会像那两个晕头转向的小孩一样，在地上跌个跟头。

这个框架还有值得注意的一点：它会让我们在追求目标的过程中积极进取，表现出真正强大的竞争力。它环环紧扣的结构特点让我们有更多的空间去创新、去冒险，并表现出坚守核心价值（高速旋转的原点）的本能行为。

在它的帮助下，我们可以透过核心价值来审视事物，因此，也就能找到更便宜的成功捷径。虽然商业经营的不确定性常让我们在突发情况面前茫然失措，但领导力框架总会指出正确的方向，并确保我们朝这一方向坚定地前行。将框架图中的环状特性谨记在心，接下来的讲解会更有效率。

“尽管”有阻力

每一项有意义的事业都会遇到重重阻力。想挪动挡在路前的一块重石，你需要克服重力和惯性，要登上一座顶峰，你需要战胜高原反应和恐高症。举个例来说，在给潜在的合作伙伴做了一番精彩的陈述后，现场的气氛积极而融洽，你感到对方会选择跟你而非你的竞争对手进行合作。但此时却有人在会上宣布本年度他们公司并没有开展这类合作的预算。听到这个消息，你的内心会有什么感受？或者说，你将以怎样的心态面对此类阻力？

非洲裔孤儿的奋斗：从奴隶到百万富翁

1905 年，沃克女士（C. J. Walker）开始向美国南部和西南部各州的非洲裔妇女们挨家挨户地推销她的美发护理品“沃克女士的神奇生发剂”。父母都曾是奴隶的沃克 7 岁时就成为孤儿，14 岁结婚，19 岁便带着女儿开始了孀居生活。在为自己的新生活设立愿景之前，她通过为人洗衣供女儿上学。

尽管面对常人难以想象的巨大阻力，沃克女士还是将自己的公司发展成了一家拥有 3 000 名雇员的企业，而她则成了美国首位非洲裔的女百万富翁。她喜欢这样说：“我的事业起步完全靠坚持。从南方的棉花田里走出来后，我被提拔到了洗衣盆旁边，后来又得到晋升进了厨房。最后，凭借自己的努力，我不仅闯入了护发制造业，而且在自己的地盘上打造了出这座工厂。”

很难想象会有其他人像沃克一样面对沉重的生活压力，还有勇气为自己的未来编织愿景并获取成功。“尽管”面对困难，她依然会追求自己的愿景，执著是她最终取得成功的关键。假如你意欲制造一次人浪，而邻座却不愿起立，你是否会就此放弃，悻悻地坐回原位？然而我们总会看到有些起初不愿加入的人后来却情不自禁地起立，一波声势浩大的人浪就此形成，而这也得益于人浪发起者“尽管”面对困难的心态。自我管理式领导的心态会让你针对第一个例子提出问题：“什么样的方式可以帮助我的合作伙伴获得开展合作所需的预算？”

我从没见过有哪位好水手出海航行时从未遭遇过恶劣的天气，也没有一部记录片、访谈录或传记中提到的伟人从未经历磨难就一帆风顺地获得成就的。恰恰相反，他们的成功之路无一例外地充满了艰难险阻的经历，但同时也有他们“尽管”面对阻力，却努力克服阻力最终到达顶峰的故事。遇到阻力并不可怕，重要的是以何种方式去看待、分析并最终直面阻力。

领导者坚信“尽管”有阻力伴随，他们会找到克服的办法。他们从来不会因为有阻力就采取逃避的态度。有时候，也许就算尽了最大的努力，也无法成功；但是，如果不抱着“尽管”有阻力（也要直面挑战）的心态，根本就没有成功的希望。

直面复杂多变的现实

我们生活的世界充满了冲突。假使我们有无限的资源，不必通过取舍就能满足各方的利益需求，那么，领导力框架也就没有存在的必要了。但这是一个充满冲突的世界：欲望取舍、利益分配、目标设置、日程安排以及可能性的预计。所以，除了要有“尽管”有阻力的心态之外，我们还要清醒地面对现实环境的复杂性与多变性。计划不如变化快，所以，如果在一开始时便指望一路都有晴好天气与合适的风向相伴，那么，在遭遇不可避免的恶劣天气时，你便会陷入难以挣脱的困境。一次晚宴聚会上，风险投资专家艾伦·斯普恩对我说：“好消息与坏消息总是一起出现。不同的是，好消息不需要我们多操心，而坏消息则会花费我们大量的时间与精力进行处理。”领导者都深谙此道，他们清楚冲突永远不可能避免，并且随时准备带领大家从冲突的困境中脱身。

这也是一种心态，面对欲望冲突和个人得失，不论解决这些问题的预算是多是少，领导者总能泰然处之。懂得取舍的领导者总能作出符合原则的决定，并在风狂雨骤的航行中保持坚定的航向。领导者总是非常执着，他们清楚：愿景的实现肯定会遭遇阻力，但要把新的愿景变成现实，就必须果断地进行改变。**变则通，改变意味着机遇，但只有勇于直面现实冲突的人才能掌握机遇。**

同样地，领导者并不相信本质主义和还原主义（本质主义认为任何事物都深藏着一种唯一的本质，还原主义认为从组分性质足以推断和解释整体性质。——译者注）。他们知道，自己的目标永远不能用利润、产量或产品质量就可以简单概括。领导者会坦诚面对存在于每一个旅程的复杂和多变，在众多不同的声音、目标保持平衡并尽最大可能满足各方利益。面对分歧，自我管理者也能从框架图中心的核心价值出发，睿智地找到最好的解决方法。

彰显魅力型权威

我们已经说过，掌握权力是领导者的基本素质之一，但是该怎样行使权力？是“站起来！不然我就揍你”式的暴力主导，还是“因为我是你的父母（老板），所以我说了算”？

绝对权威造成的惨重损失

第二次世界大战末，日本军方曾建立了一支对美国舰队实行自杀式袭击的“特攻”部队，即著名的神风敢死队。许多日本青年在这类特攻中失去了生命，如今，极少数幸存者为我们讲述了当时的情形。作为当年日本海军陆战队的一名飞行员，滨园重善在他的战争回忆录《水平线》（*Suiheisen*）中描述到，自己已经做好了为国捐躯的准备。

而他也回忆了发生在1945年4月6日一次任务执行之前的事：联合舰队参谋长宇垣少将到滨园所在的第一分队为敢死队员们做战前动员。少将逐一与队员们握手并动员道：“请为国捐躯！”动员讲话过后，他问队员们是否还有问题。这时，滨园十分敬仰的一位老飞行员向前一步问道："我有信心仅凭机载炸弹就炸沉两艘敌舰，如果做到了，我可以返航吗？"据说，宇垣答道："请就义。"

魅力型权威和正式权威是权威表现的两种形式。正式权威从等级制度中引申而来："我是家长，在我的家里，不管对错，都是我说了算"。这是正式权威的写照（同时也是大多数人成年后选择离家的原因之一）。

在那场残酷的战争中，交战双方都损失了大批的年轻战士，宇垣的言行就是这种损失的极端写照。而在现实社会中，他那种显示"我命令你为国捐躯"的正式权威仍随处可见。例如，你收到了一封正文为"今天下午 4 点之前给我把事办妥"的邮件，隐藏其后的含义呼之欲出——因为我是你的老板。你愿意加入这一愿景吗？你们的关系是否会因这一正式权威产生摩擦？出于某些客观理由：你是新人，上司的资历很老，对方能在事业上帮助你，你最终默从于这一命令。但是，你是否心服口服？正式权威的运用缺乏激发鼓舞他人的能力，让下属默从（而且多数是心怀不满地）也许是它能得到的最好结果。而且，领导每一次正式权威的行使，都会让下属的不满积聚一点。**正式权威就像一个银行账户，你支出得越多，余额就变得越少。心怀不满的默从将变成逆来顺受，逆来顺受又会演变成消极抵抗，而这会引来反叛的最终爆发**。由于行使正式权威而积累的点滴不满与怠工，最终将大大削弱团队的整体活力与工作效率。

与此相反，魅力型权威可以自我合成。如果前面的邮件是这样的措辞："如果能在下午 4：00 以前解决这个问题，你将帮助整个团队获得以下三方面的成功……"你会感到，领导是在通过这封邮件与你分享一个愿景。对你而言，本质相同的一封邮件却从冷冰冰的最后期限变成了愿景的分享和真诚的动员，魅力型权威发挥了作用。魅力型权威并非来自强权，而是源自人际交往过程中，你通过自己奉行的原则和价值所彰显出来的榜样力量。

同时，它还源自你想采用正确方式掀起人浪的意愿。魅力型权威并非一个只存不取的银行账户，每一天、每一件小事中正确方式的采用都会为这个账户增加存款。这也许会花费你额外的时间，这种小额的短时投资会为你带来长期的利息回报。

如此，权威行使也变成了人浪的一部分，在团队内部持续地掀起一轮又一轮的人浪，最后的结果是这样：不但无人在意因何开始，反而人人乐在其中。

不管怎样评价，你都无法否认克拉茨·乔治·亨德森是魅力型权威的典范之一。人们并不会因为他受雇于体育馆，或者他的鼓敲得好听就加入人浪。人们追随他在于他主动与观众分享了自己的愿景，并让所有人都参与到这一愿景的实现中来。不仅如此，“尽管”最初有人想看他的笑话，克拉茨还克服了阻力，实现了自己的愿景。

激　励

趋利避害是大多数常人的本能，所以，比起批评和威逼来，在大多数情况下，奖金和利诱更能激发我们的行动。为了让他人行动，领导者是不是就应该更多地使用胡萝卜而不是大棒呢？（默从式的企业文化就建立在简单的动机刺激的思维模式之上。）胡萝卜加大棒是主导大多数企业的管理手段。不可否认，虽然不是所有人都完全按照兴趣爱好来工作，但刺激手段也并非长久之计。如果为了发动人浪而给每个人 20 美元，结果要么是你很快破产，要么就是观众不满足于 20 美元。刺激手段的实施必须借助工具：胡萝卜或大棒作为促使员工行事的外在手段。这并不为过，但是在方式时代，这种动机的刺激远远不够。**方式时代的领导者需要通过自我可持续的方法发起行动，“激励”才是掀起人浪的正确方式。**

在追求信仰、价值以及崇高理想的过程中，与他人互相交流并获得认同感会自然而然地让我们受到激励。激励与刺激到底有无差别？许多人会因为一部电影、一本书、一段经历，因为自己的一个计划或是他人的某个行动而深受激励。价值观的激励会让你尽自己最大努力，用最富创造性的思维方式，朝着超越个人的目标去努力。胡萝卜和大棒对你失去了意义，有了更高层次的召唤，你会支持登月计划的实施，也愿意加入翻涌的人浪。正如信任能唤起信任，激励也能激发并形成一种信仰，一种将人的感性和理性心智有机结合的信仰，一种具有自我持续性的强大力量。和领导力框架中的其他因素一样，激励也是一个循环过程，目睹他人受到激励也会反过来激励你自己。领导他人的过程就是一个激励他人的过程。领导者不仅注重激励他人，还会努力保持团队深受激励的氛围，这种氛围会激发他人对于自己人生意义的追问。激励他人的人并不一定非得是老板，在方式与“结果”同样重要的方式时代，人人能够做到这一点。

坚持原则

救人第一，调查第二

当飓风卡特里娜袭击新奥尔良市的时候，美国联邦应急管理署（Federal Emergency Management Agency，FEMA）为赈济灾民发放了大笔的救济金。然而，仓促的发放行动和防诈骗机制的缺乏，使得不少投机者骗取了救济金，并大肆挥霍：有的预订了新奥尔良圣徒队橄榄球赛的季票；有的跑到圣安东尼奥市的猫头鹰餐厅狂欢作乐；有的购买了一瓶价值200美元的唐培里侬顶级香槟酒；有的则参加了加勒比海周末豪华游；甚至还有人用这笔钱邮购了《美女也疯狂》的系列成人片。

最终，成千上万人因为诈骗紧急安置津贴而锒铛入狱。1年后，在一次国会渎职调查听证会上，来自FEMA的救灾副总指挥多纳·丹尼尔斯表示：“当时，经过计算后我们决定，先竭尽所能帮助受灾群众，越多越好，事后再回过头调查是否有骗取并滥用赈灾款的行为。”早在丹尼尔斯出席这次听证会之前，来自一家政府审计办公室的调查结果就显示：多达14亿美元的赈灾款遭到了骗取和滥用。

一般来说，人们作出某种决策的依据不外乎以下两种：实用主义（Pragmatism）和原则基础（Principle）。实用主义的决策总以权宜之计解决燃眉之急，FEMA在面对飓风时所作的决策就是一个很好的例子。这种快速止痛的思维模式更加注重短期利益得失，但也往往会在无意中丧失长远的利益。如果FEMA是一家营利性企业，与随之而来的信用和声誉损失相比，它在诈骗风波中遭受的资金亏损完全不值一提，有谁愿意为一家稀里糊涂就为诈骗犯的《美女也疯狂》买单的保险公司投资呢？而什么样的解释才能将它从糟糕的市场形象中解救出来？

商业活动每时每刻都要求我们作出决策，当你有了自我管理式的领导心态，这种决策行为还将更加频繁。要建造怎样的登月飞船？外观应该设计成什么样子？要雇什么样的员工？回复客户来电时应该说些什么？领导者不断地作出选择。对于一个既定的团队和组织来说，每天作出成百上千个决策绝对是家常便饭。如果每个人都将实用主义作为决策依据（这样才可两全其美；这样才能避免麻烦；这样才能尽快脱身），那么，类似于《美女也疯狂》的意外结果就会层出不穷。短视决策常常让我们误入歧途，对此你根本无力控制。假使（不论采取什么样的手段）你让整个季度的财政状况保持得非常不错，然后当你不在现场时，所有的客户聚在一起互相交换意见：

甲：“嗯？他们同意让你试用 6 个月？可他们明明告诉我这种产品不进行试用的。”

乙：“什么？你跟他们签了 3 年协议？他们不是说不管怎么样，只能签 5 年吗？”

他们对你的印象是否从此会发生些变化？

在一个高透明度、相互连通的世界里，这样的对话随时随地都在发生。对话的内容也不再局限于企业经营活动，还会涉及个人的行为方式。意见交换变得成本低廉而方便快捷，通信技术的发展让我们通过小小的指尖就可以掌握海量的信息，你的“表里不一”很难不被人发现。方式时代需要的是能够创造长远利益、生生不息的可持续性指导原则，这种原则可以在你和整个世界之间建立起互信和联盟。关于这一点，我非常推崇马克·吐温的一句名言：“随时保持原则，你就不必为行为的结果操心。”

方式的视角可以使你在坚持原则：一个可以表达长远价值的核心信仰的基础上作出决策。**在透明的世界里，纸永远包不住火，只有在坚持原则的基础上所作的决策才能让你建立起长远的信誉度**。同时，坚持原则比实用主义的权宜之计更有效，也更灵活。它不会迫使人们与规则共舞，或为了短期的利益得失而斤斤计较；在原则的自觉指引下，你的思维会更加清晰，也就不再步步为营、缓慢前行。你总能在第一时间作出最正确的选择，因为它源自你内心深处的价值信仰，而你也将对自己的选择更自信、更执著。

严谨的态度

2005 年，韦恩拉斯韦加斯度假酒店开张。这家以史蒂夫·韦恩自己名字命名的新酒店一经开业就获得了广泛关注，顾客反响也非常不错。可是不久之后，韦恩就意识到一个问题：在韦恩赌场里，荷官（在赌场工作的发牌员，直接坐庄，与赌客面对面，替赌场老板赢钱。——译者注）和楼层工作人员通常是赌场内收入最好的两个职位。作为赌场的一线员工，他们的主要收入来源就是小费。

后来，在澳门筹备一个新项目的韦恩对我说："这种薪水制度有漏洞。荷官们总能从客人手里拿到很多小费，而同样为客人提供服务的楼层服务员和主管通常却什么都拿不到，这就意味着荷官有着比主管更高的收入。收入悬殊让楼层员工感到不公平，并引起他们的不满。这种不合理的薪酬制度还让荷官们普遍不愿晋升为主管，使整个赌场的运作都受到影响。"

我们知道，只有以信任为基础，你才敢冒险。**信任促使人冒险，从而让我们在勇于创新的同时获得进步**（T.R.I.P：Trust-Risk-Innovation-Progress）。然而，错误一旦酿成，领导者就会面临两种选择：坐视不管，而后自食其果，或者倾力将其纠正。在这里，韦恩要么对不合理的薪酬制度听之任之，并承受它对赌场未来发展产生的消极影响；要么马上调整荷官的工资标准，而这无疑会破坏韦恩在荷官心中的诚信度。韦恩说："这真让人进退两难。我反复思考了几个月，最后还是觉得自己无法坐视不管。这是我职业生涯中第一次碰到这样进退两难的局面，而且还需要采取威胁到员工收入的措施解决问题，感觉就像切了自己的一根手指一样。"

不论真相怎样令人尴尬甚至痛苦，领导者都会昂首挺胸、勇敢地面对。通过多次面对面的交流，韦恩向荷官们表示了他要进行的薪酬改革：重新制定小费分配方案，以顾及其他在赌场经营中创造更多盈利或承担更多责任的员工。

他还说："我告诉他们这是我的失误。我的职责就是公平对待每位员工，既然有些人没有得到这样的待遇，我就得作出改变。我说：'我没有逃避，我会主动和公司里的每位荷官、每一名员工会面，因为我必须对这个决定背后的原因向你们逐一解释，尤其是这样一个直接影响大家生活的决定。'"

尽管韦恩如此坦诚，荷官们还是有些失衡。在多次商谈之后，仍有一些人向地方法院和工会提出了诉讼。最终，他们撤销了这些诉讼。韦恩在此期间的一些举动令人印象深刻。

一次诉讼中，他向我描述道："我请这几个起诉我的小伙子喝咖啡，并告诉他们，我非常尊重他们勇于维护自己权益的举动。我不仅不怨他们，反而认为他们是今后我要提拔的理想人选，因为他们有胆量站出来为自己维权，而不是在暗地里发牢骚。后来，我在全体员工前坦言，尽管他们不同意我的观点并觉得我作了错误的决定，但我依然为他们感到骄傲，因为他们从来没有将负面情绪带到赌场，带给客人。"

问题一旦产生，韦恩或者其他任何一个居于这个位置的人都大可不必采用这种短兵相接的解决方式。一般上层领导都是通过备忘录、邮件或其他间接的通告方式将事关饭碗的坏消息传达给我们，但韦恩却选择表现得如此直接而主动。当我问他为什么选择这样做，他回答说："一个对企业的长远利益有好处的决定，从短期利益出发，很可能就是错误的。或许这样的错误会让你尴尬、蒙羞，甚至引发企业动荡，但不能因为这些就不作这样的决定。相反，你还必须第一个站出来，也许这才是领导力的核心。"

如果没有一个坚固的地基，就永远无法建造出像韦恩度假酒店这样的摩天大楼。同样地，如果根本不知道静海（Sea of Tranquility，月面地名，阿波罗 11 号最初登月的地点。——译者注）表面到底是由岩石还是沙砾构成，就永远没法让航天器完成登陆。

领导者应该知道，需要严谨地探寻现实的真相。对目前形势的态度越严谨，展现的未来就越美好。领导者应该抽丝剥茧探寻真相，不论真相是多么的飘渺，不论这一探寻过程是多么的困难。领导者相信：坚定地质疑、刨根究底、坦然面对问题，最终才能找到真相。这种严谨的态度可以让你坦然面对坏消息，定位需要改进的地方，找出薄弱环节，并提前剔除隐患。所以，要实现你的愿景，就必须勇敢地面对一切。

严谨态度的缺乏意味着纵容盲点，从而陷入似是而非、佯装不知和做表面文章的局面，这是任何领导者在理论和实践上都应该杜绝的不良习惯。一个人必须首先确保自己站在一个坚实的地面之上，才可能一跃而起。而一个领导者必须态度严谨，才能有所创新，才能建起一栋摩天大楼。

时刻反省并认清自我

尽管大多数人喜欢和谐、简单和包容的生活，但现实中并不总能如此，就连隐居山野中的僧侣也不时地会为食物而不得不陷入尘世的纷争（尽管他们有很高的精神境界，但养家糊口也是必须面对的问题）。而矛盾与冲突，复杂与多变才是现实世界的主旋律。想要成为能够驾驭正确方式的领导者，你就必须适应这一现实环境。必须在关注结果的同时，重视达到结果的方式。**自我管理就意味着要时刻反省，尤其要通过反省认清自己。**

有时，长处也意味着短处。受过专业培训的律师在与他人争辩时会时常获胜，但执著于赢得争辩的人往往在自己的人际交往中面临挑战，因为人际关系与输赢无关。如果站在方式的角度，一个想要增强与他人的人际突触的律师便会进行反省：我是不是该停止讲话，开始倾听？我是不是太锋芒毕露了？什么时候才应该不遗余力地为自己辩护？我有没有在和他分享我的愿景？我是在掀起人浪吗？我是采用了激励还是刺激才促成大家的行动？我们必须对自己的长处与短处作出这样的反省，同时还应该用严谨的态度直面这些真相。

辉瑞 CEO：自我反省促成自我进步

杰弗里·金德勒有一次对我讲："成为辉瑞 CEO 不久，我为 10 万余名员工做了一个内部的视频专访。当他们问我公司将要发生的改变时，我记得自己答道：'公司内部需要大刀阔斧的改革，我们必须加倍努力进行改变。'我觉察到这只不过是些官腔和套话。

于是，我马上换了一种截然不同的语气：'等一等，让我表达得更清楚一些：我会减少开支，裁减编制，也就是说，有人会丢掉饭碗。'"

这是金德勒第一次和员工沟通，也是第一次向他们展示自己领导整个团队的方式。尽管突然转换语气有点让人摸不着头脑，但金德勒的临场反省能力却让他和公司真正开始了改革的进程。金德勒承认："当时语气确实有些严厉，但那全是真话。我不再打官腔、说空话，员工们为此而尊重我。我的真话让辉瑞的员工认识到了整个公司所面临的严峻挑战，他们也更欣赏这些真话。”

不论是在半山腰还是顶峰，自我反省都会为你照亮道路，并促成你的“自我进步”，每时每刻做得更好。虽然我们永远无法做到完美，反省促使人进步，也让我们最终获得杰弗里·金德勒那样敏锐的洞察力，并掌握正确的行为方式。缺乏反省会让你思想肤浅、视野狭隘。或许你能赢得辩论，能通过红萝卜和大棒“刺激”他人，或者可以凭借官腔和空话取得成就，但最终你会认识到这些方法的局限性。

挑战极限

你还记得自己第一次站在高高的跳水台的感觉吗？在一群朋友的鼓动下，你强掩内心的恐慌，慢腾腾地挪到跳板边缘，向下望去，那头晕目眩的感觉让你恨不得立刻转身逃走。这一刻也许让你在人生中第一次清醒地体会到没有回头之路的感觉，到了这一步，如果不鼓起勇气跳下去，朋友们会取笑你；如果要跳，你又怕得要死。此时的你，胃在不断地痉挛，全身止不住地打颤，一切就像一个噩梦。

最后，有些人跳了下去；有些人虽然当时退缩，却在后来的尝试中成功了；还有一些人一直到今天都没有跳成。愿景的设立本身就意味着探索未知领域，意味着前往某个崭新的、令人隐约感到可怕的冒险之地。如果连门前的一座山都不敢翻越，怎么能够登上月球？想要开创一个更加美好的未来，就必须时刻挑战未知、挑战极限。

每一次的极限挑战过后，你都会超越自我，到达一片充满无限可能的领地，让你更好地应对下一次挑战。离开顶峰 B，抛开轻松舒适的固有认识是攀登顶峰 A 所必须挑战的极限。开口去问上个星期还不敢质疑的问题也是一种挑战自我极限的方式。

一旦踏出这一步，你就会对到达低谷 C 之前的所有困难了如指掌；如果无法迈出这一步，就只会选择最安逸的道路。然而，领导力气质指引的荆棘密布的途径却将最终通向最为安逸舒适的道路。

富有激情

LRN的总部位于洛杉矶一处面朝太平洋的海滨旁边，自公司创办之日起，我就致力于为公司吸纳各种优秀的人才。如果应聘者住在另外一座城市，我们就会进行一场洛杉矶VS某城市的小辩论。这种讨论有些千篇一律：他们的城市有伟大的文化，洛杉矶也有伟大的文化；他们的城市有美食，洛杉矶也能找出美食。讨论的绝大部分内容都是这种你来我往的流水账，但辩论一结束，我总会打出一张王牌："两座城市都不赖，就算在其他方面都打成平手，洛杉矶也还有一大优势，那就是我们的阳光。穿透一切的阳光让洛杉矶的一切变得更加美好。"在商场中，激情就是这样让一切变得美好的阳光。

星巴克的霍华德·舒尔茨对煮咖啡很在行，但同时他还富有激情。靠着这种激情，他创造了尊重员工、尊重顾客、尊重合作伙伴的企业氛围。舒尔茨的激情就像烘焙咖啡豆的气味一样，在星巴克店内来回飘荡，吸到这种香气的员工就会受到舒尔茨的激情鼓舞。正是这种激情让一切变得与众不同。

舒尔茨在接受《商业周刊》采访时说："如果热爱自己的事业，你自然就会怀有激情。所以，不论和我交流的是店员、顾客还是投资人，我都在和他们分享使命感和价值观以及对公司的激情。正是这种集体激情，让我们在市场中立于不败之地。对事业的热爱激励我们表现得更好。有了集体激情之后，大家就会为共同的目标奋斗，从而变得无所不能。"

激情是掀起人浪的必要条件。你需要起身说服邻座，让他们相信，人浪可以帮球队获胜。但是，如果自己都没有激情，别人也无法相信你，人浪也自然不会出现。激情的缺失会滋生自鸣得意，自鸣得意会让人盲目前行。史蒂夫·韦恩说："激情是一切。激情源自人类最深层的精神领域，让你对自己的事业产生一种内省的、深刻的、直观的认识，它所产生的能量会让你更深刻地体察并理解自己的顾客和员工。激情会激起令人感到幸福和满足的和谐共鸣。有了激情，你就不会感到疲惫，甚至并不觉得自己是在'工作'。激情会让你觉得能够通过工作体现人生价值，让你产生很棒的成就感。"

你可以通过各种方式表达自己的激情：写一封激情洋溢的邮件；做一次富有激情的面谈；充满激情地写一份报表。对有些人来说，日复一日、按部就班地做好本职工作也是抒发激情的一种方式。激情就是香料，它能让饭菜变得更加美味，能使团队成员之间的相互交流联系更加高效。辩论过程中，如果对方毫无激情，他就永远无法真正说服你。激情就像阳光一样，是每位领导者必不可少的素质之一。对此，玛西莫·菲拉格慕作了一个比喻："两名田径运动员比赛长跑，如果一位有更好的体能，而另一位拥有更多激情，冠军永远会是后者。哪怕赛程超越了他的体能极限，后者仍然可以凭借激情坚持到底。受激情驱使的人，他的工作效率是他人的3倍。不仅如此，激情还能得到人心，赢得众多追随者。在激情的引领下，你会获得更大的成就。"

乐 观

乐观与激情总是相伴出现。如果美国人相信航天飞机无法避免失事的风险，我们还会花10多年的时间实施登月计划吗？温斯顿·丘吉尔曾说过："我是一个乐观主义者。自我管理者永远不会出现登月失败的念头，他们从不会在成功和失败之间进行选择。他们只设立怎样成功登月的愿景，因为他们拥有激情，拥有积极的心态，他们获得赢取成功的能量。

这就是乐观主义。乐观主义中蕴含着一种强大的力量：坚定的信仰。悲观主义者的信仰总是很脆弱。人们在为一个伟大的使命奋斗时，会自然而然地产生某种恐惧与无所适从感。但是对于悲观主义者，这些感觉会占据他们的大脑，进而产生认知失调反应，最终抵消信仰所激发的力量。所以，要想更上一层楼并成功挑战极限，唯一的做法就是不把时间浪费在患得患失上。前参谋首长联席会议主席科林·鲍威尔将军曾说过："持久不衰的乐观态度能使你的力量成倍增长。"海伦·凯勒说过："悲观主义者无法发现星辰背后的奥秘，无法航向未知的大陆，无法为人类的精神世界开拓出崭新的疆域。"

追求价值和意义

还在读高中的时候，比尔·盖茨就经常和朋友们一起对未来展开天马行空的想象。在最近的一次电视采访中，盖茨对观众说："我们当时坚信个人电脑的出现会改变世界，而当时除了我们，其他人都没有看到这一点。”早在和 IBM 公司举行历史性会晤之前，盖茨和保罗·艾伦（Paul Allen）就已经意识到：只要发明一个操作系统，他们就能改变世界。于是，他俩买回来一台个人电脑，开发出操作系统，再把它卖给 IBM，这样微软就诞生了。

如果对自己的事业缺乏使命感，你就很难受到鼓舞并产生激情。在通往自我管理的旅程中，激励你不断前进的动力，就是对深层价值和意义的执着追求。领导者相信登陆月球的行动不仅能使企业受益，更能为全体人类造福。**领导者坚信理想**。我创建 LRN 的初衷也是基于一个理想：如果人人都正确行事，世界将变得更美好。某种意义上，领导者总是把自己当做大教堂的建设者，而非简单的砌砖匠。使命感，不论是个人的或是集体的，都需要被赋予重要的意义，一种值得我们付出灵感和激情的意义，它不一定是最紧急的，却绝对是最重要的。你永远不可能通过世俗小事获得到永不枯竭的力量，而激情与乐观会促使领导者赋予企业经营超越现实的价值和意义。

在生命中的不同时期，人们追求的价值和意义可能会不同。例如，由于工作节奏更紧凑，可以调动的社会资源也更少，所以，比起事业有成的中年人，年轻人就较少追求回馈社会的意义。也许，最成功的一些人感到自己已经实现了个人的价值和意义。但我所说的价值和意义是一种超越个人的利他主义，它意味着我们在生命的每一个时期都为社会作出贡献。所以，就算获得了再大的成就，也要用更高境界的利他心态衡量自己的价值和意义。这一心态会让我们看到自己的愿景正在为人类拥有更美好的明天而效力，这种心态会让你超越短期的利益得失和世俗成规的羁绊，为自己追求的价值意义做一个崇高的定位。有了如此定位的价值意义为目标时，你才能真正成功。

回到起点：方式决定一切

在完成方式视角的第一轮循环后，重新回到起点的我们将开始谋划更宏伟的愿景，并将实现更深层次的价值意义。然后，又是一轮循环。

就像远洋轮船上用来观察星象的六分仪一样，领导力框架能帮助我们在方式时代的旅程中辨别方向。为自己树立了领导者定位，并按照讨论过的方式调整了自己努力的方向之后，你会开始为自己的人际突触加入信任、团结、

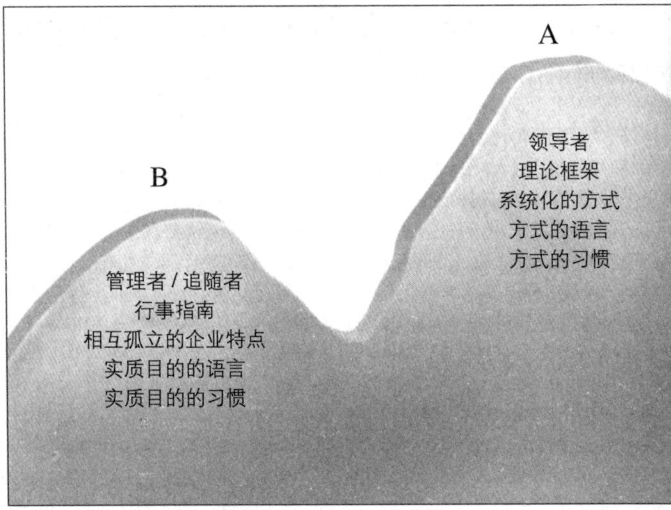

图 4-6 全新的领导力理论框架

透明和激情，并逐渐掀起人浪。也许最初掀起的人浪比较小，但再小的人浪也能体现出长久持续的能量。而且，领导力框架不仅是一种考虑问题的角度，它是一个涵盖了本书所有要素的系统，各个组成部分都能相互作用，产生增强效应。它是一个由世界观和价值观驱使的制度，你可以在此基础上建立自己的组织架构；最后，**领导力框架还是对于“自我管理”理念的深入挖掘：最终的成功源于内心，而并非外在。**

领导力框架循环一周之后又回到了起点。让我们也回到本书的起点，本书从发明人浪的克拉茨·乔治·亨德森的故事开始。重新回到这个故事，我们便能深刻地体会到，也许克拉茨并没有意识到，他就是“方式决定一切”以及领导力框架理论的鲜活案例。他清楚自己可以通过方式这种更强大、更有效、更持续、更有价值的方法实现自己的目标。我可以复述一下那个故事，但或许你自己回到序言，再读一遍会更容易些。

后 记

纵然我们可以凭借他人的知识而增进见闻，却无法依靠他人的智慧而变得睿智。

——蒙田（1533～1592年）

如果你对餐馆老板的期望只限于提供基本餐饮服务，那丹尼·梅尔的表现一定会让你跌破眼镜。梅尔是纽约Union Square Cafe创始人，他的公司如今已经发展成美国连锁餐饮业最成功的代表之一。在他的著作《欢迎光临：让顾客钟情一生的服务体验》（*Setting the Table*）中，梅尔这样写道："我们生活在一个全新的商业纪元中。我确信，在这个新纪元里，在市场中站稳脚跟的本钱不再是简单地提供服务，而是这些服务背后所蕴含的热情好客的经营态度。仅仅拥有质量过关的产品，或者按合同履行基本服务，已经不足以让你从大批竞争对手中脱颖而出……'服务'是一种独白：餐馆单方决定要做的事，并制定服务标准，而'好客'是一种对白。要想站在顾客一方，则需要全心全意地倾听，然后给予深思熟虑、优雅、得体的回应。出色的服务和出色的好客兼而有之，才能出类拔萃。"

在方式时代，热情好客、顾客的感受这些概念已经超越了餐饮服务业，开始适用于商业经营中的每一个方面。梅尔所表达的重点就是一种消费体验：在一个对话式的社会里，仅仅做到脸上挂着微笑，或者在电话铃响第二声的时候接听已经不够了。现在，高度透明、高度互联的世界环境使得每一个人都能看穿作为代理物的服务标准，并直接评判企业与其员工是通过何种方式在和自己打交道。企业不得不开始重视客户的切身体验，因为在方式时代，这些体验能通过更加发达的人际沟通网络制造出更大的影响力。能够制造这种影响力的还不止客户体验，更包括了来自供销商、员工、同事、竞争对手、经销商、监管机构以及媒体等各方各面的互动体验。所有这些体验共同构成了你的日常人际互动网。正确处理各种互动体验，已经成为企业赖以脱颖而出的关键因素。

你能创造这种互动体验吗？或者说，你是否能为手下编撰一本行动指南，使他们可以因此在所有人际互动关系中为对方带来积极的、始终如一的体验？互动体验是你可以创造的东西，还是更短暂的东西，更依赖于每位员工为了企业的最大利益而独立行事并始终如一的能力？

我们先考虑另外一个问题。在管理学畅销书《基业长青》中，吉姆·科林斯和杰里·波拉斯考察了数家以开拓和冒险精神而闻名的大型企业，并尝试为这些企业总结出了一串“企业开拓者的核心意识形态”。或者按照他们自己的定义来说，这些核心意识形态“指导并鼓舞了这些企业内部的员工群体”。这串清单的一部分如下：

3M：创新力、坚忍不拔的经营态度
美国运通：传奇色彩的客户服务
花旗集团：扩张精神、冒险精神、进取心、自信
菲利普·莫里斯公司：“赢”的企业文化
宝洁：持续的自我革新
默克集团：卓越的业绩

这些都是赫赫有名的行业巨头，每一家上榜企业都拥有一段悠久的历史和旁人无法比拟的成就。然而我想问的是：你能直接地达成“创新”“扩张”“赢”，或是“卓越业绩”的目的吗？你能不能通过决定性的手段确保自己做出“卓越的业绩”？“赢”或是“传奇色彩的客户服务”是否能够激发你的士气？“进取心”或者“自信”能够指导自己日常的工作吗？在当时，《基业长青》的出版的确拥有划时代的重要意义（我在创建LRN的时候就从中吸取了不少知识），但是当下我们的世界已经发生了可观的变化。所以，尽管这本著作仍然不失其前瞻性和指导意义，但我们现在还可以用更深入的眼光来审视清单中这些企业获得

非凡成就的真正原因。全新的方式视角将告诉我们，科林斯和波拉斯认为的“核心意识形态”其实还不够核心。我不认为你能主观制造这些意识形态，更不用说通过它们来指导甚至鼓舞员工了。这些素质其实只是一种客观结果，是那些成功企业通过方式创新取得的成果。

你没法定量地取得进步，但是，如果能在每项任务、每次会议、每次谈话，以及每封电子邮件中都做到像领导者那样思考，那么你就将自然而然地取得进步。你也没法定量地实施“坚忍不拔”，但是，只要你尽力用信任感来填补人际突触中的每一处缝隙，那么你就会自然而然地变得坚忍不拔，甚至同时还可能有许多其他意想不到的收获。同样，你没办法通过绝对的手段来确保“卓越的业绩”或“赢”，但只要你信仰一套有意义的核心价值体系，并努力通过每一次的实践行为来展现这些价值，你的业绩就会自然而然地脱颖而出，你便通过方式的力量获“赢”。

其实,我们在商业经营的其他领域里早就领悟到了这些道理。比如，人力资源部门很早之前就懂得无法通过主观决定来控制人才流动，员工们的去留完全取决于自己得到的工作回报、鼓舞感与成就感。在质量革新运动中，我们又意识到，产品质量也不受我们主观决定的影响，只有当你下定决心在生产过程中降低效率耗费时，才可能取得产品质量的提升。方式的视角让我们能看得更深、更远，看到长远的、可持续的成功背后真正核心的原因，还能让我们抛弃主观决定论，并通过价值与信仰的力量来实现团队团结与鼓舞。

现在，让我们回到最初的问题：你能制造互动体验吗？答案现在变得很明显：不能。积极的互动体验来自于积极的沟通过程，而积极的沟通过程则源自你正确的行事方式，强健的人际突触，更多地源自于你对他人产生的鼓舞感。以下是今天的商界已经发生的一些引人注目的变化：

◆ 从品牌知晓到品牌承诺
◆ 面对客户的单方服务到注重客户体验的双向互动
◆ 从被动地维护企业声誉到主动构建声誉价值体系

当你的方式正确了，当你的注意力集中在更深层次的价值意义上时，上述这些变化便会水到渠成，这时你便掀起人浪，即形成了贯穿于企业内部各个方面的价值观。正是进入21世纪以来信息的高度连通性和透明化促成了以上这些变迁的发生，同时对于成功的重新定义也由此被推到了时代的风口浪尖。

哲学家亨利·西奇威克的享乐主义悖论（Paradox of Hedonism）为我们说明了一个事实：当你唯一的欲念便是直接追求幸福感时，幸福感反而会逃避你；但如果你追求的是更深层次的价值意义，你却能无意中得到幸福。在这种意义上，科林斯和波拉斯的“核心意识形态”论所面临的问题就在于，它们过于直白地追求利益了。这种假说只注意到TRIP中的I（创新）和P（进步），忽视了取得创新与进步的关键前提条件。西奇威克的悖论同样适用于我们的主题：当你的目标是创新、进步与成功时，更好的追求方法应该是建立通往这些目标的价值体系：信任感、诚信、一致性与透明度。价值体系可以鼓舞他人，并且比意识形态更加有力。

你的成功标准是什么？是赚到多少金钱，还是获得多少奖章？是赢得多少同伴的尊重，还是为世界做出多少贡献？是亲朋好友对你的热爱，还是自我满足感？是私人财富的数目，还是受你帮助的人数的多少？如果你不是特别地与众不同，那么，你的成功标准应该就包括了上面所有方面，区别在于各方面所占程度不同而已。但你是何时开始用这些方面衡量自己成功的呢？在本书的前半部分，我们曾谈到过旅程的两难局面（见第二部分导言），我们从那里得知，有时候我们必须在经历过反复的现实与思想斗争之后才能掌握某种新观念，才能将它吸收、内化，直到达到“大巧不工”的境界。正是因为这一段艰难的斗争经历，这些内化的观念才会显得和其他浅薄的知识与信息有所不同。当你合上本书之后，你也许就能体会到书中内容的一部分已经内化到你的头脑中。所以，尽管书上的旅程已经临近结束，你在现实世界中的方式旅程却才刚刚起步。

在跟读者们道别之前，我将为你们留下最后一个双峰图：成功的双峰图。这个图景与西奇威克的享乐主义悖论在很多地方不谋而合。首先，你无法制造成功，你无法直接把它当做追求目标。成功是你在

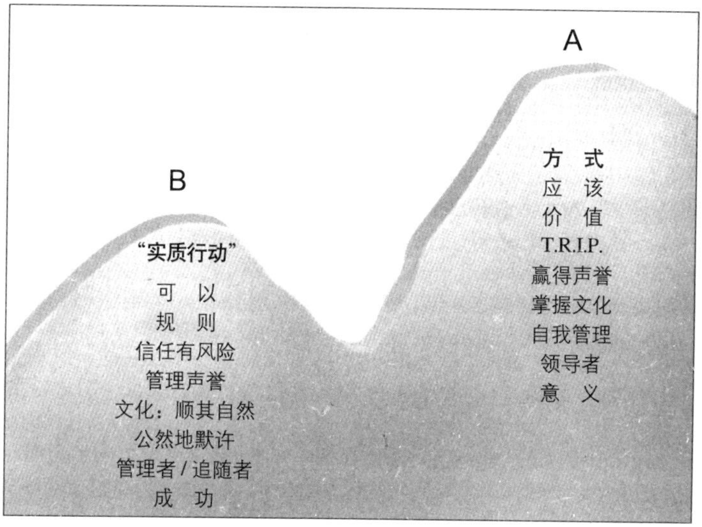

实质行动与方式的价值体系

为了某种超越自我能力的深层次事物而奋斗时所获得的意外收获，我把这种事物称作价值意义。衡量成功的所有标准都有一个共同点：使追求成功的旅程充满价值。所以，追求成功的旅程就是通向价值意义的旅程，为我们的现实世界创造价值、保持价值，并传递价值的旅程。我相信，不管你怎样看待这段旅程，它都应该能帮助你取得成功。

归根结底，追寻意义就是终极的方式力量。

致 谢

本书出版以后，我像是投身于一场旅行，通过书里的观点与世界各地的人进行交流。无论是过去还是现在，对我来说很清楚的一点是，本书既不是开始，也不是结束，它更像是一种生活的哲学，伴随人们努力、进步的始终。在不断变化的外界环境下，在我们实践这些原则的过程中，理念会进一步被深化，形成愈加明确的准则。事情已经发生，并且将继续沿着这个方向发展。我深感幸运的是，原致谢声明中所提到的人们，不仅帮助我创造并发动方式的运动，他们本身都是方式的卓越实践者。在这里，我要再一次感谢他们。此外，我还想感谢那些帮助我、支持我，敦促我让方式的哲学更加精益求精、影响更加深远的人们，尤其是读者，合作者，朋友们——我想感谢的人是如此之多，以至于没法一一提名。这是一次有益的、值得的探险，它让方式的哲学更加充实。我诚挚地感谢你们每一个人。

感谢埃里克·科来尔（Eric Krell）和理查德·墨菲（Richard Murphy），你们在新版书的出版编辑方面作了很大的贡献，同时感谢的还有那些认真地评价本书的人。我要特别感谢我的同事凯蒂·布伦南(Katy Brennan)。谢谢你，凯蒂，你总是那么有热情，站在我身边支持我，我们的共同努力掀起了一个个方式的人浪。你的名字第一个字母是“K”，与“疯狂乔治”(Krazy George)名字的第一个字母一样，这绝对不是巧合，你也有着同样的“疯狂”与激情。

LRN 公司的同事一起参与的“信任之旅”，是对“意义”的探寻过程，这个旅程不断地给人以动力并提供各种资源，让人学习、成长，它的作用是深远的。我深深地感激你们每一个人，为了你们献身于对“生活方式”的探索，为了你们的合作与努力以激起整个世界的方式人浪。为了我们的共同利益，我还要感谢LRN团体的合作伙伴，因为你们总是相信，在共同努力之下，我们能建立一个繁盛、可持续的事业。

我还要特别感谢克林顿总统为新版书写推荐序。总统先生，你的领导和许多事例，尤其是“克林顿全球行动计划”组织，这对我来说是一种激励，同时也是一种证明：在联系日益紧密的世界中，为了迎接挑战、为了创造可持续的繁荣，集体行动是有意义的。“克林顿全球行动计划”组织对方式的专注，已经在这个机构内部、诸多富有献身精神的成员之间建立了一种特殊的联系。谢谢你的方式使我成为“克林顿全球行动计划”某种意义上的创始者。我想感谢鲍勃·哈里森(Bob Harrison）和克里斯蒂娜·萨斯（Christina Sass)，你们是“克林顿全球行动计划”真正的大使，感谢你们富有激情的领导，以及你们对本次新版本书的贡献。

我要把这本书献给我的妻子玛利亚，谢谢你对我方式之旅的支持。对于我们一起走过的岁月，我充满感激，不管生活是苦是甜，我们风雨同舟。本书刚刚出版几个月，我和我的哥哥、姐姐，失去了我们最亲爱的妈妈，我这本书同样也要献给她，虽然现在她关于本书的记忆已经掩埋在尘埃。又过去几个月，我和我的妻子共同迎接一个新生命的到来：我们的儿子列夫·多弗。

我们用母亲的名字给儿子命名，我们相信这是一个好名字。但是仅有一个好听的名字是不够的。在这个时代，一个人必须用他的行为赢得他的名声。说到他的行为，目前为止好像强制、激励、甚至奖赏对他最有用。我最大的希望就是他长大后，我们能帮他树立一种持续的价值观，这种内在的驱动力将引导他追寻真正有意义的事情。列夫，你拥有一个优势，爸爸能帮你挣取好名声。你启发了我应该先在自己的家里实践方式，然后再将它应用到其他事业中。谢谢你让我确认方式的重要性，也让我意识到我有义务使这个世界变得更好。

多弗·塞德曼

中资海派出品

为精英阅读而努力

［美］赫布·科恩　著
谷　丹　译

中资海派
定　价：32.00元

谈判无时不在，无处不在，
世界就是一个巨大的谈判桌。

《谈判无处不在》是一本单刀直入、简单明了的指导书，能帮助你成功地通过谈判达成目的。赫布·科恩相信这个世界就是一个巨大的谈判桌，不管你是否乐意，谈判就存在于你每天的生活中。谈判的对象包括你的伴侣、孩子、朋友、同事、老板、销售员等。是否具备优秀的谈判能力对你的人生影响巨大。

在书中，赫布·科恩用丰富翔实的案例揭示了谈判中的许多关键策略和技巧，帮助你洞察对方的软肋，增加自己的筹码，一步步取得胜利。

世界上最权威的大众谈判读本
超级畅销书《优势谈判》作者 罗杰·道森 倾情推荐

〔美〕本·洛佩兹　著
詹涓　译

中资海派
定　价：35.00元

世界第一部可用于培训的谈判小说
20年谈判生涯从未失手的制胜秘诀

20世纪90年代，他在英美罪犯病区任职临床心理医师，并凭借高超的心理学造诣，一跃成为游走世界的顶级谈判专家。他的足迹从美国到英国，从拉美到中东，遍及世界各地。从事赎金谈判20年，在他手下没有一个人质丧生。任务完成后，他就神秘地消失了……被英国媒体誉为拯救生命的神秘男人。

全球每年发生2万多起绑架案，赎金总额达10亿美元。本书正是全球绑架交易的缩影。

无限启发你的限期成交艺术
悬念迭起的心理博弈 步步惊心的谈判小说

短信查询正版图书及中奖办法

A．手机短信查询方法（移动收费0.2元/次，联通收费0.3元/次）

1．手机界面，编辑短信息；
2．揭开防伪标签，露出标签下20位密码，输入标识物上的20位密码，确认发送；
3．输入防伪短信息接入号（或：发送至）958879（8）08，得到版权信息。

B．互联网查询方法

1．揭开防伪标签，露出标签下20位密码；
2．登录www.Nb315.com；
3．进入“查询服务”“防伪标查询”；
4．输入20位密码，得到版权信息。

中奖者请将20位密码以及中奖人姓名、身份证号码、电话、收件人地址、邮编，E-mail至：my007@126.com，或传真至0755-25970309

一等奖：168.00人民币现金；
二等奖：图书一册；
三等奖：本公司图书6折优惠邮购资格。
再次谢谢您惠顾本公司产品。本活动解释权归本公司所有。

读者服务信箱

感谢的话

谢谢您购买本书！顺便提醒您如何使用ihappy书系：

- 全书先看一遍，对全书的内容留下概念 。
- 再看第二遍，用寻宝的方式，选择您关心的章节仔细地阅读，将“法宝”谨记于心。
- 将书中的方法与您现有的工作、生活作比较，再融合您的经验，理出您最适用的方法。
- 新方法的导入使用要有决心，事前做好计划及准备。
- 经常查阅本书，并与您的生活工作相结合，自然有机会成为一个“成功者”。

<table>
<tr><td rowspan="8">优惠订购</td><td colspan="2">订阅人</td><td></td><td>部门</td><td></td><td>单位名称</td><td></td></tr>
<tr><td colspan="2">地址</td><td colspan="5"></td></tr>
<tr><td colspan="2">电话</td><td colspan="3"></td><td>传真</td><td></td></tr>
<tr><td colspan="2">电子邮箱</td><td>公司网址</td><td></td><td></td><td>邮编</td><td></td></tr>
<tr><td>订购书目</td><td colspan="6"></td></tr>
<tr><td rowspan="2">付款方式</td><td>邮局汇款</td><td colspan="5">中资海派商务管理（深圳）有限公司
中国深圳银湖路中国脑库A栋四楼　　邮编：518029</td></tr>
<tr><td>银行电汇或转账</td><td colspan="5">户　名：中资海派商务管理（深圳）有限公司
开户行：招行深圳市银湖支行
账　号：5781 4257 1000 1
交行太平洋卡户名：桂林　　卡号：6014 2836 3110 4770 8</td></tr>
<tr><td>附注</td><td colspan="6">1. 请将订阅单连同汇款单影印件传真或邮寄，以凭办理。
2. 订阅单请用正楷填写清楚，以便以最快方式送达。
3. 咨询热线：0755-25970306转158、168　　传　真：0755-25970309
E-mail: my007@126.com</td></tr>
</table>

→利用本订购单订购一律享受9折特价优惠。

→团购30本以上8.5折优惠。